本书获西安石油大学优秀学术著作出版基金资助

苏丹和南苏丹
石油纷争研究

刘辉 ◎ 著

中国社会科学出版社

图书在版编目（CIP）数据

苏丹和南苏丹石油纷争研究/刘辉著 . —北京：中国社会科学出版社，2019.4

ISBN 978-7-5203-4570-5

Ⅰ.①苏… Ⅱ.①刘… Ⅲ.①石油问题—研究—苏丹—现代 Ⅳ.①D815.9

中国版本图书馆 CIP 数据核字（2019）第 115446 号

出 版 人	赵剑英
责任编辑	张　林
责任校对	石春梅
责任印制	戴　宽

出　　版		中国社会科学出版社
社　　址		北京鼓楼西大街甲 158 号
邮　　编		100720
网　　址		http://www.csspw.cn
发 行 部		010-84083685
门 市 部		010-84029450
经　　销		新华书店及其他书店
印　　刷		北京明恒达印务有限公司
装　　订		廊坊市广阳区广增装订厂
版　　次		2019 年 4 月第 1 版
印　　次		2019 年 4 月第 1 次印刷
开　　本		710×1000　1/16
印　　张		19.25
插　　页		2
字　　数		261 千字
定　　价		89.00 元

凡购买中国社会科学出版社图书，如有质量问题请与本社营销中心联系调换
电话：010-84083683
版权所有　侵权必究

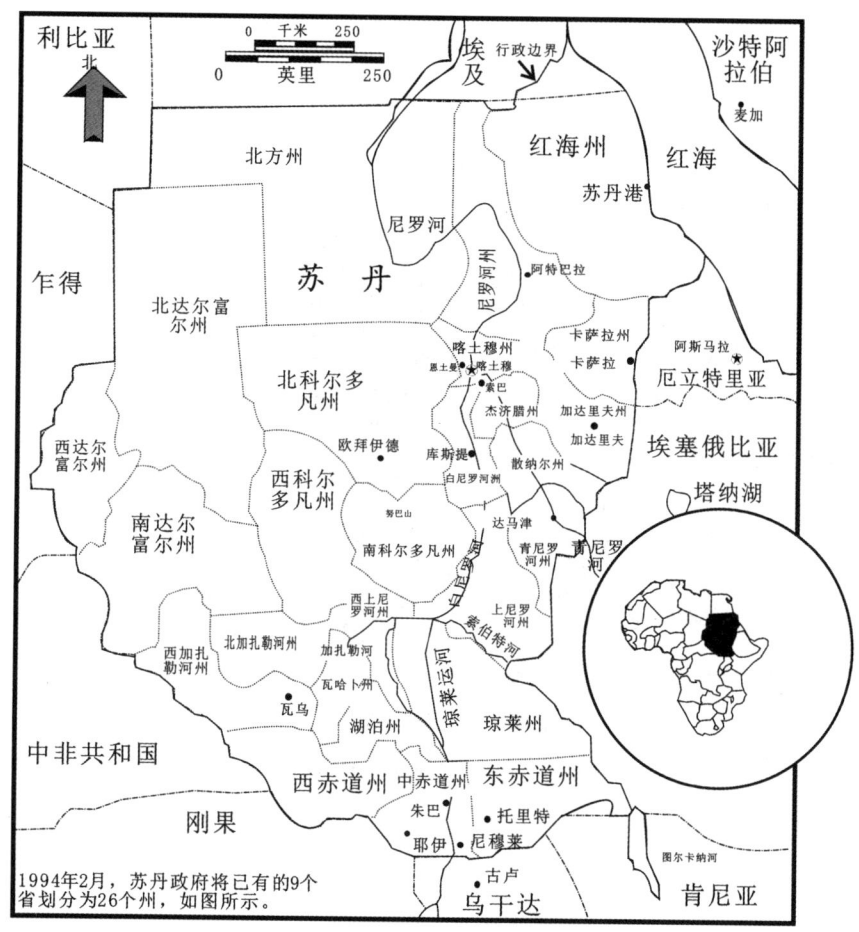

图 0—1 苏丹地图（2010 年）

资料来源：Human Rights Watch, *Sudan, Oil and Human Rights*, Brussels, London, New York, Washington, D.C., 2003, mapA。

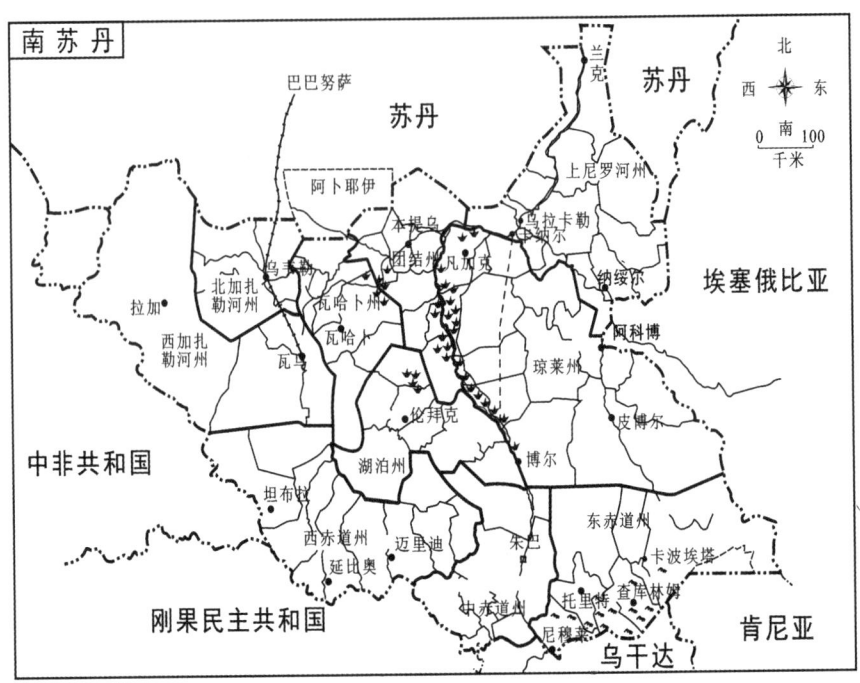

图 0—2 南苏丹地图

资料来源：Matthew Leriche and Matthew Arnold, *South Sudan: From Revolution to Independence*, Oxford: Oxford University Press, 2012。

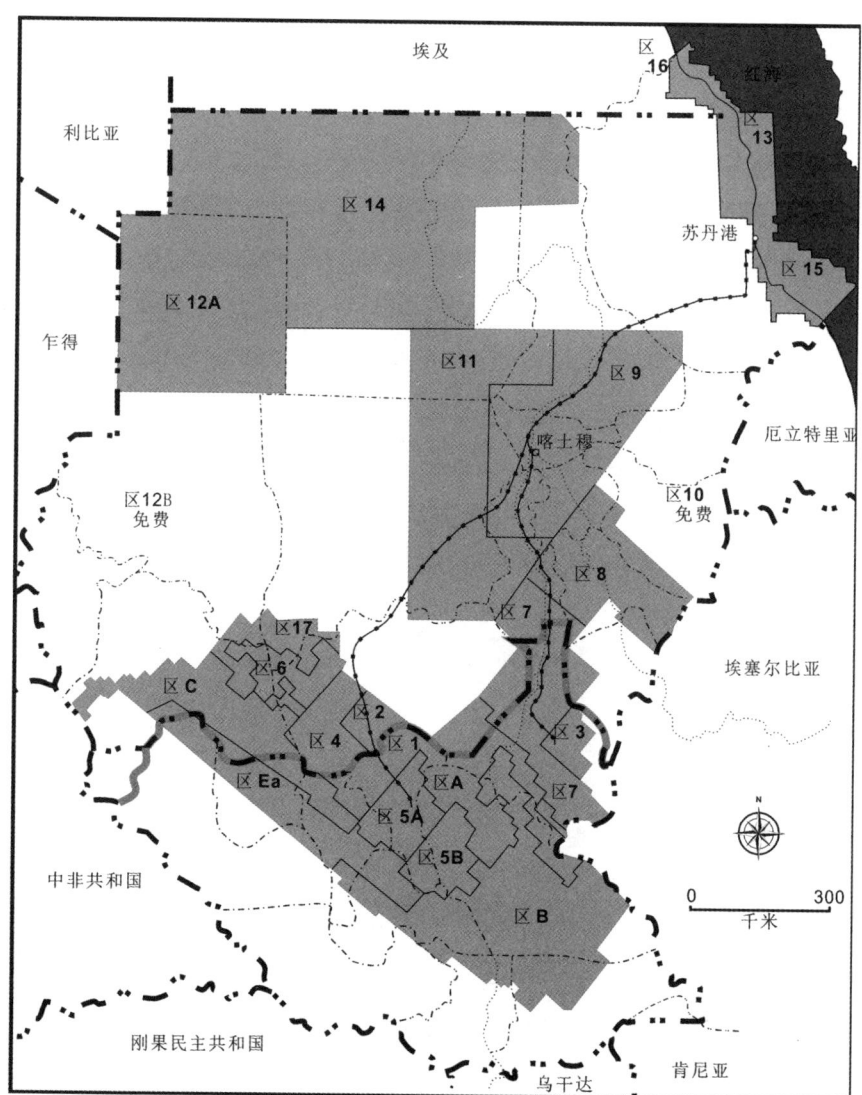

图 0—3 苏丹的石油区

资料来源：Mathew LeRiche & Matthew Arnold, *South Sudan: From Revolution to Independence*, Oxford: Oxford University Press, 2012。

石油与发展中国家的社会经济发展和地区格局（代序）

黄民兴

本书是我原来的博士生刘辉副教授负责的国家社科基金项目，内容主要是探讨苏丹与南苏丹的石油纷争。南、北苏丹分立前的苏丹是非洲面积最大的国家，也是阿拉伯世界面积最大的国家。不幸的是，苏丹地处阿拉伯世界与非洲之间的过渡地区，因而其位于北方的阿拉伯民族与南方的黑人，北方的伊斯兰文明与南方的基督教、原始宗教文明的断裂带上，加上苏丹现代民族国家形成的较晚、传统的非洲部落社会的分裂性、社会经济的落后和外来势力的挑唆等原因，苏丹的民族国家构建面临着艰巨的任务，其最终结局就是苏丹的分裂，这是南、北苏丹石油纷争的基本背景。

苏丹是一个落后的发展中国家，其独立后的经济发展较为缓慢，但是石油的发现改变了这一切。2006年年底，苏丹成为非洲第五大产油国。作为与产出国的生产力水平关系不大的一种自然资源，石油的生产及其大量出口为第三世界的产油国政府提供了宝贵的发展资金，但这种发展资金的使用是一个大问题。有趣的是，中东的绝大多数产油国都是经济基础较为薄弱、社会较为落后的国家，包括海湾合作委员会六大成员国（阿联酋、阿曼、巴林、卡诺尔、科威特和沙特阿拉伯）、阿尔及利亚、利比亚、苏丹和也门，只有两伊（伊朗和伊拉克）是经济基础较好的产油国。在上述国家中，也门与分立前的苏丹最为接近。这样一来，我们就可以把中东产油国划分为三类：第一类为海湾合作委员会六大成员国、阿尔及利亚、利比亚。这些国家人口稀少，油气资源发现较早，因而对国民经济的发展起到了重大作用。不过，经历过几十年的发展后，这些国家当中没有一个达到发达国家的水平，只是拥有较高水平的石油工业、基础设施以及医疗、教育设施，人均收入和社会福利水平较高而已；第二类为伊朗和伊拉克。它们拥有悠久的历史、较高的科技文化水平、较为完备的经济结构和较大规模的人口及劳动力队伍，因而拥有较好的发展潜力；第三类为苏丹和也门。两国的石油发现较晚，对经济发展的作用还没有充分显示出来，同时，两国又都包括两个人文地理方面差距很大的地区（即南、北苏丹，南、北也门）。两国的人口与两伊中规模较小的伊拉克相当，也门的领土面积与伊拉克相当，而分立后的苏丹的领土面积与版图较大的伊朗相当。但是，也门和苏丹都是典型的部落社会，经济和社会发展缓慢，较大的人口基数也削弱了石油的作用，尽管如此，石油仍然对两国的经济社会产生了较大的影响。

苏丹的石油主要分布在南方，但缺乏出海口的南方生产的石油必须通过输油管道输往北方的港口以便出口，这大大限制了南方石油工业的独立性。这一问题加剧了苏丹南、北方因种族、宗教和地区差距导致的矛盾，使苏丹的南北问题具有强烈的地缘政治色彩，而对中国石油公司在苏丹石油工业中的独大地位早就心怀不满的美国利用了石油问题，进一步推动了南苏丹的分立运动。因此，南、北苏丹的石油纷争从表面上看只是一个一般的地区冲突，但其实则涉及第三世界发展和地区事务的一系列重大理论和现实问题，其中包括石油在欠发达国家社会经济发展中的重要作用、作为一个整体的石油产业（包括开采、运输、提炼）在分立的两个国家之间的资源分配和产业链合作、第三世界国家的民族国家构建、西方大国出于地缘战略企图对第三世界产油国内政的干预、西方与复兴的东方大国——中国的冲突等。

刘辉副教授对上述问题进行了深入思考，完成了本书的写作。本书全面探讨了苏丹与南苏丹石油纷争的缘起、原因、演变、对南、北苏丹和中国的影响、解决途径，最后对该纷争与民族国家的构建和现代化的关系进行了专门分析，其中既有历史追溯和现实探讨，又有理论钻研，从而为读者提供了一部有关这一问题的全面而深刻的研究著述。当然，学无止境，关于苏丹和南苏丹，还有更多的问题有待我们去探讨。

必须看到，第二次世界大战后，第三世界发挥着越来越重要的作用，同时，第三世界内部存在着日益明显的分化和不同的发展类型，这就需要年轻的社会科学研究者努力钻研，发表高质量的研究成果。在中国日益深入地卷入全球化浪潮的今天，这一需要显得尤其迫切。

是为序。

黄民兴
2018 年 6 月 23 日

目 录

绪 论 ………………………………………………… (1)
  一 研究目的、意义 ………………………………… (1)
  二 研究方法 ………………………………………… (2)
  三 国内外研究现状 ………………………………… (3)
  四 研究特色与创新 ………………………………… (10)

第一章 苏丹与南苏丹之间石油纷争的缘起 ………… (12)
  第一节 苏丹南北分立的历史考察 …………………… (12)
    一 土耳其、埃及统治下的苏丹 …………………… (12)
    二 英国对苏丹的殖民统治 ………………………… (15)
    三 苏丹南北分立的美国因素 ……………………… (32)
  第二节 苏丹南方的独立斗争 ………………………… (53)
    一 民族国家治理的失败 …………………………… (53)
    二 第一次内战时期南方人的斗争 ………………… (69)
    三 第二次内战时期的苏丹人民解放运动 ………… (75)

第二章 苏丹与南苏丹之间石油纷争的原因 ………… (84)
  第一节 石油与苏丹 …………………………………… (84)
    一 苏丹经济的二元对立 …………………………… (84)
    二 石油对苏丹的影响 ……………………………… (90)
  第二节 南苏丹共和国面临的威胁与挑战 …………… (100)

  一 南苏丹共和国概况 …………………………………………（100）
  二 南苏丹共和国面临的威胁与挑战 ………………………（102）

第三章 苏丹与南苏丹之间石油纷争的演变 …………………（114）
 第一节 苏丹石油发展简史 ……………………………………（114）
  一 石油的发现 ……………………………………………（114）
  二 石油勘探的开始 ………………………………………（115）
  三 石油生产的第一次繁荣（1999—2004年）…………（117）
  四 石油生产的第二次繁荣（2005—2011年）…………（121）
  五 苏丹的石油区 …………………………………………（122）
 第二节 南北分立前的石油纷争 ………………………………（127）
  一 石油生产与销售的二元地理格局 ……………………（128）
  二 石油给南方人带来的灾难 ……………………………（132）
  三 南方人与苏丹中央政府的石油拉锯战 ………………（139）
 第三节 苏丹与南苏丹之间的石油纷争 ………………………（143）
  一 南苏丹的石油生产 ……………………………………（143）
  二 石油纷争的焦点 ………………………………………（148）
  三 石油谈判 ………………………………………………（170）

第四章 苏丹与南苏丹之间石油纷争的影响 ……………………（175）
 第一节 对苏丹的影响 …………………………………………（175）
 第二节 对南苏丹的影响 ………………………………………（178）

第五章 苏丹与南苏丹之间的石油纷争对中国的影响 ………（182）
 第一节 中国与苏丹、南苏丹的石油合作 …………………（182）
  一 中国与苏丹的石油合作 ………………………………（182）
  二 中国与南苏丹的石油合作 ……………………………（188）
 第二节 苏丹与南苏丹之间的石油纷争对中国的
     具体影响 ………………………………………………（191）
  一 中国石油公司的生产受到影响 ………………………（192）

二　中国石油公司的安全形势恶化…………………………（196）
　　三　中国石油公司在苏丹、南苏丹的困局………………（200）

第六章　苏丹与南苏丹之间石油纷争的解决途径……………（207）
　第一节　苏丹与南苏丹之间的石油纷争与国际法…………（207）
　第二节　两国石油纷争的解决途径……………………………（209）
　　一　相互合作…………………………………………………（209）
　　二　履行《全面和平协议》…………………………………（222）
　　三　停止代理人战争…………………………………………（224）

第七章　民族国家构建及现代化视角下的两国石油纷争……（228）
　第一节　发展中国家的民族国家构建与现代化……………（228）
　　一　发展中国家的民族国家构建……………………………（228）
　　二　发展中国家的现代化……………………………………（229）
　第二节　苏丹与南苏丹之间的石油纷争与民族
　　　　　国家构建及现代化…………………………………（233）
　　一　苏丹的民族国家构建……………………………………（233）
　　二　南苏丹的民族国家构建…………………………………（240）
　　三　石油纷争与民族国家构建及现代化……………………（248）

结　论………………………………………………………………（252）

参考文献……………………………………………………………（263）
　　一　英文文献…………………………………………………（263）
　　二　中文和中译文文献………………………………………（273）

附　录………………………………………………………………（278）

后　记………………………………………………………………（292）

图表索引

表1—1　苏丹第一届议会议员身份背景统计 …………………（21）
表1—2　美国对苏丹、南苏丹的双边援助、人道主义援助及
　　　　维和支出 ………………………………………………（48）
表1—3　苏丹政府首脑（1954—2006年） ……………………（57）
表1—4　1989年以来苏丹外交部部长及其所属地区 …………（58）
表1—5　苏丹大使馆和领事馆的地方代表（2004年） ………（59）
表1—6　民族联合政府各部部长职位分布 ……………………（61）
表1—7　各党派在喀土穆联邦议会的席位 ……………………（62）
图1—1　苏丹人民解放运动/军第一阶段 ……………………（77）
图1—2　苏丹人民解放运动/军第二阶段 ……………………（77）
图1—3　苏丹人民解放运动/军第三阶段 ……………………（78）
表2—1　苏丹农业生产的增长（1955/1956年至
　　　　1974/1975年） …………………………………………（85）
表2—2　苏丹制造业的地理分布 ………………………………（87）
表2—3　苏丹工业化发展阶段 …………………………………（88）
图2—1　1990—2007年苏丹的GDP（百万英丹镑） …………（92）
图2—2　苏丹GDP的增长率1990—2008年（%） ……………（92）
图2—3　1990—2008年苏丹人均GDP（苏丹镑） ……………（92）
图2—4　1991—2008年苏丹的石油生产和消费
　　　　（百万桶） ………………………………………………（93）
图2—5　苏丹的收入支出和财政赤字（% of GDP） …………（94）

图2—6	苏丹的石油出口和财政赤字（% of GDP）	（94）
图2—7	苏丹经济结构的变化（%）	（95）
图2—8	石油和非石油部门对GDP增长的贡献	（96）
表2—4	苏丹政府的石油收入和军费支出（1999—2002）	（98）
表2—5	2010年南苏丹自治区GDP来源	（102）
图2—9	南苏丹各州贫困率	（103）
表2—6	南苏丹人道主义统计数据一览估计数（2012年8—9月）	（105）
表2—7	南苏丹共和国基础设施服务指标	（106）
表2—8	南苏丹的国民收入和支出	（109）
图3—1	2002年8月苏丹中部、南部的石油租借地	（122）
图3—2	阿卜耶伊地区边界划分情况对比	（153）
表3—1	苏丹的石油管道	（160）
图3—3	苏丹、南苏丹的石油基础设施	（161）
表5—1	中国在苏丹石油租借地的份额及石油部门的投资	（185）
表5—2	苏丹对中国石油出口的趋势、份额及中国对苏丹的贷款和赠款	（187）
表6—1	2012年8—9月苏丹人道主义数据一览（估计数）	（224）
表6—2	当前联合国在苏丹、南苏丹的维和行动	（226）

绪　　论

一　研究目的、意义

苏丹曾经是非洲大陆上领土面积最大的国家，然而，随着2011年7月9日苏丹南方的独立——南苏丹共和国的成立；苏丹将这一殊荣拱手让给了阿尔及利亚。随着新生的南苏丹共和国的诞生，其与母国苏丹在石油资源的分割、领土的划分、外债的分摊、公民身份的界定等问题上矛盾重重，其中尤以石油纷争最为激烈。石油作为一种战略性资源，在任何时候都是事关国家生存与发展的重大议题。南苏丹从母国苏丹独立出来的特殊方式决定了石油纷争是关乎两国关系的首要问题。研究这一课题显然具有重要的学术价值和极强的现实意义。研究苏丹与南苏丹之间的石油纷争，其意义如下。

首先，它开拓了非洲两个邻国之间资源争夺问题专门的、全面的研究。苏丹与南苏丹之间的石油纷争之所以会成为一个国际事件，源于苏丹的南北分立。正是南苏丹共和国诞生的特有方式决定了其与母国苏丹之间"剪不断，理还乱"的错综复杂的关系。研究苏丹与南苏丹之间的石油纷争丰富了非洲国际关系和国际法研究，其重要性还在于其对其他民族矛盾与资源冲突相互交织的国家在维护统一、寻求发展方面的借鉴意义。

其次，苏丹与南苏丹之间的石油纷争是发生在非洲两个邻国之间的资源争端。从地理位置上看，这两个国家与中国地理距离遥远。然而事实上，这两个国家对中国具有重要意义。苏丹是中国石油公司进行海外石油开发的成功样本，因此，在一定意义上，苏丹是中国的利益攸关区。2011年，苏丹南北分立后，中国的利益被分割在两个国家中，中国被迫卷入苏丹与南苏丹之间的石油纷争中。因此，研究苏丹与南苏丹之间的石油纷争不仅有助于国人了解这一国际事件的来龙去脉，其对我国开展同两国的石油合作也有一定的指导意义。

最后，研究苏丹与南苏丹之间的石油纷争为中国企业"走出去"提供了参考价值与政策支持。2011年7月，苏丹南北分立，2011年下半年，苏丹与南苏丹之间的石油纷争升级，其中受损失最大的第三方是中国。众所周知，自1996年中国石油天然气集团（简称"中石油"）公司进入苏丹以来，中国已经在苏丹形成了自己的海外利益区。但是，苏丹南北分立后，石油纷争给中国石油公司的生产带来了严重的负面影响，中国在苏丹、南苏丹的生产陷入困境。尤其是在南苏丹共和国，尽管事实是中国石油公司生产每一桶石油都在亏本，但是仍然不得不维持生产。中国石油公司在南苏丹的困局暴露出中国在应对苏丹南北分立时政治经济预警机制的严重缺位。正是这种缺位，造成了中国在苏丹南北分立后面对苏丹与南苏丹之间的石油纷争时异常被动的局面。这进一步暴露出中国石油公司对其所在国历史、宗教、民族等方面了解的不足。随着经济的全球化，中国企业越来越多地走向海外。在这个过程中，中国企业一定要注意的是，即使前期投资一帆风顺，但是政治经济预警机制的建立仍然是必不可少的。只有这样，才能做到在应对所在国政局变动时，中方能够随时撤出，并最大限度地保护其自身利益。

二 研究方法

在研究方法上，本成果遵循以下几点原则。

（一）以历史学的研究方法为主，同时吸收和借鉴政治学、经济学、民族学和国际关系学等学科的研究方法，以求多视角、更全面、更立体地剖析研究对象。历史学的研究方法有助于阐明研究对象的来龙去脉，增强历史的厚度，避免空泛的论述；而其他学科的研究方法则有利于扩展研究视野，明晰研究对象的特质。苏丹与南苏丹之间的石油纷争之所以会成为一个国际事件，直接源于苏丹的南北分立。因此，在梳理苏丹与南苏丹之间的石油纷争的原因、概况时，为深刻剖析苏丹与南苏丹两国之间的石油纷争的原因，有必要对南北分治的原因及南苏丹地区意识的发展脉络作一勾勒，以期深入了解两个国家之间千丝万缕的联系并揭示两国之间石油纷争的解决之道。

（二）应用民族国家构建和现代化理论，在研究中坚持理论与实际、历史与现实相结合的原则。既注重理论的探讨，也注意历史事实的复原；既进行历史的审视，也关注其与现实之间的联系。苏丹民族国家构建严重扭曲，南方处于被动地位，苏丹现代化也不平衡，南方被边缘化。南方人的反抗既是对自身族体认同的争取，也是对其边缘化状况的抗争。苏丹南方的独立是苏丹民族国家构建失败的主要标志，也是其跛足的现代化的产物。苏丹南北分立后，母国苏丹和新生的南苏丹共和国仍然肩负着民族国家构建和现代化的艰巨使命。

（三）重点深入，点面结合，同时采用普遍联系的观点分析问题。苏丹与南苏丹之间的石油纷争是研究重点，但是不能仅仅局限如此。在具体研究中，将以两国石油纷争为中心，梳理南方与中央政府的关系，把苏丹和南苏丹的石油纷争放到母国苏丹这个大的背景下进行研究，同时把石油问题与当局的政策演变、民族政策、社会经济发展等联系起来进行辩证的全面研究。

三　国内外研究现状

（一）国外研究现状

早在南苏丹独立前，苏丹备受南北战争困扰，这引起了国际社会的广泛关注。国外研究苏丹的著作较多，学者们就这一问题发表了大量文章，出版了大量专著。介于语种和资料的限制，本文就英文（原著）、中文（原著和译著）的主要著作予以简评。现简要介绍一下与本选题相关的著作，有关苏丹与南苏丹之间石油纷争的论文请参阅附录中的参考文献。

《全面和平协议》[①] 由《马查科斯宣言》《权力分配协议》《财富分配协议》《阿卜耶伊冲突决议》《南科尔多凡州和青尼罗河州冲突解决协议》《安全安排协议》及两个附录——《永久停火和安全的实施方案及附件》《实施方案及综合实施模型及附件》这8部分组成。《全面和平协议》的官方权威版本既有阿拉伯文版，也有英文版。此处提到的《全面和平协议》是协议达成后存于联合国的英文版复印件。《全面和平协议》内容丰富翔实，为研究苏丹与南苏丹之间的石油纷争提供了第一手的资料。

伊萨姆·AW.穆哈默德（Issam AW. Mohamed）是北苏丹人，其所著的《石油与战争，两个苏丹的合作与发展，一个民族的危机》[②] 以时间为序，系统梳理了南苏丹共和国的诞生，其面临的机遇与挑战，及南苏丹与其母国苏丹的石油纷争。该书重点分析了两国的石油储藏、生产及石油基础设施，石油生产的关闭及石油收入对经济的影响。最后，作者指出，苏丹和南苏丹是相互依赖的，彼此合作是两国的发展之道。但是，该书论述部分较为薄弱，这不能不说是一个缺憾。马修·李瑞切和马修·阿诺德（Mathew LeRiche & Matthew Arnold）合著的《南苏丹：从革命到独立》[③] 是一部南苏丹的当代史。该书由牛津大学出版社2012年出版，是作者的博士后研究成果。作者深入苏丹南方，与各行各业的南方人交谈，因而得以详细阐述南苏丹从革命到独立的历史。该著作是了解南苏丹与母国苏丹之间关系不可多得的重要资料。

[①] *The Comprehensive Peace Agreement Between The Government of The Republic of The Sudan and The Sudan People's Liberation Movement/Sudan People's Liberation Army*, http：//www. unmis. unmissions. org/Portals/UNMIS/Documents/. . . /cpa-en. pdf.

[②] Issam AW Mohamed, *Oil and War, Cooperation and Development in the Two Sudanese Nations Crisis of a Nation*, made in the USA, San Bernardino, CA, 2014.

[③] Mathew LeRiche and Matthew Arnold, *South Sudan：From Revolution to Independence*, Oxford：Oxford University Press, 2012.

人权观察组织出版的《苏丹、石油和人权》①是由该组织非洲处苏丹研究员杰米拉·罗恩（Jemera Rone）自1999年2月至2002年11月在苏丹南方、喀土穆、内罗毕及其他地区所作关于苏丹石油与人权关系的研究。该著作长达752页，共有五部分组成，即"苏丹南方的石油""石油恶化了战争""石油开发的人权结果""外国公司的共谋与外国政府的支持""结论与建议"。该著作是作者亲自实地考察、采访、研究的产物，其对苏丹石油开发中喀土穆政府与民众的关系、南方人之间的关系、国际石油公司与产油区民众的关系进行了详细论述。该书为研究苏丹石油的早期开发提供了不可多得的第一手资料。但是，该著作更像一份研究报告，而不是一部学术著作。

卢克·佩蒂（Luke Patey）在其著作《新原油之王中国、印度对苏丹、南苏丹石油的全球争夺》②中主要梳理了苏丹石油开发中各大国际公司在苏丹的进退。20世纪80年代，美国雪佛龙石油公司撤出苏丹；90年代中期，中国石油公司进入苏丹；21世纪初，印度石油天然气公司附属公司维德希有限公司（Oil and Natural Gas Corporation Videsh Ltd，OVL）亦入驻苏丹。然而，国际石油公司在苏丹的石油开发活动往往会引发其与当地居民的紧张关系，中国石油公司也不例外。南苏丹共和国成立后，中国石油公司所面临的风险变得更大了。该书为把握国际石油公司与苏丹政府及当地民众关系提供了详尽资料。

阿迪斯·阿巴巴·奥提欧·阿空迪特（Addis Ababa Othow Akongdit）博士在其著作《政治稳定对经济发展的影响，以南苏丹为例》③中主要阐释了南苏丹的政治体制对其经济发展的影响，

---

① Human Rights Watch, *Sudan, Oil and Human Rights*, Brussels, London, New York, Washington, D. C., 2003.

② Luke Patey, *The New Kings of Crude, China, India, and the Global Struggle for Oil in Sudan and South Sudan*, London: Hurst & Company, 2014.

③ Addis Ababa Othow Akongdit, Impact of Political Stability on Economic Development: Case of South Sudan, Bloomington: Authorhouse, 2013.

石油资源对可持续发展的影响，赤字财政的可能性前景。此外，作者还探讨了南苏丹同母国苏丹合作的可能性。该著作论述详细，概念清楚，资料详尽。另外，博士本来就是苏丹南方人，是南苏丹人自己研究自己国家的著作。《苏丹：了解石油资源丰富的地区阿卜耶伊》① 是阿科尔·米伊恩·库尔（Akol Miyen Kuol）发表的关于阿卜耶伊的 13 篇文章的集合。作者是记者、诗人，出生于阿卜耶伊，但是是在北苏丹长大的。作者通过这 13 篇文章讲述了阿卜耶伊从古至今的历史及其与苏丹南方之间的关系。另外，该书在丁卡人与土地的情感联系，苏丹人民解放运动领导人约翰·加朗（John Garang）对阿卜耶伊的态度等方面均有所涉及。这些资料虽然丰富，但是，因限于其新闻报道的特点，全书对阿卜耶伊问题缺乏详尽而深入的分析。然而，其依然为研究提供了第一手的资料。

《我们心中的毒刺：苏丹和南苏丹痛苦和不完全的离婚》② 是杰姆斯·库普纳尔（James Copnall）任 BBC 驻苏丹记者期间（2009—2012）对这两个国家的各行各业的人士采访、对话的成果。该书内容涉及两国的人口、认同、政治、经济、发展和安全等，为研究苏丹与南苏丹之间的石油纷争提供了难得的背景材料。贡纳·M. 盛博和阿卜德尔·加法尔 M. 阿赫默德（Gunnar M. Sorbo & Abdel Ghaffar M. Ahmed）编著的《苏丹的分裂，动荡国家的持续冲突》③ 一书主要梳理了苏丹分裂后国内持续的冲突，并对石油与政治的关系有所研究。艾比尔·阿伊尔（Abel Alier）的《南苏丹：太多的空头协议》④，曼苏尔·哈立德（Mansour Khalid）的《苏丹的

---

① Akol Miyen Kuol, *Sudan: Understanding the Oil-Rich Region of Abyei*, Made in the USA, San Bernardino, CA, 2014.

② James Copnall, *A Poisonous Thorn in Our Hearts, Sudan and South Sudan's Bitter and Incomplete Divorce*, London: Hurst & Company, 2014.

③ Gunnar M. Sorbo & Abdel Ghaffar M. Ahmed, *Sudan Divided Continuing Conflict in a Contested State*, New York: Palgrave Macmillan, 2013.

④ Abel Alier, *Southern Sudan, Too Many Agreements Dishonoured*, Exeter: Ithaca Press, 1990.

战争与和平：两个国家的故事》①，弗朗西斯·M.登（Francis M. Deng）的《幻想的战争：苏丹认同的冲突》②，罗伯特·柯林斯的《苏丹史》③等著作也皆对苏丹的石油问题进行了论述。

(二) 国内研究现状

国内学界尚无关于苏丹与南苏丹之间的石油纷争研究的专著，相关研究成果主要是以论文的形式发表的。《苏丹南北关系中的阿卜耶伊问题》一文主要是从国内视角研究阿卜耶伊问题，作者认为它在苏丹南北冲突中扮演的角色非常重要，阿卜耶伊问题的妥善解决直接关系到苏丹南北未来的和平。④《苏丹石油：从内政焦点到外交难题》⑤一文主要从历史的角度梳理苏丹的石油业，分析石油与苏丹南北内战，南北分离，南、北苏丹冲突的关系，并指出合作是解决两国石油问题的唯一出路。《苏丹分裂的原因与南苏丹独立面临的问题》⑥一文主要从民族政策和国家认同的角度研究苏丹分裂，指出南苏丹虽然独立，但是面临很多问题。《阿卜耶伊问题探微》⑦一文梳理了阿卜耶伊的石油储藏、族群冲突、勘界及公投，作者认为阿卜耶伊地区有可能爆发大规模冲突。《南苏丹独立的背景与前景》⑧一文探索了苏丹解体的历史背景，指出了苏丹与南苏丹遗留的问题，并指出新国家面临着严峻挑战。《苏丹民族国家构建失败原因解析》⑨一文认为苏丹南方的独立是其民族国家构建失败的主要标志。作者从现实和历史两个方面阐释了苏丹民族国家构建失败

---

① Mansour Khalid, *War and Peace in the Sudan, A Tale of Two Countries*, London: Kegan Paul Limited, 2003.

② Francis M. Deng, *War of Visions Conflict of Identities*, Washingtong, D. C.: The Brookings Institute, 1995.

③ ［美］罗伯特·柯林斯：《苏丹史》，徐宏峰译，中国大百科全书出版社2010年版。

④ 姜恒昆、周军：《苏丹南北关系中的阿卜耶伊问题》，《西亚非洲》2011年第7期。

⑤ 姜恒昆、付海娜：《苏丹石油：从内政焦点到外交难题》，《西亚非洲》2012年第6期。

⑥ 杨勉、翟亚菲：《苏丹分裂的原因与南苏丹独立面临的问题》，《亚非纵横》2011年第4期。

⑦ 王晋：《阿卜耶伊问题探微》，《国际研究参考》2013年第2期。

⑧ 杨勉：《南苏丹独立的背景与前景》，《学术探索》2011年第10期。

⑨ 王猛：《苏丹民族国家构建失败的原因解析》，《西亚非洲》2012年第1期。

的原因，并且指出，苏丹和南苏丹仍然面临着民族国家构建的任务。《南北苏丹分裂的国际因素》[①] 主要分析了英国、美国在苏丹南北分裂这一事件中发挥的作用。《南苏丹现状研究：现代民族国家构建的视角》[②] 一文主要从民族国家构建的角度研究了南苏丹共和国的部族冲突、反叛运动及政治经济发展的停滞，指出南苏丹有沦为失败国家的风险。《南苏丹冲突的内部根源》[③] 一文主要研究了新生的南苏丹共和国面临的内部冲突，如执政党苏丹人民解放运动内部的权力斗争，基尔"大帐篷政策"的破产及南苏丹内部对石油资源的争夺。《南苏丹局势走向及其影响》[④] 一文主要阐述了南苏丹共和国独立后两年因战乱而陷入人道和人权的双重危机。《南苏丹荆棘丛生的独立之路》[⑤] 一文指出南苏丹是一个人为建构的国家，处在内忧外患之中。《南北苏丹关系现状分析》[⑥] 一文研究了母国苏丹和新生的南苏丹共和国之间的关系，指出两国在政治上互斥、在经济上相互依赖的关系及其所形成的"斥而难舍"的状态。《苏丹阿卜耶伊归属问题研究》[⑦] 是一本硕士论文，作者从历史的角度梳理了阿卜耶伊问题的演变，阐释了苏丹和南苏丹之间的阿卜耶伊争端。国内学界有关中国与苏丹、南苏丹石油关系的论文如下：《南苏丹公投背后的石油因素及对中国在苏丹石油投资的影响》[⑧] 一文主要阐释了苏丹南方公投的石油因素，美国对苏丹的介入，中国在苏丹利益遭遇的影响等，指出中国在苏丹要坚持"能源

[①] 马燕坤：《南北苏丹分裂的国际因素》，《河北北方学院学报》（社会科学版）2012年第3期。
[②] 李捷：《南苏丹现状研究：现代民族国家构建的视角》，《亚非纵横》2013年第4期。
[③] 曾爱平：《南苏丹冲突的内部根源》，《亚非纵横》2014年第4期。
[④] 贺文萍：《南苏丹局势走向及其影响》，《当代世界》2014年第3期。
[⑤] 于红：《南苏丹荆棘丛生的独立之路》，《中国民族》2012年第5期。
[⑥] 臧纯刚：《南北苏丹关系现状分析》，《亚非纵横》2012年第6期。
[⑦] 邢昀：《苏丹阿卜耶伊归属问题研究》，硕士学位论文，外交学院，2011年。
[⑧] 杨勉：《南苏丹公投背后的石油因素及对中国在苏丹石油投资的影响》，《中外能源》2011年第5期。

外交",灵活处理各方关系。《原苏丹分裂对中国石油利益的影响》[①]一文剖析了苏丹南北分立后对中国在苏丹石油利益的影响,认为中国为保障其在苏丹、南苏丹的石油利益,应当未雨绸缪、积极应对。《中国与石油合作的战略问题研究》[②]一文主要研究了中国与苏丹开展石油合作的现状与挑战。《中国与南苏丹石油合作的机遇与挑战》[③]一文分析了中国与南苏丹合作的背景及意义,南苏丹石油工业面临的现状,中国与南苏丹石油合作面临的困境与挑战等。《中国与苏丹石油合作面临的挑战及对策》[④]一文研究了中国与苏丹的石油合作,作者建议应进一步深化双方在政治领域的合作,加强与当地石油公司及欧美石油公司的合作。《中国与原苏丹石油合作的现状与困局》[⑤]一文认为"中国苏丹石油合作模式"塑造了中非合作的典范,但是南北苏丹的分立给中国石油合作造成了困局。

《中国与苏丹石油合作模式的实证分析》[⑥]一文主要研究了中国与苏丹石油合作模式的形成、特点与意义。《中国石油公司在苏丹的发展历史研究》[⑦]一文主要梳理了中国石油公司与苏丹的石油合作及其对双方的影响,中国石油公司在南北苏丹的现状及发展对策。《南苏丹独立与国际法下的国家继承——以南苏丹石油区块合同谈判为视角》[⑧]一文指出国家继承是一个国际法律问题,但同时也是含有国家主权及国际政治因素的敏感问题。南苏丹独立后与外

---

① 李昕:《原苏丹分裂对中国石油利益的影响》,《现代国际关系》2011年第10期。
② 邓向辉:《中国与苏丹石油合作的战略问题研究》,《石家庄经济学院学报》2010年第2期。
③ 杨振发:《中国与南苏丹石油合作的机遇与挑战》,《西亚非洲》2012年第3期。
④ 邓向辉:《中国与苏丹石油合作面临的挑战及对策》,《中国石油大学学报》(社会科学版)2010年第2期。
⑤ 李昕:《中国与原苏丹石油合作的现状与困局》,《国际石油经济》2012年第1—2期。
⑥ 张安平、李文、于秋波:《中国与苏丹石油合作模式的实证分析》,《西亚非洲》2011年第3期。
⑦ 金丹妮:《中国石油公司在苏丹的发展历史研究》,《西安石油大学学报》(社会科学版)2012年第4期。
⑧ 金振宇:《南苏丹独立与国际法下的国家继承——以南苏丹石油区块合同谈判为视角》,《经济与社会发展》2014年第1期。

国石油伙伴方开展的区域勘探开发产量分成协议谈判是目前有关国家继承问题的最佳实践。《中国在南北苏丹的海外利益维护》[①] 一文指出,苏丹南方独立后,中国在南北苏丹的利益也面临威胁与挑战。因此,我国政府及企业在实施"走出去"战略时,应当思考的是如何维护中国的海外利益。《中国海外投资与南苏丹族群政治》一文认为苏丹问题实乃中国海外投资与对外能源战略中的一个缩影。作者认为,中国的海外投资与能源战略需要兼顾利益和形象,只有如此,才能获得广大发展中国家和新兴经济体的信任。[②] 韩晓东的博士论文《中国与苏丹石油合作研究》[③] 以中国与苏丹的石油合作为核心,研究中国与苏丹石油合作的历史渊源、合作模式及两国合作伴生的政治效应等。另外,刘鸿武、姜恒昆编著的《苏丹》[④] 有个别章节提及了石油问题。

无论是从成果上,还是从深度上,国外学者对苏丹与南苏丹之间石油纷争的研究均高于中国学者,特别是苏丹本国学者对两国石油纷争的研究,其不仅具有较高的学术价值,而且在资料上拥有无可比拟的优势,尤其是有些作者作为事件的见证人,其著作具有相当大的可信性与参考价值,尽管其可能会在某种程度上带有偏见。总的来说,中国学者对苏丹与南苏丹之间的石油纷争缺乏深入系统的研究。

四 研究特色与创新

(一)选题方面,石油纷争历来是国际关系中的热点课题,从北极到南中国海,石油无不是关系地区双边关系及多边关系的重大议题。但是,作为世界上最年轻的国家,南苏丹共和国与其母国苏

[①] 刘辰、张宏:《中国在南北苏丹的海外利益维护》,《北华大学学报》(社会科学版) 2012 年第 5 期。
[②] 唐世平、张卫华、王凯:《中国海外投资与南苏丹族群政治》,《文化纵横》2014 年第 5 期。
[③] 韩晓东:《中国与苏丹石油合作研究》,博士学位论文,西北大学,2011 年。
[④] 刘鸿武、姜恒昆编著:《苏丹》,社会科学文献出版社 2008 年版。

丹之间的石油争端直接关系到新国家的生存与发展，也关系到地区的稳定和发展。石油纷争在苏丹和南苏丹的双边关系中具有头等重要的意义。它不仅关系到地区和平，也关系到非洲和平，这致使研究这一课题成为一种迫切的需要。

（二）理论方面，在坚持批判与继承相结合的前提下，吸收和借鉴东、西方政治学，经济学，历史学，国际法学等相关理论，从民族国家构建和现代化的角度对苏丹和南苏丹的石油纷争进行了宏观审视和微观分析。石油是苏丹经济增长的主要动力，也是新生的南苏丹共和国财政收入的主要来源。无论是对南苏丹而言，还是对苏丹而言，石油是关乎现代化发展的重要因素，也是其民族国家构建的有效保证。因此，通过研究苏丹与南苏丹之间的石油纷争探讨发展中国家的民族国家构建与现代化的关系，对当今大多数发展中国家均有借鉴意义。

（三）资料方面，本书在现有资料的基础上对苏丹与南苏丹之间的石油纷争进行系统全面研究。目前，国内外尚无关于两国石油纷争的专著。两国石油纷争出现的直接原因是苏丹民族国家构建的失败，苏丹南方的独立，使国内石油纷争演变为国际石油纷争。"离婚"后的两个国家面临"分家难"的问题。鉴于两国所面临的威胁与挑战，两国在本质上是相互依赖的，唯有和平共处，相互扶持，才能完成民族国家的重任，并且顺利实现现代化。

第 一 章

苏丹*与南苏丹之间石油纷争的缘起

第一节 苏丹南北分立的历史考察

一 土耳其、埃及统治下的苏丹

苏丹近代史中,土耳其和埃及的统治是不可忽略的。正是土耳其人、埃及人等在白尼罗河的探险活动,发现了苏丹南方,打开了苏丹南北交往的大门。1820年,奥斯曼帝国的埃及帕夏穆罕默德·阿里(Muhammad Ali)派兵入侵苏丹,毁灭苏丹北部国家丰吉王国,随后埃及势力逐渐渗入苏丹。此后,穆罕默德·阿里派兵征服了散纳尔(Sennar)和科尔多凡(Kordofan),之后又将达尔富尔(Darfur)置于埃及统治之下。1833年,栋古拉(Dongola)也接受了埃及的统治。埃及在征服苏丹后,在苏丹建立起了一套政治、经济和法律制度。

穆罕默德·阿里入侵苏丹,除了掠夺奴隶,寻找黄金、象牙之外,也有自己的政治图谋。在埃及历史中,一直有一种说法,即谁统治了红海,谁就自动地成为阿拉伯半岛圣地的保护人,也是朝圣之路的保护人。[①] 埃及在苏丹建立起一套行政体系:省长被称为穆

---

* 2011年7月9日,南苏丹共和国正式独立。在表述中,为了行文流畅,一律省去新苏丹与原苏丹的提法。一般而言,以2011年7月9日为界,此日期前的苏丹为原苏丹,它包括南方地区;此日期之后的苏丹为新苏丹,不包括南方,是原来的苏丹北方地区。文中具体为新苏丹还是原苏丹,视语境而定。

① Richard Hill, *Egypt in the Sudan 1820–1881*, Oxford: Oxford University Press, 1959, p. 8.

迪尔（Mudir），省级以下的地方长官被称为奇斯姆（Qism），次一级的地方长官被称为哈特（Khatt），有驻军城镇的地方长官则被称为穆哈菲兹（Muhafiz）。自埃及统治伊始，苏丹人就参与了地方政府的治理，因为这是其维持秩序和征收赋税的经济方式。① 穆罕默德·阿里和苏丹各省长来往的重要文件使用的均是土耳其语。穆罕默德·阿里去世后，土耳其语式微，阿拉伯语渐渐成为埃及普通人和北苏丹人的混合语言（Lingua Franca）。1854年，穆罕默德·萨义德（Muhamad Said）接任总督后，来自苏丹的绝大部分信件均由阿拉伯语撰写而成。②

在经济方面，埃及人的到来也给苏丹带来了一些变化。丰吉王国时期，苏丹没有货币，大部分地区是以物易物。埃及人的到来扩大了苏丹对外贸易和货币的使用范围，同时还仿照埃及模式，在苏丹建立了政府会计制度。穆罕默德·阿里的一个基本政策是让苏丹每一个省独立承担政府开支。当苏丹人没有足够的货币纳税时，可以以牛或黑人替代。③

埃及人的这一举措恶化了南方人的处境，奴隶贸易随之兴盛起来。1839年，土耳其上尉萨利姆（Salim）在白尼罗河进行了第一次探险活动，到达了南方的博尔地区（Bor）。次年，萨利姆进行了第二次探险，到达了冈多科罗地区（Gondokoro）。1841年，萨利姆进行了第三次探险。尽管他没有找到白尼罗河的源头，也没有发现黄金，但是，继萨利姆探险之后，北苏丹人、埃及人等纷纷涌入苏丹南方地区，掠夺奴隶，寻找象牙。其中首当其冲的是希卢克人（Shilluk）和丁卡人（Dinka）。奴隶贸易给南方几乎带来了毁灭性的打击，南方的人口锐减。19世纪土耳其、埃及统治时期，苏丹的北方人和南方人有了历史上的第一次接触。不过，这种接触不是

---

① Richard Hill, *Egypt in the Sudan 1820－1881*, Oxford: Oxford University Press, 1959, p. 23.
② Ibid., p. 24.
③ Ibid., p. 42.

和平的友好往来，而是血腥的奴隶贸易。正是血腥的奴隶贸易播下了南、北方之间仇恨的最初种子，并且成为苏丹20世纪构建统一民族国家的巨大障碍。

在宗教方面，埃及人到达苏丹之前，苏丹人只知道伊斯兰法，而且是一知半解的。埃及人为苏丹引进了西式的《民法典》和《军事法典》。《民法典》和《军事法典》不仅不定期地执行，而且被严格翻译。① 在埃及人统治苏丹的这些年里，每一个主要城镇，至少名义上有一审地方法院，它由一名院长和八名成员组成。喀土穆有上诉法院，但是受制于开罗的最高法院。② 埃及试图在苏丹推行正统的伊斯兰教，但是，苏丹本土的苏菲派信仰仍然有较多的追随者。

总之，1821—1885年虽然是土耳其、埃及统治时期，埃及在苏丹的影响要远远大于土耳其。1885年，苏丹爆发了马赫迪运动；1898年，英国人消灭了马赫迪国家；次年，《英埃共管苏丹协定》颁布，英国成为苏丹的实际统治者。尽管如此，直到20世纪中叶，埃及仍然是影响苏丹政治的一支重要力量，同埃及合并一直是一部分苏丹政治精英的诉求。20世纪20年代，苏丹人的政治意识萌发，出现了不少团体、联盟。他们要么主张苏丹的独立，要么主张同埃及联合。其中，白旗联盟最为突出，他们不仅追求自由，而且主张"尼罗河的统一"。③ 1946成立的尼罗河统一党（the Unity of the Nile Party）的目标就是实现尼罗河流域的完全统一，促使苏丹和埃及组成一个统一的国家，使两者享有平等的地位。④ 20世纪50年代，苏丹仍然有一部分政治家要求同埃及合并。在苏丹独立化过程中，英国出于种种殖民利益的考虑，将南、北苏丹合并为一个国家，拒绝

---

① Richard Hill, *Egypt in the Sudan 1820 – 1881*, Oxford: Oxford University Press, 1959, p. 40.

② Ibid., p. 43.

③ L. A. Fabunmi, *The Sudan in Anglo-Egyptian Relations A Case Study in Power Politics 1800 – 1956*, London: Longmans, 1964, p. 327.

④ Ibid., p. 332.

了苏丹一部分政治精英提出的同埃及合并的要求。

埃及政党一直以来也坚持认为苏丹应与埃及合并。1952年纳赛尔领导的"自由军官组织"推翻了法鲁克国王的统治,埃及对苏丹的态度发生了变化。相比之下,纳吉布总统显得更加宽容,他主张在完全自由的范围内给予苏丹自治权和自决权。[①] 1955年12月31日,《英埃共管苏丹协定》终止。1956年1月1日,苏丹独立。

二 英国对苏丹的殖民统治

2011年7月9日,南苏丹共和国独立,苏丹南北分立。从现象上看,苏丹南北分立是南北战争的产物;从本质上看,苏丹南北分立是其民族国家构建的失败。苏丹南北一系列矛盾早在英国殖民统治时期就已经存在了。英国的殖民统治是苏丹历史的转折点,它给苏丹社会带来了巨大的变化。英国半个多世纪的殖民统治深刻影响了苏丹的政治、经济和文化,在某种程度上,它甚至改变了苏丹的历史发展进程。时至今日,苏丹仍然深受其影响。因此,我们有必要深入剖析英国对苏丹殖民政策的特点与影响。事实上,正是英国遗留下来的这些产物构成了苏丹国家民族国家构建的基础和现代化的起点。

(一)英国对苏丹殖民政策的实践及特点

英国在苏丹的殖民统治可以分为三个阶段:1899—1920年,殖民政府政治稳定,依靠部落酋长进行间接统治;1920年至"二战"后,英国在苏丹实行南北分治的政策;"二战"后至1955年,苏丹南北统一管理。[②] 英国在苏丹的殖民政策主要有以下四个特点:

1.重北轻南,重农抑工

自1898年《英埃共管苏丹协定》的颁布至1956年英国人撤出

---

① Gabriel R. Warburg, *Egypt and the Sudan, Studies in the History and Politics*, Exeter: Frank Cass & Co. Ltd., 1985, p.24.

② Issam AW Mohamed, *Oil and War, Cooperation and Development in the Two Sudanese Nations, Crisis of a Nation*, Made in the USA, San Bernardino, CA, 2014, p.19.

苏丹，在这长达半个多世纪的时间里，英国在苏丹主要的经济活动就是种植棉花。19世纪后期，为了减少对美洲棉花的依赖，英帝国的企业家们找到了新的棉花供应地——苏丹。1890年，塞缪尔·贝克（Samul Baker）爵士告知帝国政府："正如我们所期望的，苏丹有三千万英亩的肥沃土地可以为英国种植棉花，从而使我们彻底摆脱对美洲棉花的依赖。"① 苏丹得天独厚的自然地理条件使其成为英国理想的棉花供应地。由埃塞俄比亚高原冲刷而下的淤泥形成了肥沃的土壤，青尼罗河和白尼罗河在喀土穆汇合，为土地灌溉提供了充足的水源。1902年，英国棉花种植协会成立，该协会目标明确，即保证帝国棉花供应的安全。1904年，苏丹试验种植辛迪加②成立，后改名为苏丹种植辛迪加。1906年，辛迪加在宰达卜（Zeidab）开始了棉花种植计划，其中以杰济腊计划（Gizira）最为有名。

英国开展的棉花种植计划几乎全部在北方，而且种植面积一直在不断扩大。譬如，1956/1957年度，杰济腊计划覆盖的土地面积已达100万费丹*，而该计划最初只有33万费丹。1925/1926年度、1929/1930年度，加什计划（Gash）平均只有29400费丹，但是到1956/1957年度，其耕种面积已达68600费丹。③ 在白尼罗河沿岸（喀土穆至库斯提），青尼罗河沿岸（喀土穆至辛贾），北喀土穆的尼罗河沿岸，借助于水泵灌溉，政府直接经营了一些小型的棉花种植园。又如1930年至1956年间，政府水泵计划覆盖的土地面积一直稳步增长。1930年是17000费丹，几乎全部在北方省。1944年，已经达到58000费丹——其中32220费丹在北方省，25050费丹在

---

① L. A. Fabunmi, *The Sudan in Anglo-Egyptian Relations A Case Study in Power Politics 1800–1956*, London: Longmans, 1964, p. 177.

② 辛迪加的英文为Syndict，是资本主义垄断组织形式之一，其他还有"卡特尔""康采恩"等。

* 1费丹为1.038英亩。

③ Tim Niblock, *Class and Power in the Sudan: The Dynamics of Sudanese Politics, 1898–1985*, London: Macmillan Press, 1987, p. 27.

青尼罗河省，喀土穆、上尼罗河省、赤道省的一些小计划占 500—600 费丹。① 随着棉花种植面积的不断扩大，源源不断的棉花被送至英国。1948 年是 20 万包，1949 年是 304773 万包，此后不断上升，1952 年达 363863 万包。② 受苏丹自治运动的影响，1953、1954 年，英国从苏丹进口的棉花量有所下降。

英国人在北方主要开展棉花种植，南方*的经济发展几乎完全被忽略了。直到 1945 年，南方才有了自己的发展计划。然而，这些经济活动的影响是微不足道的，南方依然远远落后于北方。英国人几十年来重北轻南的发展政策造成了南北不平等的发展格局。1956 年苏丹独立时，南方社会经济的发展远远落后于北方，当时苏丹各地人均国内生产总值的对比就说明了这一点：喀土穆为 119 苏丹镑，杰济腊地区为 71 苏丹镑，在雨水充足的平原、西部及中部的地区降为 27—28 苏丹镑，然而在南方三省却为 12 苏丹镑。③

与殖民政府重北轻南的政策相呼应的是重农抑工。殖民政府的重点是发展农业，主要是与棉花相关的产业，其在工业领域的投资很少。行政机构的设立、基础设施的投资修建等都是为了支持棉花的种植和买卖，其他领域鲜有涉猎。1930 年至 1956 年间，政府主要的工业投资不是致力于生产满足人们需要的商品，而是鼓励主要的农产品——棉花的出口。殖民政府在苏丹港、散纳尔、阿特巴拉（Atbara）建立了 3 个轧棉厂，在科尔多凡建立了 6 个小型的轧棉厂。而政府对其他方面（农业、畜牧业、通信、交通、电力、工业、商业）的投资通常占政府开支的比例不到 20%。这种情况在

---

① Tim Niblock, *Class and Power in the Sudan: The Dynamics of Sudanese Politics, 1898–1985*, London: Macmillan Press, 1987, p. 28.

② L. A. Fabunmi, *The Sudan in Anglo-Egyptian Relations A Case Study in Power Politics 1800–1956*, London: Longmans, p. 180.

* 南方是指加扎勒河省、赤道省、上尼罗河省三省。

③ Ann Mosely Lesch, *The Sudan Contested National Identities*, Bloomington: Indiana University Press, 1998, p. 33, 转引自刘辉《民族国家构建视角下的苏丹内战研究》，中国社会科学出版社 2011 年版，第 25 页。

20世纪30年代如此，40年代如此，50年代早期仍然如此。即使是在1956年苏丹独立时，这个比例仍然是20%。[①]

正因如此，1956年苏丹独立时，国家从工业化中获益甚少。当时，制造业仅占苏丹GDP的1%，解决了全国0.03%的人口的就业问题。殖民政府认为：农业的发展对苏丹的未来具有独一无二的意义，而进行工业投资不仅浪费金钱，而且可能会危害社会。政府在工业领域的实质性投资从未被认真考虑过，联合政府的贸易政策就是促进苏丹农产品和联合王国工业制成品的交换，当然，与埃及同英国的关系相比，苏丹还是处于次要地位。像处于殖民控制下的其他领土一样，这一时期的关税被压得很低。[②] 正因为这样，苏丹本国的工业很少受到保护，而且新工业还面临着外国产品的激烈竞争。外国产品不论从哪个方面讲都比本国产品具有优势，因此，苏丹本土的商人很少能发展成大商人。其结果是，苏丹本土的新兴力量始终无法健康成长，也无法成为一支独立的政治力量，倒是宗教教团领袖在殖民政府的保护下成了大商人。这种两极分化导致苏丹的保守力量在国家的政治经济中居于主导地位，这对日后苏丹的国家政治生活造成了较大的负面影响。

2. 保护传统势力，打击新兴力量

1898—1920年，英国在苏丹的殖民统治仅限于维持秩序、征收赋税等。1919年，埃及爆发革命，英国开始调整其在苏丹的政策。英国政策变化的基石源于米尔纳（Milner）1920年的报告。米尔纳在报告中指出："考虑到广袤的领土及不同的居住民，不同地区的管理应该尽可能地留给当地人，只要他们在英国的监督管理之下。"[③] 两年后，殖民政府起草了一份分权管理的备忘录。其建立的将地方官

[①] Tim Niblock, *Class and Power in the Sudan: The Dynamics of Sudanese Politics, 1898 – 1985*, London: Macmillan Press, 1987, p. 31.

[②] Ibid., p. 45.

[③] S. M. Sid Ahmed, "Christian Missionary Activities in Sudan", in: Mohamed Omer Beshir edited, *Southern Sudan: Regionalism & Religion*, Khartoum: University of Khartoum, 1984, pp. 241 – 242.

员作为政府统治的媒介的间接统治显然意味着部落主义的复兴。在英国的保护下，宗教领袖及部落领导人的势力迅速扩张。哈特米教团（Khatmiyyah）与安萨派*的领袖成为富有的大地主兼资本家。

譬如，据赛姆斯（Symes）关于马赫迪家族的报告来看，1935年，马赫迪之子赛义德·阿卜德·拉赫曼（Sayyid Abd al-Rahman）拥有大约15000英亩的土地（其中4000—5000英亩种植棉花），每年从中获利2万—3万苏丹镑。① 除此之外，哈特米教团的领袖赛义德·阿里·米尔加尼（Sayyid Ali al-Mirghani）与信迪教团（Hindiyyah）的领袖谢里夫·尤塞夫·信迪（Sharif Yusif al-Hindi）从一开始就受到了殖民政府的特殊照顾：米尔加尼在红海省与北方省拥有大片耕地，信迪在杰济腊拥有大片耕地。其他宗教教团的领导人尽管没有英国的直接扶持，也仍利用其教长的地位扩充经济势力。

在英国的扶持下，宗教领袖成为苏丹有权有势的阶层，部落领导人也毫不逊色。殖民当局既没有足够的经济实力，也没有充足的人力在全国范围内维持其统治，因此，最有效、最直接的方法就是依靠部落领导人进行间接统治。英国曾在1919、1921、1926年颁布大量法令，以强化部落领导人的地位。殖民者又在1932年颁布了《1932酋长法庭法令》（the Chiefs Courts Ordinance of 1932），这进一步强化了部落领导人的地位。非洲的间接统治意味着非洲人会尽可能地通过他们自己本土的制度来管理自己，而苏丹的本土管理制度是由殖民者创立的，旨在打击和削弱其民族运动。② 既然苏丹最盛行的社会组织是"部落"，那也就意味着英国实际上沿用了苏丹旧的社会运作方式和管理模式。英国殖民统治没有给苏丹社会带来本质的、革命性的变化，反而带来了部落主义的复兴。凭借政治

---

* 安萨派是19世纪马赫迪国家解体后形成的新马赫迪派。

① Gabriel Warburg, *Islam, Sectarianism and Politics in Sudan since the Mahadiyya*, London: Hurst & Company, 1988, p. 92.

② S. M. Sid Ahmed, "Christian Missionary Activities in Sudan", in: Mohamed Omer Beshir edited, *Southern Sudan: Regionalism & Religion*, Khartoum: University of Khartoum, 1984, p. 45.

上的特殊地位，部落领导人几乎控制了一些地区的贸易商业，同时，他们也是土地的所有者。经济上的有利地位与殖民政府政治上的保护使宗教领袖与部落领导人成为当时苏丹社会中最有势力的阶层，在苏丹独立后相当长一段时期内，他们都是苏丹的主要政治力量。与此相对应的，是世俗的民族资产阶级力量的严重不足。

在英国殖民统治时期，最赚钱的行业是进出口贸易，然而在这个领域发挥决定性作用的是外国公司，苏丹商人从来没能在其中为自己分得一杯羹。进出口贸易主要由外国公司掌控，不过，苏丹本土商人在连接生产者与出口方上起到了桥梁、纽带的作用。苏丹商人在不同的商业活动中积累了资金，能进行再投资。这些再投资包括扩大商业网络、对初级产品的再加工等。当然，他们也会进行一些小生产，如投资面粉厂、印刷厂、肥皂厂、糖果厂等。20世纪50年代，许多商人在达尔富尔、科尔多凡、红海和青尼罗河等地赚到钱，就把生产转移到喀土穆。但是这些经济活动的影响不大，新兴商人还不能成为一支独立的政治力量。

1902年，英国殖民者在苏丹创办戈登纪念学院，其后，还在苏丹开办了各式小学和技校。在这些学校受过教育的苏丹人成为当时苏丹新兴力量的代表，而这支新生力量更倾向于苏丹的独立与自治。1924年，苏丹爆发反英起义，英国人因此关闭了不少学校，他们越来越倚重部落领导人，而不是受过西方教育的文职人员。直到第二次世界大战时期，英国在苏丹的政策一直都是孤立苏丹精英，这些精英在此期间不断被监视、怀疑。[1] 纵然如此，1937年，苏丹知识界成立了"毕业生大会组织"，要求苏丹自治。1943年，为寻求埃及的支持，"毕业生大会组织"的领袖伊斯梅尔·阿扎里（Ismai'l al-Azahri）与哈特米教团的阿里·米尔加尼联盟。前文提及的马赫迪之子赛义德·阿卜德·拉赫曼吸引了不少毕业生，而他本

---

[1] Robert O. Collions and Francis M. Deng edited, *The British in the Sudan, 1898 – 1956, the Sweetness and the Sorrow*, New Haven and London: The Macmillan Press Ltd., 1984, p. 18.

人也致力于使自己成为民族主义运动的领袖。此后,宗教政党一直在苏丹国家生活中发挥着重要的作用,世俗力量一直没有能够成为左右苏丹政治的独立力量。苏丹的国家政治生活中出现政党宗教化、政治宗教化的局面,这对苏丹独立后的政治乃至国家社会生活有着深刻的影响。

3. 议会民主制在苏丹"水土不服"

英国殖民统治时期实行的重北轻南、重农抑工的发展政策给苏丹造成的影响,主要表现在以下两个方面。其一,人与人之间的差距。那些受益于殖民政策的人们的经济地位得到加强,而其余人的条件则鲜有改善。其二,地区发展的差距。其突出表现是北方发展快于南方。这两个差距相当关键,它决定了日后苏丹社会发展的基础及政治力量来源。[①] 在英国殖民统治时期,受益于殖民政策的那些人,即宗教领袖、部落领导人、商人、政府高级官员等,成为当时苏丹民族主义运动的主力及独立后苏丹的主要政治力量。

1944年至1947年,苏丹咨议会的所有成员几乎都是上述四类人,立法议会所有的北方成员和南方成员中的一半也是如此。在第一届议会中,众议院议员的70%—75%,参议院的75%—85%都来自上述四类人(见表1—1)。

表1—1　　　　　　　苏丹第一届议会议员身份背景统计

	身份背景	北方选区	南方选区
众议院	宗教领袖、部落领导人、商人、政府高级官员	65	9
	其他背景	11	12
参议院	宗教领袖、部落领导人、商人、政府高级官员	35	5
	其他背景	4	6

资料来源:Tim Niblock, *Class and Power in the Sudan: The Dynamics of Sudanese Politics, 1898 – 1985*, London: Macmillan Press, 1987, pp. 80 – 81。

[①] Tim Niblock, *Class and Power in the Sudan: The Dynamics of Sudanese Politics, 1898 – 1985*, London: Macmillan Press Ltd., 1987, p. 49.

苏丹独立时，农民、牧民是社会的主体，商人占全国总人口的0.6%，而商人中真正从事制造业的人很少，不到1000人。[1] 如前所述，独立时的苏丹并不是一个资本主义社会，前资本主义的生产方式占据主导地位。英国半个多世纪的殖民统治使苏丹形成了所谓的"二元结构"的社会经济模式，即畸形的少量城市现代化工业和广大农村落后的传统农业并存，一小撮"进步的"富有的上层人物集团与广大的劳苦大众并存。国家社会经济生活中有势力的是宗教领袖、部落领导人、商人、政府高级职员和自由职业者，他们是苏丹保守力量的代表。在这个国家的很多地方，农民、牧民进行的仍然是自给自足的生产，他们处在社会的最底层。

在英国人撤离苏丹时，苏丹的许多经济部门跟殖民统治前是一样的。虽然英国开展了很多棉花种植计划，但是其产生的经济影响不大。苏丹官方进行统计时，曾将经济分为传统部门与现代部门。"现代部门"指的是使用现代机器和耕作方法，或者生产活动在城市周边进行。"传统部门"指使用简单工具，经济活动主要是满足生产者自给自足的需要。正是因为这种区别，所以在1955/1956年度，现代部门的生产总值占苏丹国内生产总值的43.6%，传统部门的生产总值占56.4%。由于现代部门的生产力明显高于传统部门，因此，在传统部门工作的人口比例必定大大超过56.4%。实际上，当时可能有90%的人口仍旧在传统部门劳作——要么从事牧业，要么从事农业。[2] 以上就是英国人撤离苏丹时该国经济发展的基本情况。英国不顾苏丹的经济状况和社会力量的组成情况，在撤离苏丹时为其引进了议会民主制。

正如马克思所言，"资产阶级，由于一切生产工具的迅速改进，由于交通的极其便利，把一切民族甚至最野蛮的民族都卷到文明中

---

[1] Tim Niblock, *Class and Power in the Sudan: The Dynamics of Sudanese Politics, 1898 – 1985*, London: Macmillan Press Ltd., 1987, pp. 81 – 96.

[2] Ibid., p. 46.

来了……它迫使一切民族——如果他们不想灭亡的话——采用资产阶级的生产方式；它迫使它们在自己那里推行所谓文明制度……"① 显然，不论是从经济发展程度，还是从民众的公民意识上讲，议会民主制在苏丹没有合适的土壤。

"一个国家能否在政治发展中建立现代民主政治制度，在很大程度上取决于该国的经济发展能否为其提供相应的物质条件和手段，社会结构，即社会集团的分化、独立程度、组织状况，以及社会的政治文化状况，即民众的公民意识、参政意识以及政治传统等因素。"② 国家的民主化进程需要有肥沃的土壤，经济基础决定上层建筑，民主政治是随着资本主义商品经济的发展而孕育、萌生并发展起来的，商品经济的发达与否对于民主的产生、持续和巩固有着十分重要的作用。在殖民主义的压榨下，苏丹成为以种植棉花这一单一作物为主的国家，其经济发展长期受到英国殖民统治的负面影响，工业水平非常落后，需要依靠输出棉花、阿拉伯树胶等一些农产品换取工业产品和生活必需品。国家大部分地区发展的依然是自给自足的小农经济。同时苏丹民族、部族众多，宗教、教派复杂。③

此外，苏丹政党除了宗教教团痕迹非常明显外，政党的部族痕迹非常突出。苏丹政党，如民族联合党、人民民主党都存在这个问题，这两大政党几乎都是由部族成员组成的。民族联合党的成员大多来自科尔多凡部落，支持乌玛党*的主要是来自尼罗河中部地区和达尔富尔省的部落，支持人民民主党的部落主要来自北方省、贝加部落，支持苏丹非洲国家联盟的主要是丁卡人。除此之外，北方政党招募的成员及其支持者全部是北方人，南方政党则全依靠南方

---

① 恩格斯、列宁、斯大林：《马克思恩格斯选集》第1卷，中共中央编译局译，人民出版社1995年版，第255页。

② 陈德成主编：《中东国家的政治现代化：理论与历史经验的再探讨》，社会科学文献出版社2000年版。

③ 刘辉：《英国对苏丹殖民政策：特点与影响》，《重庆与世界》2015年第2期。

* 乌玛党：1945年，苏丹的马赫迪主义者成立乌玛党，其称呼源于带有强烈指示意义的穆斯林共同体——乌玛。

人。政党对部落的严重依赖加剧了苏丹的部落分化，并进一步将国家分成南、北两个地区。① 除了部落外，宗教派别在国家政治生活中也起着巨大的作用。安萨派和哈特米亚派控制了政党、立宪会议、行政部门和司法部门等。从经济发展水平、公民的参政意识及政党制度的运行来讲，苏丹不具备实行议会民主制的条件，议会民主制在苏丹显然水土不服。日后的一系列事实也证明，它给苏丹社会带来的更多是混乱。在其独立后 30 多年的时间里，苏丹发生过多次军人政变，与此关系甚大。

4. 南方政策

英国殖民者利用苏丹部族、部落、宗教和社会文化的多样性不断加强对苏丹社会的控制，以尽可能地延迟撤出苏丹的时间。这样做最简单的方法就是对苏丹民族运动的发展设置重重障碍，同时扩大苏丹社会已有的裂痕。虽然苏丹各地区差异较大，但南方却被格外区别对待。这是因为南方从部族和文化上说属于非洲，且大多数受教育阶层是基督徒，其他地区则受伊斯兰教的影响更大。② 早在 1902 年，殖民政府就决定将北方六省*和南方三省分开治理。

殖民政府一直津津乐道的政策就是按照既定事实行动，即南苏丹人显然是非洲人和尼格罗人。因此，英国人的职责就是尽可能地使南苏丹人的经济、教育按照非洲一线的方向发展，而不是按照适合北苏丹的中东—阿拉伯一线发展。只有这样，南苏丹人将来才能代表自己，不管他们最终是投入北苏丹的怀抱还是投入东非的怀抱（或者是一部分归入北苏丹，一部分归入东非）。③ 这是英国在苏丹

---

① S. M. Sid Ahmed, "Christian Missionary Activities in Sudan", in: Mohamed Omer Beshir edited, *Southern Sudan: Regionalism & Religion*, Khartoum: University of Khatoum, 1984, p. 50.

② Rafia Hassan Ahmed, "Regionalism, Ethnic and Socio-Cultural Pluralism, the Case of the Southern Sudan", *Southern Sudan: Regionalism & Religion*, in: Mohamed Omer Beshir edited, Khartoum: University of Khatoum, 1984, p. 55.

* 北方六省是北方省、东方省、达尔富尔省、科尔多凡省、喀土穆省和青尼罗河省。

③ Dunstan M. Wai, *The African-Arab Conflict in the Sudan*, New York, London: African Publishing Company, 1981, p. 38.

南方政策的出发点。

1930年1月25日,英国颁布了苏丹南方政策。当时,内务秘书(civil secretary)写道:"政府的南方政策就是建立一系列自我管理的种族或部族单元。这些种族、部族单元有建立在本土习惯、传统及信仰之上的结构和组织;当然,其程度还取决于政府的需求及良性政府的允许。"① 该政策出台后,政府采取一系列措施消除了阿拉伯因素的影响。首先是禁止各阶层的行政、文职及技术人员说阿拉伯语;其次控制北方移民,特别是商人,鼓励英国职员熟悉部落的传统习惯和语言。该项政策最主要的特征就是禁止使用阿拉伯语,与此同时,还禁止南苏丹各部落与邻近的达尔富尔、科尔多凡阿拉伯穆斯林之间的联系。一直与阿拉伯伊斯兰文化保持接触的部落,如班达人(Banda)、敦戈人(Dongo)、克雷什人(Kreish)、法鲁伽人(Feruga)、尼亚尔古尔古里人(Nyargulgule)和提欧哥伊人(Togoyo)被从居住地迁走,被重新安置在远离北方人影响的地区。紧跟该项政策的就是作为阻止交流的屏障而建立的位于南方和达尔富尔的阿拉伯河之间的"无人区"。②

英国的南方政策受到基督教传教士们的称赞,因为这样有助于他们的福音传教。特里明厄姆(Trimingham)曾这样直白地说:

"……可以这样说,就像乌干达的传教团阻止了巴干达人(Baganda)中伊斯兰教的传播一样,同样受苏丹政府支持的'南方政策'也会使南方传教团阻止穆斯林渗入难受影响的尼罗特人,阻止摩努人(Moru)、阿赞德人(Azande)这样的部落信奉伊斯兰教。"③

最后,殖民政府允许南方各小学使用方言,继南方拉贾夫会议

---

① S. M. Sid Ahmed, "Christian Missionary Activities in Sudan", in: Mohamed Omer Beshir edited, *Southern Sudan: Regionalism & Religion*, Khartoum: University of Khatoum, 1984, p. 242.

② Ibid., pp. 242 - 243.

③ Ibid., p. 243.

后，丁卡语（Dinka）、巴里语（Bari）、莫鲁语（Moru）、诺多戈语（Ndogo）、努维尔语（Nuer）、希卢克语（Shilluk）、马迪语（Madi）、赞德语（Zande）逐渐被承认并采用。① 在社会生活上，殖民政府也人为地切断了南方人与北方人之间的联系。

军事上，1910年，苏丹总督温盖特（Wingate）下令成立南赤道军团以服务当地，指挥官是说英语并信奉基督教的英国人。南赤道军团不仅取代了主要负责传播伊斯兰教和阿拉伯语的北苏丹游击队，而且它的创建成为镇压南方起义的后备力量，而且这支力量既非穆斯林也非阿拉伯。1918年，绝大多数北方军队离开了南方，星期天取代星期五成为官方的礼拜日。12年后，即1930年，总督麦克迈克尔（MacMichael）的南方政策则是驱逐所有的北苏丹人，这不仅包括讲阿拉伯语的穆斯林军队，还包括商人、教师和技术人员。② 20世纪40年代，有些政府官员要求废除南方政策。1946年12月16日，在一份流传的备忘录中有这样的一段话：

"我们应当重申我们的南方政策，公开地这样做。由于苏丹政府在考虑南方时是基于这样的事实即南方人显然是非洲黑人，但是地理和经济（目前可以预见的将来）将使南方的发展同中东阿拉伯化的北苏丹绑在一起。因此，确保他们应该能够在经济教育发展上武装起来，在将来能够代表他们自己，在未来的苏丹能够在社会经济上与北方伙伴一样平起平坐。"③ 但是，这没有引起殖民者的重视。1953年，英国最终决定将南北苏丹合并为一个国家，并在此时废除了南方政策。但是，横亘在苏丹南北之间的巨大鸿沟成为新国家发展的巨大障碍。

---

① Dunstan M. Wai, *The African-Arab Conflict in the Sudan*, London: Africa Publishing Company, 1981, p.35.

② Robert O. Collions and Francis M. Deng edited, *The British in the Sudan, 1898 – 1956, the Sweetness and the Sorrow*, New Haven and London: The Macmillan Press Ltd., 1999, pp.23 – 24.

③ S. M. Sid Ahmed, "Christian Missionary Activities in Sudan", in: Mohamed Omer Beshir edited, *Southern Sudan: Regionalism & Religion*, Khartoum: University of Khartoum, 1984, p.271.

（二）英国对苏丹殖民政策的影响

英国统治苏丹近半个多世纪，并在此期间推行了一系列殖民侵略和掠夺的政策，阻碍了生产力的发展，从而给苏丹的政治、经济、社会带来了一系列消极影响，也为后来的南北分治埋下了祸根。

1. 英国在苏丹实行的重北轻南、重农抑工的经济政策为苏丹后来的经济发展模式奠定了基础。

殖民者的目的从来不是发展殖民地的经济。正如威廉·恩道尔（William Engdahl）所言："英国政策的目的很明确，不是想从这些附庸关系中发展出强大的主权工业国家自己的工业和经济，而是想通过尽可能多的投资实施控制，确保其他竞争者无法获得他们觊觎的原材料或其他经济财富。"[①] 在英国的殖民统治下，苏丹形成了畸形发展的单一经济政策——完全依附于世界市场的棉花种植业。这使得苏丹经济长期处于落后境地。

马克思早就指出，"大工业发达国家也影响着或多或少非工业化国家，因为非工业国家由于世界贸易而被卷入普遍的斗争中"。[②] 由于棉花的生产与出口是苏丹主要的经济活动。从事棉花种植的农民日益卷入资本主义世界市场的旋涡，资本主义世界市场稍有风吹草动，苏丹经济便深受影响，20世纪30年代初的世界性经济危机便是一例。这次世界性经济危机使棉花销路迅速减少，棉花播种面积锐减，苏丹的经济状况严重恶化。杰济腊地区农民收入下降50%还多，政府财政收入暴跌，苏丹各行各业人民的生活水平都严重下降。

英国在苏丹实行的重北轻南、重农抑工的发展政策使苏丹形成了边缘地区与中心地区对立的形势，以及北方发展远远快于南方的

[①] [美] 威廉·恩道尔：《石油战争——石油政治决定世界新秩序》，赵刚、旷野等译，欧阳武校译，知识产权出版社2008年版，第8页。

[②] 恩格斯、列宁、斯大林：《马克思恩格斯选集》第1卷，中共中央编译局译，人民出版社1995年版，第59页。

南北不平衡的发展格局。同时，农业的发展快于其他行业，工业领域的投资很少。独立后的苏丹沿袭了这种发展模式：国家对农业严重依赖，工业投资则严重不足。苏丹独立后，虽然历届政府制定了经济发展计划以减少对棉花的依赖，但棉花仍然是苏丹外汇收入的主要来源。实际上，基本建设资金的不足，以及依赖受自然条件及世界市场影响很大的农作物收入等因素导致政府外债不断上升。由于生产部门鲜有发展，所需工业产品主要是通过进口满足，对外贸易的减少自然限制了需要进口的工业产品。以农产品换工业产品的这种模式在苏丹独立后越来越展现出其不利的一面。例如，从20世纪50年代中期到60年代末，苏丹的进出口交换比率一直在恶化。又如，以1968年作为基准年，进出口交换比率从1956年的125下降到1967年的95，又上升到1968年的100。[①]

农业一直是苏丹经济的支柱，对苏丹GDP的贡献最大，吸纳的就业人口也最多。直到20世纪90年代，据国际货币基金组织估计，苏丹农产品出口值占其总出口值的80%，吸纳了全国2/3的劳动力；而工业对其GDP的贡献不到10%。[②] 直到20世纪末，苏丹仍然是一个缺乏近代工业体系的落后农业国家。

独立后的苏丹与世界市场的依附关系依然存在。首先，苏丹没有摆脱对其宗主国英国的依赖。例如，1956年苏丹独立时，杰济腊计划虽然被交给苏丹人管理经营，但事实上是英国资本一直保证着该计划的运营。这种情况一直持续到1974年。再如，为修建散纳尔水坝、沟渠及相应的铁路，英国投资者贷给苏丹1500万英镑。1939年，苏丹还清了一部分贷款，另一部分贷款，虽然利率不高，但也直到1974年才还清。[③] 1956年，苏丹对外贸易出口总量的75%

[①] Tim Niblock, *Class and Power in the Sudan：The Dynamics of Sudanese Politics, 1898 – 1985*, London：Macmillan Press, 1987, p. 47.

[②] Abdel Salam Sidahmed & Alsir Sidahmed, *Sudan*, Oxon：*Routledge Curzon*, 2005, pp. 83 – 86.

[③] L. A. Fabunmi, *The Sudan in Anglo-Egyptian Relations A Case Study in Power Politics 1800 – 1956*, London：Longmans, 1964, p. 183.

是输送到西欧和北美的，而 50% 的进口量也正是来自这些地区。①苏丹对发达资本主义国家经济上的依赖导致其在国际上的依附性、脆弱性，这进一步加剧了其在国际上的被动地位。

当然，英国殖民者在苏丹进行的一些投资使该国出现了最早的工业，如水泥厂、啤酒厂的修建，发电站的建立，银行和贸易公司的成立等。这些现代化的符号对苏丹经济而言只是点缀，对国家经济增长及人民生活水平的提高作用有限。

2. 在英国殖民统治时期，特殊的经济模式——重农抑工的政策与苏丹特有的教团相结合，致使苏丹政治出现一幅特殊的景象，即教派领导人经济势力强大，并成为政治运动的领袖。教派领导人凭借自身的政治势力干预国家生活，这使苏丹政治出现了政党宗教化、宗教政治化的局面。

如前所述，在英国的打击下，苏丹世俗民族主义力量薄弱，无法在国家政治生活中成为一支独立的力量；而宗教教团领袖，如安萨派领袖拉赫曼与哈特米亚教团领袖米尔加尼的政治经济势力迅速膨胀。他们利用自身的特有优势组建政党，参与国家政治生活。1945 年，马赫迪主义者成立乌玛党，哈特米教团与毕业生大会组织联合建立了民族联合党。安萨派成员则忠于乌玛党，哈特米亚教团成员则忠于民族联合党。宗教领导人利用自身的重大影响引领其追随者加入政党，两大教团的斗争转入政治。

1956 年 1 月 1 日，苏丹正式宣布独立。苏丹虽然摆脱了殖民统治，然而，这个国家在很大程度上仍是直接或间接地由少数上层人物统治的。这些人物要么是宗教领袖，要么是部落领导人，要么是政府高级官员。这些人代表了传统主义者的利益，他们从英国建立的旧经济模式中获益甚多。用新马克思主义的观点来看，这些上层人物天生是导致不发达的因素，他们是发达国家上

---

① Tim Niblock, *Class and Power in the Sudan: The Dynamics of Sudanese Politics, 1898 – 1985*, London: Macmillan Press, 1987, p. 47.

层人物榨取劳动力剩余价值的帮凶，维护旧的国内经济模式和国际经济秩序是符合他们的利益的。所以这些上层人物没有进行社会、政治和经济制度变革的强烈愿望，没有社会、政治和经济制度的变革，也就没有经济社会的发展。譬如，苏丹直到1960年才制订了第一个经济社会发展十年计划。但是，该计划直到1962年才获得批准。由于投资面铺得过大，预期资金不足，再加上1969年尼迈里（Nimeiry）上校发动了政变，第一个经济发展计划最终不了了之。因此，苏丹虽然有"政党""代议制"这些现代政治制度符号，但是它们并没有为国家的经济发展、人民生活的改善发挥作用。议会制无法解决日益复杂的社会问题，最终，反倒是依靠军人来挽救社会。

3. 分而治之强化了南北各自的文化特色。

苏丹南北之间一直少有往来，这是由多种因素造成的，其中最主要的是地理方面的因素。阿拉伯人一直未能渗入南方，因为作为游牧民族，他们更加习惯辽阔的地区，而不是茂密的森林，而这恰恰是南方的自然环境特征。南方人向北方的渗透也受到阻碍，这是由于阿拉伯人不会利用南方水道及穿越萨德沼泽（Sudd）。更深层的原因是南方内陆性的地理环境使其不能受到发生在海岸或河口文化的影响。因而南方保留了部族社会的特征，直到20世纪80年代，南北之间几乎没有整合和通婚。[1] 地理因素成为当时南北交流融合的主要障碍。

英国在苏丹实行的南北分治政策强化了北方的阿拉伯—伊斯兰文化，南方则保留了自己的非洲本土文化。在英国殖民者的干预下，南、北苏丹成为一个政治共同体——苏丹，但是其民众却缺乏共同的国家意识。英国统治苏丹半个多世纪，给苏丹带来了深远的影响。政治上，旧势力掌握政权，他们拒绝承认南方问

---

[1] Rafia Hassan Ahmed, "Regionalism, Ethnic and Socio-cultural Pluralism, The Case of southern Sudan", in: Mohamed Omer Beshir edited, *Southern Sudan: Regionalism & Religion*, Khartoum: University of Khartoum, 1984, p. 30.

题，也拒绝变革社会；经济上，以棉花种植业为主，工业基础薄弱；文化上，南、北苏丹矛盾重重。这就是英国撤离苏丹当时的基本社会现状。

正如马克思在《不列颠在印度的统治》[①] 中提到的，英国在印度充当了"历史的不自觉的工具"，英国事实上在苏丹也充当了这一角色。铁路、银行、港口、工厂等机构设施的建立成为苏丹现代化的早期符号。在殖民者开办的学校接受教育的苏丹人不仅掌握了管理国家的必要知识，而且还在一定程度上接触了西方科学，他们成为一个新的阶层，苏丹社会的嬗变也由此开始。英国殖民统治在扫荡旧社会尤其是苏丹北方社会的同时，也孕育着新社会，苏丹的新兴力量在成长之中。正如马克思在《不列颠在印度统治的未来结果》[②] 中提到的英国在印度要完成双重使命，英国在苏丹也负有双重使命，即破坏与建设，然而，其破坏性远大于建设性。苏丹的旧社会虽然被打破，受殖民遗留政策的影响，新社会却一直未能健康成长起来。1955年，南方与北方之间的第一次内战爆发，1972年结束；1983年，第二次内战爆发，2005年南北签署了《全面和平协议》宣告内战结束。2011年1月9日，南方通过全民公投选择脱离苏丹，要求建立一个独立的国家。最终苏丹走向分裂，历史仿佛从终点又回到了起点。

苏丹的命运代表了当今世界发展中国家的命运。在殖民主义时代，这些国家受到发达资本主义国家的控制、剥削、压迫。殖民主义体系瓦解后，这些国家虽然赢得了独立，但是其在内政、外交和经济发展等诸多问题上仍然受制于发达资本主义国家，在国际社会上仍然处于受压迫地位。苏丹内战引起了国际社会关注，尤其是超级大国美国的注意，美国在苏丹南方的独立过程中发挥了重大作用。

[①] 《马克思恩格斯全集》，第9卷，人民出版社1961年版，第143—150页。
[②] 同上书，第246—252页。

三　苏丹南北分立的美国因素

英国的殖民主义统治种下了苏丹南北分立的恶果,而美国则在苏丹南北分立中发挥了关键作用。应当注意的是,美国干预苏丹南北和平进程最隐蔽的原因在于遏制中国、抑制中国在苏丹的利益扩张。

冷战时期,美国、苏联两个超级大国在全球展开争夺,非洲的苏丹也被卷入其中。美国利用喀土穆制衡苏联在非洲影响。然而,由于苏丹自命为阿拉伯国家,而美国在"阿以冲突"中偏袒以色列的做法在一定程度上影响了苏丹与美国的关系。不过,总体上来说,苏丹与美国关系良好,仍然从美国获得经济、技术等方面的援助。1981年,美国对苏丹的军事援助总额达6300万美元,1985年该项数据的数值迅速上升至3.5亿美元。苏丹成为撒哈拉以南非洲地区接受美国经济军事援助最多的国家。[1] 尼迈里总统（Nimeiry）当政后期,特别是20世纪80年代,苏丹与美国关系良好。1985年4月,尼迈里总统被国内军事政变推翻后,苏丹与美国的关系受到冲击。20世纪80年代末至90年代初,因苏联的解体、两极格局的终结以及苏丹政局的变化等因素的影响,美国与苏丹的关系一波三折,美国对苏丹南北和平进程的态度在此过程中经历了一系列转变。

（一）克林顿时期的孤立遏制政策

1989年苏丹政局发生变化。巴希尔准将（al-Bashir）在伊斯兰民族阵线的支持下发动政变,推翻民选政府,成立军政府。随着苏丹政权性质的改变,苏丹与美国的关系急剧恶化。伊斯兰民族阵线的领导人哈桑·图拉比（Hasan Turabi）成为国家的实际统治者。图拉比是一个世界主义者,同时也是一个能讲多种语言的现代伊斯

---

[1] Luke Patey, *The New Kings of Crude, China, India, and the Global Struggle for Oil in Sudan and South Sudan*, London: Hurst & Company, 2014, p. 27.

兰主义者。图拉比有关伊斯兰教本质、特征的理论受到了伊斯兰主义者的高度重视，但是却在阿拉伯—伊斯兰世界引起了军人政权和君主政权的恐慌，当然也遭到了西方的拒绝。西方认为图拉比的一套理论是不民主的，与西方"公民社会"的理念格格不入。[1] 在图拉比的压力下，巴希尔组建了以"沙里亚法"（Sharia）为基础的政府。

伊斯兰民族阵线认为，所有的穆斯林，不论他们的种族、语言、文化及出身，都是国家——伊斯兰国家的一分子。伊斯兰主义者从理论上拒绝民族国家及公民权理论，而代之以信仰者共同体。[2] 在这种思想的指导下，伊斯兰民族阵线对世界各国伊斯兰激进分子的活动均表示支持。苏丹成为培养极端分子的温床、极端分子的训练中心、武器走私的渠道以及向世界极端组织发放资金的中心。此外，图拉比还成立了国际伊斯兰学生组织、国际伊斯兰联盟和伊斯国际舆论研究所。

在对外关系上，苏丹同中东反西方阵营站在一起，加强同利比亚、伊朗的联系；1990年，伊拉克入侵科威特，引发了海湾危机，国际社会纷纷谴责伊拉克，苏丹却支持伊拉克。苏丹的一系列做法引起了美国的担忧。美国担心该政权会影响自己在中东和非洲地区的盟友，进而影响到美国在这些地区的利益。另外，随着冷战的结束及苏联的解体，苏丹对美国的重要性下降。1989年，马赫迪（Mahdi）民选政府被推翻后，美国终止了对苏丹所有的军事、经济援助，但是仍继续通过国际开发署为苏丹内战中颠沛流离的人们提供人道主义援助。[3] 1991年，美国撤出美国驻苏丹大使馆的工作人员，关闭了喀土穆大使馆，美国与苏丹关系恶化。20世纪90年代，

---

[1] Carolina Fluehr-Lobban and Richard Lobban, "The Sudan Since 1989: National Islamic Front Rule," *Arab Studies Quarterly*, Vol. 23, No. 2, 2001.

[2] Mansour Khalid, *War and Peace in the Sudan a Tale of Two Countries*, London: Kegan Paul Limited, 2003, p. 306.

[3] Veronica Nmoma, "The Shift in the United States-Sudan Relations: A Troubled Relationship and the Need for Mutual Cooperation", *The Journal of Conflict Studies*, Vol. 26, No. 2, 2006.

美国与苏丹关系的症结是恐怖主义问题,围绕恐怖主义,双方展开了激烈较量。在苏丹南北问题上,美国将苏丹结束南方战事作为改善双边关系的前提条件。

1991年,本·拉登(Bin Laden)抵达苏丹。5月,伊斯兰国际会议在喀土穆召开,与会者都是伊斯兰原教旨主义运动中大名鼎鼎的人物。在图拉比的倡导下,会议通过了一项宣言,其核心思想就是要表明:"无论美国和西方在海湾战争之后显得多么强大,真主才真正是伟大的。"会议还宣称,为了获得对西方圣战的胜利,为了在各国建立伊斯兰政府,穆斯林采取任何斗争方式都是正当的。① 苏丹的所作所为招致美国的强烈不满。

1993年8月18日,经过180天的复审,美国国防部认为苏丹是"国际恐怖主义活动"的支持者。美国官员发表声明称"目前证据表明苏丹为恐怖分子提供庇护,并且为恐怖分子提供便利以支持极端组织的活动",而且注意到"在苏丹接受训练的军事极端主义者在邻国进行恐怖主义活动的报告是可信的"。② 美国政府的做法引起了苏丹政府极大不满,喀土穆爆发反美游行。美国与苏丹政府交恶,但却与南方叛军,即苏丹人民解放军保持密切联系。1993年年底,美国国防部举行座谈会,南方叛军代表参加了会议。苏丹外交部指责此次会议是叛军各组织间的秘密会议,旨在联合各派别反对喀土穆政府。苏丹官员认为,美国支持南方人的自决权,这实际上相当于将南方从苏丹割裂出去了。③ 1994年2月,没有事先征得苏丹政府同意,美国大使唐纳德·彼得森(Donald Petterson)便对苏丹南方地区进行了访问,该地区大部分处在叛军的控制之下。美国政府的一系列举措引起了苏丹的抗议,但是抗议并没有产生多大的效果。

---

① 肖宪:《美国为何要把苏丹列为支持恐怖主义的国家》,《国际展望》1993年第19期。
② Yehudit Ronen, "Sudan and the United States: Is a Decade of Tension Winding Down?" *Middle East Policy*, Vol. IX, No. 1, Mar. 2002.
③ Ibid..

1994年3月，美国驻联合国大使马德琳·K.奥尔布赖特（Madeleine K. Albright）访问喀土穆。奥尔布赖特是1989年巴希尔政变以来访问苏丹的第一位美国高级官员。她在随后发表的声明中重申：如果苏丹政府欲改善同美国的关系，重塑国际形象，就必须改善国内人权状况，和平解决南方战事，不再支持恐怖主义。[①] 1995年6月，苏丹反对派在阿斯马拉召开会议，此次会议获得了美国的支持。

苏丹政府为了改善与美国的关系，于1994年8月将臭名昭著的国际恐怖主义分子伊里奇·拉米雷兹·桑切斯（Ilich Ramirez Sanchez）交给了法国。苏丹政府希望此举能够使美国将自己从支持恐怖主义活动的黑名单上删掉，美国政府则认为苏丹政府的行为不足以获得如此回报。1995年6月，埃及总统胡斯尼·穆巴拉克（Hosni Mubarak）在埃塞俄比亚首都亚的斯亚贝巴参加非盟首脑会议时险遭恐怖分子暗杀，苏丹被怀疑与此次事件有染。因为此次事件，1996年4月，联合国安理会通过了对苏丹实施外交制裁的1054号决议。

克林顿任美国总统时期，美国与苏丹因为恐怖主义问题关系恶化，美国对苏丹实行了孤立与遏制的政策。一方面，美国支持苏丹南方叛军和国内反对派；另一方面，美国与苏丹邻国乌干达、厄里特里亚、埃塞俄比亚交好，为它们提供了军事、财政方面的援助。美国试图通过这两种手段达到削弱巴希尔政权的目的。1996年，美国声称将给予苏丹邻国埃塞俄比亚、厄里特里亚、乌干达近2000万美元的军事援助。这几个国家与苏丹之间并非友好关系，而且它们还是苏丹反对派国家民主联盟和南方叛军苏丹人民解放运动的坚定支持者。然而，美国官员称，援助的武器是非杀伤性的，仅用于防御。国会和五角大楼强调："此次援助包括步枪和其他援助。"他

---

① Yehudit Ronen, "Sudan and the United States: Is a Decade of Tension Winding Down?" *Middle East Policy*, Vol. IX, No. 1, Mar. 2002.

们有意突出了援助的心理功效。① 喀土穆对此很紧张,声称"美国支持的入侵迫在眉睫"。苏丹试图获得伊斯兰国家的政治支持,特别是伊朗,因为"美国是主要的殖民主义国家,正在利用所有的军事力量同伊斯兰教作战"。②

20世纪90年代,苏丹南北内战、国内人权状况及宗教迫害均是美国关注的重点。1997年5月,美国驻非洲事务副国务卿乔治·E. 莫斯(George E. Moose)在参议院外交委员会作证时声称:美国必须"孤立苏丹、遏制其对叛乱分子及恐怖分子的支持……迫使苏丹政府为自己的行为付出代价,改变自己的国内外政策"。③ 莫斯指责苏丹支持国际恐怖主义分子在邻国制造动乱,而且还是世界上人权记录最糟糕的国家之一。④ 同年12月,华盛顿冻结了苏丹在美国银行的资产,并对苏丹实行了全面的经济和金融制裁,限制了苏丹的进出口贸易(阿拉伯树胶除外),同时禁止美国在苏丹的投资和金融交易。对于制裁,克林顿政府的声明如下:"苏丹政府的行动,包括持续支持国际恐怖主义,不断挫败邻国政府,屡屡侵犯人权如奴隶制的复活和否认宗教自由,所有这些都对美国的国家安全和外交政策构成了异常的威胁。"⑤

1998年,美国国会以压倒性票数通过了《国际宗教自由法案》。法案要求国务院成立一个新的办公室监督国际宗教自由,并发布了年度报告,成立了美国国际宗教自由委员会,以便监察办公室工作。苏丹是美国宗教自由委员会考虑的重点。同年8月7日,美国驻肯尼亚、坦桑尼亚大使馆遭到恐怖袭击,此次事件导致200

---

① David B. Ottaway, "Wielding Aids, U. S. Targets Sudan, $ 20 Millions to Be Sent to Neighbors Who Are Backing Rebel Forces", *The Washington Post*, Nov. 10, 1996, pg. A. 34.
② Yehudit Ronen, "Sudan and the United States: Is a Decade of Tension Winding Down?" Middle East Policy, Vol. IX, No. 1, Mar. 2002.
③ Ibid..
④ Ibid..
⑤ Veronica Nmoma, "The Shift in the United States-Sudan Relations: A Troubled Relationship and the Need for Mutual Cooperation", The Journal of Conflict Studies, Vol. 26, No. 2, 2006.

多人死亡、4000多人受伤。美国指责喀土穆与此次事件有关。8月20日,美国对苏丹与"恐怖分子相关"的设施进行导弹袭击,阿富汗也遭遇了同样的袭击。根据美国官员的说法,此次袭击的目标既是报复性的,也是先发制人的,它与美国所谓的"同恐怖主义长期作战的目标一致,其基础是有权自卫"。具体来说,美国强调此次袭击的目标是打击本·拉登所属的及资助的激进组织网络。① 美国此次打击的目标是喀土穆巴哈里区的希法制药厂。美国声称,该工厂正在制造化学武器,即致命的 VX 神经毒剂。美国的做法遭到了苏丹政府的指责,苏丹政府坚持希法制药厂仅生产药品,并且强调早在工厂开工前,本·拉登就已经离开苏丹了。苏丹对美国的做法表示强烈不满。为了表示抗议,苏丹召回全部驻美工作人员,并且在喀土穆美国大使馆前举行集会。

尽管如此,1999 年 4 月,美国仍然再度将苏丹列为支持恐怖主义活动的国家。同年年底,国防部的年度报告——《全球恐怖主义的典范》称:"1999 年,苏丹依然是许多组织成员的天堂。其中包括本·拉登基地组织成员,埃及伊斯兰组织及吉哈德成员,巴勒斯坦伊斯兰吉哈德及哈马斯成员。许多组织将苏丹作为资助同谋的安全基地。"②

苏丹一直试图改善其同美国的关系。1999 年 5 月,苏丹先后签署了《禁止化学武器国际协议》及《阿盟打击恐怖主义公约》。6 月,美国众议院通过决议谴责苏丹政府在南方和努巴山区发动的大屠杀及屡屡侵犯人权的行为。苏丹政府坚决否认了众议院的指控。苏丹外交部部长穆斯塔法·乌萨曼·伊斯梅尔(Mustafa Utheman Ismail),此前一直非常努力地恢复苏丹同美国的外交关系,这时也失去了耐心,责怪美国人:"美国国会应该是和平之源,而不是敲战争之鼓。"他指控美国"实际上试图分裂苏丹",

---

① The White House, Office of the Press Secretary, "President Clinton's Statement", Aug. 20, 1998.

② U. S. Department of State, *Patterns of Terrorism*, Washington, D. C., 2000.

苏丹其他官员也视众议院的做法是"外部势力直接"干预苏丹内部事务的前奏。①

1999年10月，美国国务卿奥尔布赖特在其访问肯尼亚期间特别会见了苏丹反对派代表，这其中包括苏丹人民解放运动领导人约翰·加朗（John Garang）。奥尔布赖特宣布华盛顿将通过给伊加特（IGADD）②注入更多的资金，来向苏丹政府施加更大的国际压力，以平息其持续多年的内战。奥尔布赖特的话激起了苏丹政府的反对。总之，20世纪90年代，尽管克林顿政府采取了一系列措施达到了孤立、遏制苏丹的目的，但其在南北和平进程上却鲜有作为。美国一直支持南方叛军：1999年年底，有报道称，除提供食物援助外，美国还向南方叛军约翰·加朗领导的苏丹人民解放运动提供武器。③

2000年，总统巴希尔与议长图拉比由于一连串政治分歧，最终分道扬镳。巴希尔解除了图拉比的议长之职，同时解散了议会。2001年，巴希尔将图拉比关进了臭名昭著的库珀尔监狱（Kober），军人政权与伊斯兰原教旨主义的联姻正式结束。苏丹国内政局的变化为其南北内战的解决提供了契机。

2000年1月，美国特使哈里·约翰斯顿（Harry Johnston）抵达苏丹，受到苏丹政府的欢迎；4月，美国驻苏丹外交机构重新建立。尽管美国驻苏丹大使一职仍然空缺，但是美国驻苏丹大使馆仍然有一部分工作人员。美国政府此举的政治意义不可小觑，它是美国与苏丹关系回暖的标志。2001年7月，联合国安理会在投票决定

---

① Yehudit Ronen, "Sudan and the United States: Is a Decade of Tension Winding Down?" Middle East Policy, Vol. IX, No.1, Mar. 2002.

② IGADD，英文"Of African's Intergovernmental Authority On Drought and Desertification"的缩写。成立于1986年，由苏丹、肯尼亚、乌干达、埃塞俄比亚、吉布提、索马里、厄立特里亚7国组成。常务委员会有肯尼亚（主席）、埃塞俄比亚、厄立特里亚与乌干达。1996年改名为IGAD，这是英文"Intergovernmental Authority On Developent"的缩写。

③ Veronica Nmoma, "The Shift in the United States-Sudan Relations: A Troubled Relationship and the Need for Mutual Cooperation", The Journal of Conflict Studies, Vol. 26, No. 2, 2006.

是否解除5年前对苏丹的制裁时，美国投了弃权票。两个月后，联合国最终解除对苏丹的制裁。

总之，20世纪90年代，苏丹对内奉行伊斯兰原教旨主义，对外奉行激进的外交政策，加之南北内战等因素，使美国对苏丹实行了遏制与孤立的政策。从现象上看，这在一定程度上削弱了巴希尔政权，压缩了苏丹的国际生存空间。实际上美国的这种做法引起了苏丹的不满与反感，使苏丹对美国持强硬立场，反对美国干预其内部事务，也直接导致这一时期南北和谈毫无进展。

（二）小布什时期的参与政策

克林顿任美国总统时期，美国在苏丹南北和平进程中的作为不大，以支持南方叛军为主。然而，小布什上台后，美国直接介入了苏丹南北内战。在小布什上任几周前，苏丹曾采取一系列措施试图改善其与美国关系，包括：

A. 单方面宣布停火，恢复伊加特和平进程；

B. 停止对平民的空袭；

C. 允许人道主义物资进入封闭地区以为迫切需要的人们提供帮助。[1]

但是，喀土穆的示好并没有取得华盛顿的信任。与此同时，美国国内对苏丹的认识正在发生变化。2001年，美国对苏丹的政策引起了华盛顿及国内民众的注意。《纽约时报》记者雅奈兹·珀力兹（Janez Perlez）发表社论时曾这样描述："突然，聚光灯亮了（苏丹内战）。在那里，美国一直认为没什么利益。某种程度上，在华盛顿看来，这些离奇事件的联合突然将遥远的、近乎让人遗忘的冲突变为热点问题。在这种情况下，布什政府越来越注意苏丹，因为它牵涉国内选民关注的两个最重要的问题——石

---

[1] Raymond L. Brown, Ph.D., "American Foreign Policy Toward the Sudan, From Isolation to Engagement, Why the Bush Administration Turned Around U. S. Policy", Jan. 2001 – Dec. 2002, National Defense University, Apr. 2003, p. 20.

油利益和宗教。"①

小布什总统上台后，美国两大院外集团均试图影响美国对苏丹的政策：一个是石油行业，另一个是保守的宗教组织。苏丹实现石油出口以来，1998年是20万桶/天，2000年全年估计是5亿桶。到2001年或2002年生产将会翻一倍，每天有超过40万桶的石油出口。小布什任美国总统时期，苏丹石油储量可能翻了两倍或三倍。在这种情况下，苏丹将会成为一个新的中等规模的石油出口国，还有可能成为美国新的能源供应地。② 事实上，让美国石油工业重返苏丹是美国对苏丹政策在布什政府时期转向"建设性接触"的主要原因之一。③ 美国保守的宗教组织则主要关心的是苏丹境内基督徒的遭遇。

美国福音派新教领导人向总统施压，要求总统与伊斯兰民族阵线接触，并武装基督徒叛军，支持他们为脱离北方伊斯兰政府而战斗。④ 实际上，自20世纪90年代起，美国保守的宗教院外活动集团就越来越关注其他国家的宗教迫害，他们将苏丹列为首要关注对象。他们发动运动募集资金解放奴隶（基督徒成为阿拉伯人或穆斯林的奴隶），并尝试吸引美国普通民众的注意。他们向美国政府施压，要求对苏丹实行包括提高制裁在内的强硬路线，为苏丹人民解放运动/军提供非杀伤性武器，尽管其人权纪录十分糟糕。⑤

如上所述，多种因素促使小布什总统改变了克林顿政府时期对

---

① Jane Perlez, "Suddenly in Sudan, A Moment to Care," *New York Times*, Jun. 17, 2001, WK3.

② Francis M. Deng and J. Stephen Morrison, *U. S. Policy to End Sudan's War*, Report of the CSIS Task Force on U. S. -Sudan Policy, Feb. 2001.

③ Randolph Martin, "Sudan's Perfect War," *Foreign Affairs*, Vol. 81, No. 2, Mar. /Apr. 2002, 转引自徐以骅《宗教与冷战后美国外交政策——以美国宗教团体的"苏丹运动"为例》，《中国社会科学》2011年第5期。

④ Jane Perlez, "Suddenly in Sudan, A Moment to Care", *New York Times*, 17 Jun. 2001, WK3.

⑤ Human Rights Watch, *Sudan, Oil and Human Rights*, Brussels, London, New York, Washington, D. C., 2003, p. 633.

苏丹的孤立、遏制政策，积极改善其与苏丹的关系，干预南北内战，进行人道主义救援，关注达尔富尔危机。2001年5月，小布什总统任命美国国际开发署官员安德鲁·纳西奥斯（Andrew Natsios）为苏丹人道主义援助特使。总统说：

> 苏丹政府今天犯下的暴行是对传统主义者和基督徒的战争。200多万人失去生命，400多万人流离失所。过去18年的内战，医院、学校、教堂、国际救援机构经常被轰炸。政府虽然已经宣布停止空袭，但是空袭仍然在继续。妇女、儿童被拐骗，卖为奴隶。联合国儿童基金会估计苏丹大约有12000到15000人遭受奴役。
>
> 《出埃及记》的故事在千禧年之后仍然被广为传颂。所有的历史上，没有一个社会可以建立在奴隶之背上。苏丹是人权的重灾区。权力已经被苏丹当局滥用。援助机构的报告声称食物只分发给那些愿意皈依伊斯兰教的人。
>
> 我们必须让世界关注苏丹暴行。今天，我已经指派国际开发署官员安德鲁·纳西奥斯为人道主义事务特别协调人。他会提供必要的领导，确保我们的援助到达最需要的人手中，而不会受到蹂躏这片土地的当权者的操纵。这是第一步。紧接着会做更多的事情。今天，我们的行动已经开始——只要苏丹的压迫和暴行继续，我们的政府将继续关注和行动。[①]

小布什任美国总统时期，美国政府直接以立法的形式干预了苏丹的南北内战。2001年6月13日，美国众议院以422票赞成，2票反对的投票结果通过了《苏丹和平法案》（Sudan Peace Act）。《苏丹和平法案》的通过表示美国将采取能够采取的一切措施来实现苏

[①] *Remarks by the President to the American Jewish Committee*, National Building Museum, Washington, D. C., May. 3, 2001.

丹内战的公平解决。《苏丹和平法案》规定，如果喀土穆没有诚意同苏丹人民解放军谈判，并继续干涉救济物资，美国总统将会同国会磋商采取以下措施：

A. 通过财政部指示，美国执行董事要求国际金融机构继续投票反对或坚决反对延长对苏丹的贷款、信贷及担保。

B. 应当考虑将美国与苏丹的外交关系降级或中断。

C. 应当采取所有必要的、合适的步骤，包括多种形式的努力使苏丹政府无法利用石油收入，确保苏丹政府既不能直接也不能间接地利用任何石油收入购买武器或为军事行动提供财政支持。

D. 应当寻求联合国安理会决议以对苏丹政府实行武器禁运。[1]

针对《苏丹和平法案》，小布什总统说："该法令表明了美国推进持久的、公正的和平和人权、保证苏丹人民免受压迫的决心。"总统说："苏丹必须在通向和平和通往战争之间做出选择。"他继续说："如果苏丹做出了选择，这就意味着所有苏丹人民的生活将会被改善，苏丹与美国的双边关系也会被改善。苏丹也将被国际上爱好和平的国家所接受。"[2] 该法案于2002年10月21日由总统签署生效。法案同时声称，尽管遭到苏丹政府的反对，但在三年的过渡期内，叛军仍将收到1亿美元的援助。[3] 此后，小布什政府采取了一系列措施积极参与苏丹的和平进程。

2001年9月6日，小布什总统任命前参议员约翰·丹佛斯（John Danforth）为苏丹和平特使。但是，5天后，即9月11号，基地组织袭击了纽约、华盛顿。此次袭击之后，"反恐"成为美国国家安全战略的首要目标。小布什总统呼吁世界上的每一个国家与

---

[1] U. S. Department of State, "Sudan Peace Act", Washington, D. C. Public Law 107 – 245 – Oct. 21, 2002.

[2] Raymond L. Brown, Ph. D., "American Foreign Policy Toward the Sudan, From Isolation to Engagement, Why the Bush Administration Turned Around U. S. Policy", Jan. 2001 – Dec. 2002, National Defense University, Apr. 2003, p. 49.

[3] Human Rights Watch, *Sudan*, *Oil and Human Rights*, Brussels, London, New York, Washington, D. C., 2003, p. 700.

美国并肩作战，共同对付恐怖主义。小布什说："要么同我们在一起，要么同恐怖分子在一起。"国务卿科林·鲍威尔（Colin Powell）也说："这已经成为一个新的基点，'合作反恐'是衡量同美国国家关系的一种新的方式。"[1] 曾经在1991—1996年将基地组织头目本·拉登奉为座上宾的苏丹政府迅速行动，试图改善与美国的关系，公开宣布与美国合作打击恐怖主义。反恐合作逐渐拉近了苏丹与美国的距离，苏丹与美国的关系开始回暖。

在丹佛斯的努力下，苏丹政府于2002年3月签署了《不再袭击平民及民用设施的协议》。苏丹人民解放军随后也签署了该协议。但是，石油是否为民用设施成为当时双方争论的焦点：苏丹政府坚持认为石油是民用设施，苏丹人民解放军对此予以否决。协议最终在这个问题上没有进行说明，将其留给监察委员会去裁决。美国也认识到石油资源的分配对结束南北内战意义重大。2002年5月10日，参议员丹佛斯向小布什总统提交的报告公开。在这份报告中，丹佛斯提出："平分石油资源将是达成广泛政治协议的关键，如果可能的话，应找到中央政府与南方人平分石油资源的方案（因为石油是在南方发现的。——引者注）。"他呼吁美国政府花一部分资源、人力使石油收入的分配有利于苏丹的和平事业。[2] 在苏丹南北谈判的过程中，石油收入的划分成为仅次于国家与宗教关系及自决权的另一个重大问题。

2002年6月，主管非洲事务的助理国务卿沃尔特·坎斯坦纳（Walter Kansteiner）向国会报告美国对苏丹的新政策。坎斯坦纳认为，政府的苏丹政策是"多面的，与美国的核心战略利益有关，与美国人的思想观念一致"。他强调了美国政策的重点及美国利益。他说："我们要使苏丹不再成为国际恐怖主义活动的基地。因为我

---

[1] Veronica Nmoma, "The Shift in the United States-Sudan Relations: A Troubled Relationship and the Need for Mutual Cooperation", *The Journal of Conflict Studies*, Vol. 26, No. 2, 2006.

[2] Human Rights Watch, *Sudan, Oil and Human Rights*, Brussels, London, New York, Washington, D. C., 2003, p. 669.

们致力于持久的、公正的和平。我们要推进无障碍的人道主义救援,改善人权状况,扩大宗教自由。这些目标是一个复杂的平衡。"任命丹佛斯为特使是美国对苏丹战略的一部分。他注意到丹佛斯向总统表示,冲突各方"已经充分表示愿意进行和平谈判的愿望"。受这些趋势的鼓舞,坎斯坦纳说:"布什政府已经表态,将通过公正、全面、和平的谈判结束苏丹的暴力和苦难。"[1]

在美国的干预和伊加特的支持下,苏丹的南北和平谈判取得了重大成果。2002年10月,苏丹内战中的南北双方在肯尼亚签署了《马查科斯宣言》。《马查科斯宣言》厘清了自决权及国家和宗教的关系这两个关键问题。继《马查科斯宣言》之后,双方又签署了《权力分配协议》《财富分配协议》《阿卜耶伊冲突协议》《安全安排协议》和《南科尔多凡州和青尼罗河州协议宣言》。

如果始于2003年的谈判进行得顺利的话,美国国务卿科林·鲍威尔保证美国会解除对苏丹的制裁,为其提供财政援助,并将其从支持恐怖主义国家的名单上删除,同时,美国还将向战争双方提供1亿美元的援助以帮助双方达成结束战争的《全面和平协议》。[2] 在美国、英国、挪威、肯尼亚、埃塞俄比亚、乌干达和厄立特里亚等国的努力下,喀土穆政府与苏丹人民解放运动于2005年1月达成了《全面和平协议》。《全面和平协议》由南北双方自2002年以来签署的《马查科斯宣言》《权力分配协议》《财富分配协议》《阿卜耶伊冲突协议》《安全安排协议》《南科尔多凡州和青尼罗河州协议宣言》及两个附录组成。《全面和平协议》第一章《马查科斯宣言》中关于"过渡时期"有这样的条款:"在6年的过渡期结束时,苏丹共和国政府和苏丹人民解放运动/军联合为南方人组织国际监管下的公投,以证实南方人通过投票采取和平协议下的政府体

---

[1] Walter Kansteiner, The Administration's Commitment to Sudan, *The Disarm Journal*, Fall 2002/Winter 2003.

[2] Veronica Nmoma, "The Shift in the United States-Sudan Relations: A Troubled Relationship and the Need for Mutual Cooperation", The Journal of Conflict Studies, Vol. 26, No. 2, 2006.

制建立统一的苏丹，或者投票选择分离。"① 这意味着 2011 年的南方公投不仅直接决定了南方人的命运，而且直接影响了苏丹的命运。《全面和平协议》签订后，非洲历史上最长的内战宣告结束。但是，《全面和平协议》规定 6 年后举行公投，这意味着苏丹有可能南北分立。

美国对苏丹政策由克林顿时期的孤立政策转变为小布什时期的参与政策，是多种因素共同作用的结果。克林顿任美国总统时期，对美国来说，致力于发展同大国的关系，维护至关重要的国家利益是重点。贫穷的非洲没有美国至关重要的利益，也不足以对美国构成威胁。小布什总统上台后，由于国内宗教势力及石油行业的活动，美国最终改变了其对苏丹的政策，变为积极介入苏丹的南北和谈。"9·11事件"后，反恐战争拉近了美国与苏丹的距离。此前苏丹由于其在 20 世纪 90 年代的一系列激进的做法，被美国认为是支持恐怖主义活动的国家，在国际社会上被很大程度地孤立起来了。在反恐成为美国国家安全战略目标这一前提下，苏丹必须采取合作的态度，以配合美国解决南北内战，否则其自身有可能成为下一个被打击的目标。在美国的主导下，苏丹内战双方最终签署了停火协议。小布什任美国总统时期，美国干预苏丹内战最大的成果是南北双方达成了《全面和平协议》。2003 年爆发的达尔富尔危机在一定程度上影响了美国与苏丹的关系。时至今日，苏丹仍然位列美国确定的支持恐怖主义活动的国家名单上，美国对苏丹的经济、金融制裁仍然没有解除。苏丹与美国关系的正常化仍需耗费时日。

（三）奥巴马时期的干预政策

小布什任美国总统时期，在美国的积极参与下，喀土穆政府与苏丹人民解放运动达成结束内战的《全面和平协议》。《全面和平

---

① *The Comprehensive Peace Agreement Between The Government of The Republic of The Sudan and The Sudan People's Liberation Movement/Sudan People's Liberation Army*, http://www.unmis.unmissions.org/Portals/UNMIS/Documents/.../cpa-en.pdf, p. 4.

《协议》规定在六年半的过渡期结束后就南方地位问题举行公投，如何保证南方公投的顺利进行以及保证喀土穆承认公投结果是小布什的继任者奥巴马的任务。美国政府一方面通过一系列刺激措施要求苏丹保证南方公投的顺利进行，另一方面要求喀土穆承认公投结果。奥巴马任美国总统时期，美国对苏丹政策的最大成果就是督促双方执行了《全面和平协议》。美国的积极干预政策最终使苏丹的南北分立成为现实。

2009年，奥巴马上任后不久，即任命退伍空军少将斯科特·格雷申（Scott Gration）为苏丹新特使。2009年10月19日，美国国务院发言人宣布对苏丹实行新政策，并阐述了美国对苏丹政策的三大战略目标：

1. 结束达尔富尔地区的危机，结束严重侵犯人权的行为和结束屠杀。

2. 执行南北《全面和平协议》，保证2011年的苏丹是和平的苏丹，抑或保证两个国家和平相处。

3. 保证苏丹不再是国际恐怖主义的庇护所。[1]

在该政策中，达尔富尔问题、《全面和平协议》及反恐合作这三项中的每一项都是美国对苏丹政策的重中之重。美国只能通过多重压力及刺激以求在这三个方面同时取得进展。其中一项举措是请求调查苏丹是否满足被从支持恐怖主义名单上删除的法律条件，以换取喀土穆对南方公投顺利进行的支持。[2] 2009年，海牙国际刑事法院指控苏丹总统巴希尔在达尔富尔地区犯有反人类罪和战争罪。在历史上，总统受到这样的指控还是第一次。由于达尔富尔危机，苏丹承受了很大压力。

对于2011年1月的南方公投，美国也担心双方会再次陷入战

---

[1] U. S. Department of State, Office of the Spokesman, "Sudan, a Critical Moment, a Comprehensive Approach", Washington, D. C., Oct. 19, 2009.

[2] Mark Landler, "U. S. Revises Offer to Take Sudan off Terror List", *The New York Times*, Nov. 8, 2010, pg. A6.

争。2010年9月,美国苏丹特使格雷申也告诫喀土穆:如果其在公投问题上不与美国合作的话将受到更严厉的制裁。① 也是在9月,美国总统奥巴马在联合国大会副会,即关于苏丹问题高水平会议上表示,如果苏丹南方明年1月9日的公投能够顺利进行,达尔富尔危机能够和平解决的话,华盛顿将会与苏丹关系正常化。如果喀土穆在解决这些冲突的过程中履行自己的义务,美国将为苏丹提供农业发展援助,扩大对其的贸易和投资,互换大使,最终解除制裁。奥巴马说:"苏丹日后发生的事情将会决定已经承受多年战争的人们是走向和平,还是再一次流血。"② 在这次会议上,苏丹副总统阿里·奥斯曼·塔哈(Ali Osman Taha)向与会者保证,南方公投会如期举行,但是他批评国际社会一方面支持苏丹和平,另一方面却将北方"妖魔化"。他说,国际刑事法院对苏丹总统巴希尔的战争指控及苏丹受到的经济制裁没有被撤销,苏丹仍然位列美国确定的支持恐怖主义活动国家的名单上,所有这些均旨在削弱苏丹。③ 将自己从支持恐怖主义活动国家的名单上删除掉是苏丹关注的头等大事。2010年11月,即苏丹南方公投开始前两个月,美国官员说,奥巴马已经告诉苏丹,如果苏丹南方的全民公投在2011年1月如期举行,苏丹承认其结果。美国最早将在7月份将苏丹从支持恐怖主义活动国家的名单上删除。④

奥巴马政府试图通过"胡萝卜加大棒"的政策保证南方公投的如期举行。美国驻联合国大使苏珊·E. 赖斯(Susan E. Rice)说:"如果胡萝卜不奏效的话,将会使用大棒。"⑤ 鉴于喀土穆将丧失

---

① Chris Toensing and Amanda Ufheil-Somers: Scenarios of Southern Sudanese Secession, *Middle East Report*, No. 256, Red Sea Roiling, Fall 2010.

② Macfarauhar Neil, "Obama Presses for Peace in Sudan's Likely Partition", *New York Times*, Sept. 25, 2010, pg. A6.

③ Ibid..

④ Mark Landler, "U. S. Revises Offer to Take Sudan off Terror List", *New York Times*, Nov. 8, 2010, pg. A6.

⑤ Mark Landler, "U. S. Steps up Efforts to Sudan Vote", *New York Times*, Sept. 13, 2010, pg. A10.

70%以上的石油财富,如何保证南方独立后两个国家不再陷入战争也是美国关注的重点。南方公投前,美国派出经验丰富的外交官普林斯顿·赖曼(Princeton Lyman)帮助双方就一些重要问题,如石油问题达成协议。

2011年1月,南方公投如期举行。"就我自己而言,如果苏丹分裂了,我会难过;但同时,如果双方拥有和平的话,我会高兴。如果你们的决定是分裂,我将祝贺你们。"[①]巴希尔在参观南方首府朱巴时这样说道。7月9日,南苏丹宣布独立,巴希尔迅速承认南苏丹共和国。纵观南苏丹共和国的诞生过程可以发现,美国在苏丹南北《全面和平协议》的达成,南方公投的顺利进行及南苏丹共和国的独立过程中发挥了关键作用,与此同时,美国对南苏丹的援助也是其能够生存下来的保证:自2008年,美国对苏丹、苏丹南方(即后来的南苏丹共和国)给予了大量援助(参见表1—2)。

表1—2　　美国对苏丹、南苏丹的双边援助、人道主义援助及维和支出　　（单位:百万美元）

资金\年份	对苏丹的双边援助	对南苏丹的双边援助	人道主义救助	维和费用	总数
2011	30	341	502	679	1552
2010	399	—	1100	431	1930
2009	377	—	623	937	1937
2008	393	—	844	830	2067

注:2011年是对南苏丹双边援助生效的第一年。

资料来源:Lauren Ploch Blanchard, *Sudan and South Sudan: Current Issues for Congress and U. S. Policy*, Congressional Research Service, 7-5700, CRS Report for Congress, October 5, 2012, p. 37。

[①] Issam AW Mohamed: *Oil and War, Cooperation and Development in the Two Sudanese Nations, Crisis of a Nation*, Made in the USA, San Bernardino, CA, 2014, p. 7.

南苏丹是撒哈拉以南的非洲接受美国援助最多的国家。考虑到南苏丹的人道主义需求及发展需要，为了让这个世界上最年轻的国家能够生存下来，美国的投入很大。2011年10月，在联合国大会上，总统奥巴马与南苏丹总统萨尔瓦·基尔（Salva Kiir）会晤时表示，美国支持南苏丹独立，美国也将为其提供援助。美国的援助计划包括支持卫生服务、教育、基础设施建设、政府管理及经济多样化。① 同年12月，美国在华盛顿主持召开南苏丹国际支持会议。在这次会议上，国务卿希拉里·克林顿（Hilary Clinton）将南苏丹这个最年轻的国家比喻成需要格外呵护的、刚刚出生的婴儿。据其透露，应南苏丹政府的要求，美国已经调整了政策，允许美国公司投资南苏丹的石油工业。②

南苏丹独立后，美国政府政策的核心就是"支持苏丹、南苏丹及其邻国和平共处"。总统奥巴马劝诫双方"你们未来休戚与共。如果你的邻国受到威胁，你也不会拥有和平；如果你的邻国拒绝成为你的贸易和商业伙伴，你也不会拥有发展和进步"。美国国务院将此定义为对苏丹、南苏丹政策的核心。③ 南北分立后，苏丹、南苏丹两国所面临的三大难题是：阿卜耶伊最终地位的确定、石油收入的划分及边界划分。2012年9月，朱巴和喀土穆就财政安排、边境监管及公民身份达成协议，美国总统奥巴马对这项决议表示欢迎，并希望能够促进其他问题的解决。

然而，将苏丹从支持恐怖主义活动国家的名单上删除必须满足两个条件：第一，苏丹必须满足删除的法律条款，这将不得不有一个繁复的审查过程；第二，苏丹和南苏丹须完成《全面和平协议》相关内容的谈判。一旦总统做出决定，必须提交国会，国会在45

---

① "A Comprehensive Assessment of U. S. Policy Toward Sudan", Hearing Before the Subcommittee on Africa, Global Health, and Human Rights of the Committee of Foreign Affairs House of Representatives, One Hundred Twelfth Congress, Oct. 4, 2011.

② 温宪:《美国投资瞄准南苏丹石油业》,《人民日报》2011年12月16日第021版。

③ Lauren Ploch Blanchard, *Sudan and South Sudan: Current Issues for Congress and U. S. Policy*, CRS Report for Congress, Oct. 2012, p. 28.

天后做出决定。① 但是，苏丹政府与苏丹人民解放军北方派在南科尔多凡州、青尼罗河州的战事及迟迟得不到解决的达尔富尔危机等都是苏丹与美国改善关系的障碍。苏丹也抱怨美国的条件在不断变换。对此，美国派往苏丹、南苏丹的特使普林斯顿·赖曼（Princeton Lyman）说："每次我们准备改善与苏丹的关系时，战争及普遍不尊重人权的行为妨碍了我们的努力。"② 苏丹南北分立了，但是，苏丹希望美国将自己从支持恐怖主义活动国家的名单上删除的愿望却并没有实现，美国对苏丹的制裁也没有解除。

英国在苏丹南北实行的分治政策播下了南北分立的种子，喀土穆历届政府试图借助阿拉伯—伊斯兰化政策构筑统一民族国家的做法在现实中遭到南方人的顽强抵抗。与南方人抗争相伴的是他们在权力分配、资源分享及社会发展中的严重边缘化。战争深深侵蚀了苏丹这个正在构建中的民族国家，南北矛盾越积越深。多年内战证明，苏丹无力解决国内的民族冲突问题。最终，在美国的干预下，南方人选择独立，苏丹南北分立成为现实。

美国的干预促成了苏丹的南北分立，结束了苏丹长达23年的内战。苏丹赢得了和平，为民族国家的构建提供了和平的环境。然而，此后的苏丹又面临着与南苏丹的石油纷争。苏丹的石油问题从"内政焦点"演变为"外交难题"（姜恒昆语）。历史仿佛从终点又回到了起点。此后，双方之间不会再有"内战"。然而，南苏丹的独立并不意味着两个地区冲突的结束。很多时候，它可能意味着更大挑战的开始。自此以后，南苏丹共和国和母国苏丹各自进入独立的发展轨道中，而双方之间的石油纷争、领土争端和边界冲突有可能成为引发地区战争的不定时炸弹。两个国家能否和平共处既是对领导人政治智慧的考量，也是对美国外交能力的考验。

---

① "The U. S. Role in Setting up South Sudan", National Public Radio, Washington D. C. News, Apr. 27, 2011.

② Ashish Kumar Sen, "U. S. Wants to Mend Ties with Sudan", *The Washington Times*, Wednesday, Aug. 1, 2012, pg. A2.

苏丹南北分立的事实表明民族国家时代,任何一个国家内部事务绝不是单个国家的内部事务,它往往会超出该国,成为一个国际性事件。联合国、非洲统一组织基于和平及人权因素的考虑,往往会干预其内部事务。当然,这其中也有友国、宗主国及敌国的干预。外部势力的干预往往会导致被干预国政治、经济社会的不稳定,进而妨碍其民族整合的进程,助长民族国家内部的地区主义。[1] 地区内的民族分离主义运动具有示范效应,这往往会引起同一国家内部其他族体的连锁反应。

苏丹南北分立的事实也再次说明,在当今全球化的时代,国家与国家的联系愈加紧密,一个国家的民族冲突不仅局限于该国。一方面,冲突的扩大化有可能导致冲突的"外溢",进而影响地区稳定和邻国对其内部事务的干涉,造成自身在地区事务中的孤立;另一方面,当今社会,普世主义获得不少国家的支持。在"人权高于主权"这一口号下,一个国家内部的民族冲突极易成为国际事务,进而引起外国干涉,甚至是大国干涉。如前所述,小布什任美国总统时期,美国干预苏丹南北内战的口号就是"推进持久的公正的和平和人权"。当然,美国干预苏丹南北内战背后更深刻的原因是国内石油行业利益的驱使和宗教组织的活动,然而,其更加隐蔽的因素则在于遏制新兴大国——中国在苏丹利益的扩张,从而达到削弱中国的目的。

如前所述,20世纪90年代,美国与苏丹关系的症结是恐怖主义问题,美国将苏丹列为支持恐怖主义活动的国家。为此,美国对苏丹实行了孤立遏制政策,并同时支持南方叛军——苏丹人民解放运动的反政府活动,加强对苏丹邻国的援助。美国试图通过这些措施削弱巴希尔政权。1997年,克林顿任美国总统时期,美国对苏丹实行了全面的贸易制裁,以禁止美国石油公司进入苏丹开采石油。

---

[1] Rafia Hassan Ahmed, "Regionalism, Ethnic and Socio-Cultural Pluralism the Case of the Southern Sudan", in: Mohamed Omer Beshir edited, *Southern Sudan: Regionalism & Religion*, Khartoum: University of Khartoum, 1984, p. 24.

20世纪90年代，苏丹所奉行的伊斯兰原教旨主义意识形态使其在国际社会异常孤立。西方国家和海湾产油国由于对苏丹外交政策的不满，纷纷停止对苏丹的援助，苏丹的财政收入锐减。苏丹国内工业生产严重放缓，农业则因自然灾害，多年歉收。政府财政赤字巨大，通货膨胀率高，失业率高，人民生活困苦。限于本国资金与技术方面的限制，内外交困的苏丹迫切需要与国际石油公司合作开发本国石油。

中国就是在这种情况下进入苏丹的。中国石油天然气集团公司克服艰苦的作业环境，不仅帮助苏丹实现了石油自给，而且实现了石油出口。石油的开发加速了苏丹的经济发展。经过十几年的发展，中国在苏丹已经建立了完整的石油工业体系。中国与苏丹的合作不只是能源上的，也是战略上的。中国在苏丹的石油项目是新时期中非合作的典范，这成为中国石油公司进军其他非洲产油国的名片。

小布什任美国总统时期，美国改变了其对苏丹的政策，由孤立遏制转变为积极参与。其中固然有国内石油行业和宗教组织的活动，但是，打断中国在苏丹的石油链条也是一项重要原因。2005年，在美国的积极参与下，苏丹南北达成解决内战的《全面和平协议》，其中一条是允许南方6年后举行全民公投以决定其自身命运。中国对苏丹2011年的局势发展缺乏相应的预警机制和必要准备。2011年1月，在奥巴马当政时期的美国的干预下，苏丹南方公投顺利进行。98%以上的南方人支持独立，7月9日，南苏丹共和国正式成立。苏丹南北分立，中国在苏丹的石油链条遭到破坏，大部分石油产地在新生的南苏丹共和国境内。中国在母国苏丹的利益遭受重大损失。

此外，苏丹南北分立的事实说明，任何一个国家，尤其是发展中国家，在民族国家构建中必须处理好统一与多元的关系，必须协调好各族体间权力、资源和利益的分配，同时尊重人权，以全体人民的福祉为己任。另外，美国对苏丹政策的演变及苏丹南北内战的最终解决说明，在国际关系中一味地孤立、打压并不是解决冲突的好办法，在斗争中求合作，在合作中求发展才是国家与国家的相处之道。

第二节　苏丹南方的独立斗争

一　民族国家治理的失败

非洲大陆许多国家是由殖民者任意划定的。大多数非洲人既没有对国家忠诚的意识，在政治上也不成熟。政治领导人倾向于以主观方式处理民族国家的构建，使其服务于个人的抱负和利益，而不是全社会的利益。他们倾向于采用中央集权的政治制度以保护自己的官职，从而忽略地方的乃至地区的强大忠诚和期望。[1] 这样的国家往往面临着分裂的危险。任何社会内部的地区主义都是社会文化多元的结果。这种多元要么是民族的，要么是文化的，要么是宗教的。同一国家内部社会经济政治发展的不平等往往会导致地区主义。[2] 苏丹正是如此。诚如查尔斯·蒂利（Charles Tilly）所言，"20世纪国家形成的过程，就会发现它们是外部的：许多新的民族国家是作为其他国家特别是欧洲国家的殖民地财产而形成的"。[3]

从自然生成的角度来看，苏丹有两个相当不利的生存条件。其一，缺乏统一的历史和文化。各部族人民没有统一的国家观念，也没有共同的历史文化传统。其二，国家诞生的特殊方式使民族的形成大大受阻。民族主义既没有成为各部族为新国家奋斗的动力，也没有为新国家提供合法性基础。苏丹人通过去殖民化运动获得独

---

[1] Rafia Hassan Ahmed, "Regionalism, Ethnic and Socio-Cultural Pluralism the Case of the Southern Sudan", in: Mohamed Omer Beshir edited, *Southern Sudan: Regionalism & Religion*, Khartoum: University of Khartoum, 1984, p. 8.

[2] Ibid..

[3] ［美］查尔斯·蒂利：《强制、资本和欧洲国家》，魏洪钟译，上海人民出版社2012年版，第251页。

立，各类人等没有在反对殖民主义的旗帜下浴血奋战，为"想象的共同体"努力，这最终导致了国家民族主义的缺失。单一的国家认同的概念还没有被同一国家内不同族体所接受，而且政治领导人在强调北方阿拉伯伊斯兰主义的同时，过分忽略南方的非洲文化。因此，苏丹自诞生之日起便面临着分裂的危险。

诚如加法尔·穆罕默德·阿里·巴克赫特（Ga'afar Mohammed Ali Bakheit）所言：

> 足够荒谬的是，正是独立阻碍了民族形成的进程。因为民族构建（nation-formation）倾向于从共同的对敌斗争中汲取动力。由于并肩作战及在战斗中结成的同志情谊，不同部族、文化集团能够渐渐演化出统一的观点。届时，民族运动已从反对阶段发展到解放战争阶段。国家也将渐渐成熟，而与国家、民族不协调的东西将消失。①

苏丹的独立是"受教育精英与殖民当局谈判的产物"，这些受教育精英很多时候不包括喀土穆之外边缘地区的人们，因此，独立后的苏丹也很少考虑到这些人的需求和愿望。② 在殖民统治时期成长起来的民族主义者成为苏丹去殖民化之后国家的管理者。这批受教育精英掌握了国家的政治、经济和社会权力。他们专注于满足自己的需要，忽略了边缘地区的人们。本质上，南方被纳入苏丹"仅仅是国家可利用的物资供应地"，这是南北之间的一个基本的区别。③

苏丹南北在社会文化制度、历史经历等方面有诸多差异，同

---

① Rafia Hassan Ahmed, "Regionalism, Ethnic and Socio-Cultural Pluralism the Case of the Southern Sudan", in: Mohamed Omer Beshir edited, *Southern Sudan: Regionalism & Religion*, Khartoum: University of Khartoum, 1984, p. 44.

② Rose Bradbury, "Sudan, the Hollow State: What Challenges to Chinese Policy?" *Journal of Politics & International Studies*, Vol. 8, Winter 2012/13.

③ Ibid..

时，其在政治、经济、教育、发展水平上也有诸多差异。这种差异是多种因素的副产品，既包括地理的、社会的、文化的，又包括殖民当局政策，还包括南方人自己，特别是受过教育的精英阶层。苏丹是由许多部落、部族组成的，这些部落、部族或多或少都有自己的信仰、起源、历史、语言、文化、制度等，各部族几乎找不到共同的特征来概括它们。20世纪下半叶的苏丹，不仅南北差异巨大，南苏丹内部的差异也同样巨大。南苏丹人所拥有的唯一真正的共同性是那段被忽略与被剥削的历史，与此相伴的是奴隶贸易与帝国主义的经济剥削，包括苏丹独立后喀土穆对其国内进行的同样的剥削统治。① 苏丹独立时，南方人使用如下的政治语言表达对埃及人、马赫迪主义者的看法："埃及在南方不仅仅是没有有效的统治，而是根本没有统治。埃及在苏丹南方唯一的兴趣是象牙和奴隶……作为埃及的继任者，马赫迪主义者在南方毫无作为……许多南方人发现马赫迪主义者的残暴让人难以接受。"② 自19世纪起，南北鸿沟一直存在。

爆发于1955年的苏丹内战是由多种因素造成的，其中有英国殖民统治的影响，而苏丹当局也难辞其咎。从根源上剖析，则是南方对几个世纪以来其备受剥夺的不平等地位的反抗。从现象上看，苏丹南北内战是北方穆斯林和南方基督徒及原始拜物教之间的战争，而其本质则是中心与边缘之争。正如约瑟夫·拉古[（Joseph Lagu）苏丹共产党的一名知识分子，曾担任过南方事务部部长] 1970年所说："领导人无能，漠不关心，议会的腐败，使他们既不可能也不会对发展或改变北方与其他边缘地区的不平衡感兴趣。"③ 由于缺乏统一的意见，苏丹所有的政治集团在处理

---

① Matthew LeRiche and Matthew Arnold, *South Sudan: From Revolution to Independence*, Oxford: Oxford University Press, 2012, p. 3.

② Ibid., p. 9.

③ Joseph Garang, "The Roots of the Southern Problem", *Review of African Political Economy*, No. 26, Jul. 1983.

南方问题时均以失败告终，特别是南方知识分子和政治家。在大多数情况下，他们缺乏远见，对南方经济、社会、文化的发展既没有明确目的，也缺乏具体规划。结果，自独立以来，南方问题已经严重影响了民族整合，并且产生了许多问题。[①]

自苏丹独立以来，其国内南方人与中央政府之间的分歧主要集中于三个方面：政治上权力如何分享、经济上资源如何共享、文化上如何认同。自1955年的托里特兵变至2005年《全面和平协议》的签订，南方人与中央政府的矛盾就是围绕这三大问题展开的。南方人在政治上要求自决权或建立联邦制，在经济上要求共享资源特别是石油，在文化上反对建立以"沙里亚法"为基础的国家。除了1972—1983年《亚的斯亚贝巴协议》的签订所带来的11年的短暂和平外，中央政府在两次内战期间，在政治上排斥南方人，在经济上为了保证石油生产的顺利进行及国际石油公司员工和资产的安全，对油田周围的丁卡人（Dinka）和努维尔人（Nuer）实行清洗、驱逐政策。喀土穆政府在处理与南方的政治分权、资源共享和文化认同这三大问题上都是失败的。具体如下。

1. 政治分权

南方人对政治上分权的要求可以追溯到英国殖民统治时期。20世纪40年代，在英国人准备撤出苏丹时，意欲将南北方合并为一个国家，此举遭到南方人的反对。南方人要求南北实行联邦制，但是遭到北方人的拒绝。南方人对与北方合并一事表示很气愤，他们一直在寻求联邦地位，这样就不会被北方政治家主导。他们讨厌在南方生活的北方官员、教师和部队。南方政治家抱怨他们在中央政府无权，在地方三省，即上尼罗河省、加扎勒河省和赤道省势力较弱。从1955年8月的托里特兵变开始，战争慢慢蔓延，最终发展

---

① Rafia Hassan Ahmed, "Regionalism, Ethnic and Socio-Cultural Pluralism the Case of the Southern Sudan", in: Mohamed Omer Beshir edited, *Southern Sudan: Regionalism & Religion*, Khartoum: University of Khartoum, 1984, p. 27.

为全面战争。①

南方人在政治上严重遭到排挤。独立前的苏丹化时期，政府行政、内务等部门没有南方人。1955年，苏丹化时800个政府职位，南方人要求40个，然而，最终仅仅获得6个，而且这6个政府职位仅限于文职部门。在国家宪法委员会的46人中，也只有3名南方成员。②自独立以来，绝大部分政府职位被占总人口5%的三个北方部落占据。③

1956年，苏丹通过《临时宪法》，该宪法建立了国家的中央体制。在这种体制下，南方各省权力有限。内阁主要职位也由来自喀土穆地区的北方人占据。南方知识分子数量有限，对民族运动的贡献也有限，这使北方精英在苏丹化的过程中占据了绝大多数的政府职位。南方官员的数目，即使是在南方诸省，也令人惊奇地少。相应的，在第一次国家宪法大会及接下来的会议中，南方代表也十分有限。④自独立以来，国家政治、司法、外交大权均由北方人掌握（参见表1—3、表1—4、表1—5）。

表1—3 苏丹政府首脑（1954—2006年）

姓名	职务	年限
伊斯梅尔·阿扎里 Ismail al-Azhri	总理	1954—1956
伊卜希姆·阿卜德 Ibrahim Abboud	军政府首脑	1958—1964

---

① Ann Mosely Lesch, "Confrontation in the Southern Sudan", *The Middle East Journal*, Vol. 40, No. 3, 1986.

② Ann Mosely Lesch, *The Sudan Contested National Identities*, Bloomington: Indiana University Press, 1998, p. 35.

③ Rose Bradbury, "Sudan, the Hollow State: What Challenges to Chinese Policy?" *Journal of Politics & International Studies*, Vol. 8, Winter 2012/13.

④ Rafia Hassan Ahmed, "Regionalism, Ethnic and Socio-Cultural Pluralism the Case of the Southern Sudan", in: Mohamed Omer Beshir edited, *Southern Sudan: Regionalism & Religion*, Khartoum: University of Khartoum, 1984, pp. 48 – 49.

续表

姓名	职务	年限
塞尔·哈提姆·哈利发 Sir al-Khatim al-Khalifa	总理	1964—1965
穆哈默德·艾哈迈德·马哈古卜 Mohammed Ahmed Mahgoub	总理	1965—1966
萨迪克·马赫迪 Sadig el-Mahdi	总理	1966—1968
加法尔·穆哈默德·尼迈里将军 Gaafar Mohammed Nimeiry	军政府首脑	1969—1985
阿卜达尔·拉赫曼·苏拉·达哈卜 Abdelrahman Sura el-Dahab	军政府首脑	1985—1986
达法拉·贾祖利 Dafalla el-Jazouli	内政部部长	1986
萨迪克·马赫迪 Sadig el-Mahdi	总理	1986—1989
奥马尔·哈桑·艾哈迈德·巴希尔 Omar Ahmed Hassan el-Bashir	军事首脑、总统	1989年至今

资料来源：Melha Rout Biel, The Role of African & Arab Elites in Building a New Sudan, in Elke Grawert edited, *After the Comprehensive Peace Agreement in Sudan*, Suffolk: James Currey, 2010, p. 40。

表1—4　　　　　　1989年以来苏丹外交部部长及其所属地区

姓名	任职年限	地区
艾哈迈德·阿里·萨赫卢勒 Ahmed Ali Sahloul	1989.7—1993.2	北方
苏莱曼·阿布·萨利赫 Suleiman Abu Salih	1993.2—1995.2	北方
阿里·奥斯曼·穆哈默德·塔哈 Ali Osman Mohamed Taha	1995.2—1998.2	北方
穆斯塔法·奥斯曼·伊斯梅尔 Mustafa Osman Ismail	1998.2—2005.9	北方

续表

姓名	任职年限	地区
拉姆·阿科尔 Lam Akol	2005.9—2007.10	南方
登·阿鲁尔 Deng Alor	2007.10—2010	南方

资料来源：Melha Rout Biel, The Role of African & Arab Elites in Building a New Sudan, in Elke Grawert edited, *After the Comprehensive Peace Agreement in Sudan*, Suffolk: James Currey, 2010, p.40。

表1—5　　　苏丹大使馆和领事馆的地方代表（2004年）

地区	百分比（%）
苏丹北方人	84
科尔多凡人	9
苏丹东部人	3
苏丹南方人	2
达尔富尔人	0
其他地区	2

资料来源：Melha Rout Biel, The Role of African & Arab Elites in Building a New Sudan, in Elke Grawert edited, *After the Comprehensive Peace Agreement in Sudan*, Suffolk: James Currey, 2010, p.41。

如表1—3、表1—4、表1—5所示，自1956年苏丹独立，直到2005年结束南北第二次内战的《全面和平协议》的签订，苏丹历届政府首脑、外交部部长以及驻外大使馆领事馆工作人员几乎均来自北方地区，南方人所占份额几乎为零。只是在2005年《全面和平协议》签订后，南方人才有机会担任外交部部长或副总统。20世纪50年代南方政治家提出实行联邦制的方案，遭到中央政府的反对。1964年年底，苏丹发生十月革命后，南方阵线第一次提出自决权问题。南方阵线相信：协调各方观点唯一民主的方式就是实现自决权，这样，南方人就可以选择适合自己的体制了。南方阵线在

1965年的喀土穆圆桌会议上表达了获得自决权的要求,然而,该提议却遭到参加会议的北方政党的一致反对。[①] 喀土穆圆桌会议注定要失败,因为南方人的目标既不理性也不一致,与此相伴的是他们对北方人的怀疑、害怕与担心。谈判一旦开始,这些目标就既不能被改变也不能被放弃,注定了解决冲突的机会是渺茫的。当然,无论是北方还是南方,都没有统一的领导力量以及缺乏第三方调节等,也是重要原因。[②]

1969年,尼迈里上校发动政变,推翻民主政府,建立了军政府。此后,革命政府发表声明:"革命政府有信心、有能力面对现在的问题,处理现在的问题。我们承认南北之间的历史文化差异,并且坚信,国家的统一是建立在客观现实的基础之上的,南方人有权发展自己独特的文化和传统。"[③] 政府的更迭带来的是中央政府对南方政策的转变。1972年尼迈里总统与南方反政府武装签署了《亚的斯亚贝巴协议》,该协议被写进1972年的《地区自治法》和《1973年永久宪法》。根据《亚的斯亚贝巴协议》的规定,南方三省将被合并为一个地区,由选举成立的高级执行委员会和地区议会管理,南方以获得内部自治权及国民议会的代表权为条件放弃分裂要求。[④]《亚的斯亚贝巴协议》签订后,苏丹赢得了暂时的和平。

然而,尼迈里又亲手毁掉了自己缔造的南北和平的局面。尼迈里不断地破坏《亚的斯亚贝巴协议》:他先是任命自己为高级执行委员会主席;接着在没有获得国民议会所需选票的情况下,尼迈里命令高级执行委员会进行公投,以决定自治法是应当修改还是重新

---

① Issam AW Mohamed, *Oil and War, Cooperation and Development in the Two Sudanese Nations, Crisis of a Nation*, Made in the USA, San Bernardino, 2014, p. 22.

② Elias Nyamlell Wakoson, "The Origin and Development of the Anya-nya Movement", in: Mohamed Omer Beshir edited, *Southern Sudan: Regionalism & Religion*, Khartoum: University of Khartoum, 1984, p. 177.

③ Abel Alier, *Southern Sudan, Too Many Agreements Dishonoured*, Exeter: Ithaca Press, 1990, p. 217.

④ Ann Mosely Lesch, "Confrontation in the Southern Sudan", *The Middle East Journal*, Vol. 40, No. 3, 1986.

将南方划分为三个省；后来，公投被推迟，绝大多数南方人反对将南方划分为三个地区，但是，尼迈里还是单方面决定将南方划分为三个省；1983年6月，没有经过宪法程序，尼迈里总统颁布行政命令，将南方地区重新划分为三个省。

尼迈里的做法遭到苏丹人民解放运动的强烈谴责。加朗断言尼迈里"不按照宪法程序单方面解散南方议会和政府，将南方重新划分为三个地区，完全废除了《亚的斯亚贝巴协议》，这与他分而治之的政策是一致的。"[①] 苏丹人民解放运动呼吁回到《亚的斯亚贝巴协议》的基本原则上来：即南方三省在一个地区下完全自治并且能够控制当地资源。但是，随着第二次内战的爆发，南北双方再次进入战争与谈判交织的状态。

2005年1月，南北双方签署了结束战争的《全面和平协议》，成立了民族联合政府。在新成立的民族联合政府中，南方人所占比例跟过去相比有较大提高（参见表1—6、表1—7）。在民族联合政府时期，各部部长总数为29人，其中，北方国家大会党为16人，占总数的55.6%；南方苏丹人民解放运动为9人，占总数的31%。苏丹人民解放运动在喀土穆联邦议会的席位占总数的28%。《全面和平协议》签订后，尽管由南方人担任政府部长，南方人在联邦议会中所占席位也前所未有地提高，但是，这一切对南方人来说，来得太晚了。6年后，即2011年，南方人通过全民公投，最终选择脱离北方，成立一个独立的国家。

表1—6　　　　　　　民族联合政府各部部长职位分布

政党	部长数（人）
国家大会党	16
苏丹人民解放运动	9

---

① Ann Mosely Lesch, "Confrontation in the Southern Sudan", *The Middle East Journal*, Vol. 40, No. 3, 1986.

续表

政党	部长数（人）
其他党派	4
总数	29

资料来源：Melha Rout Biel, The Role of African & Arab Elites in Building a New Sudan, in Elke Grawert edited, *After the Comprehensive Peace Agreement in Sudan*, Suffolk: James Currey, 2010, p. 43。

表1—7　　　　　　　各党派在喀土穆联邦议会的席位

政党	席位（个）	百分比（%）
国家大会党	234	52
苏丹人民解放运动	126	28
北方其他政党	63	14
南方其他政党	27	6
总数	470	100

资料来源：Melha Rout Biel, The Role of African & Arab Elites in Building a New Sudan, in Elke Grawert edited, *After the Comprehensive Peace Agreement in Sudan*, Suffolk: James Currey, 2010, p. 43。

2. 资源共享

苏丹独立后，喀土穆政府沿袭的仍然是英国殖民政府时期重北轻南的发展政策。历届中央政府对南方的预算大大低于北方，即使是南方地区的发展项目也很少付诸实施。喀土穆的政治精英们以牺牲南方为代价来促进北方的发展，发展项目主要集中在北方。1972年，南北双方签署了结束第一次内战的《亚的斯亚贝巴协议》。协议签署后，南方迎来了少有的和平建设时期。喀土穆政府为南方设置了特别发展预算，但是，预算估计值与实际支出值差别非常大：1972/1973年度，预算估计值是140万苏丹镑，实际支出值为56万苏丹镑。[①] 实际支出值仅占预算估计值的40%。这是1972/1973—

[①] Benaiah Yongo-Bure: "Prospecpts for Socio-economic Development of the South", in: Fancis M. Deng & Prosser Gifford edited, The Search For Peace and Unity in the Sudan, Washington D. C.: *The Wilson Centre Press*, 1987, p. 41.

1976/1977 年度中，实际支出值所占百分比最高的一年。此后，这一百分比均大大低于 25%。1983 年，苏丹进行最后一次人口普查，南方诸省是全国最穷的地区。南方人均国民收入（人口大约 500 万以上）只相当于全国平均水平的一半，是全国最富庶地区喀土穆省的 1/4。[①]

苏丹人民解放运动的领导人约翰·加朗在 1984 年 3 月向全苏丹人民发出的"三月呼吁"中提到南方困境时是这样说的："历届喀土穆政府以独特的方式剥削、压迫、掠夺南方人，与其他地区相比，南方的种族、宗教隔离更为严重。南方的发展计划如迈卢特、曼卡拉的制糖厂，瓦乌的啤酒厂，恩扎拉、曼卡拉的纺织厂，一直停留在纸面上。因为喀土穆盗用发展资金。南方地区政府要么无所作为，要么也加入了掠夺的行列。南方的发展计划只是那些当地人不受益的计划，如雪佛龙公司（Chevron）对本提乌的石油开采，通过琼莱运河调水等。南方的社会政治发展被忽视，经济落后，不发达加剧，而且不断恶化。"[②]

南方经济不发达，政治上无权，没有分享到国家发展带来的好处。满足公民的个人愿望还不足以成为一个政府合法性的基础。如果社会因为不平等或其他形式的不公正而扭曲，政府又不能利用其自身权威同这类现象做斗争，政治组织的合法性或政权本身就会受到质疑。[③] 这是南方反政府武装一直存在的政治基础。

英国的殖民政策和喀土穆政府对待南方社会经济发展的不合理的政策，最终使南方问题成为苏丹最严重的民族问题。随着石油的发现，南北矛盾进一步加深。1978 年，南方发现石油后，中央政府

[①] Human Rights Watch, *Sudan, Oil and Human Rights*, Brussels, London, New York, Washington, D. C., p. 120.

[②] John Garang, Edited. and Introduced by Mansour Khalid, *The Call for Democracy*, London: Kegan Paul International, 1992, pp. 20–21.

[③] Claire Metelts, "Reformed Rebels? Democratization, Global Norms, and the Sudan People's Liberation Army?" *African Today*, Vol. 51, No. 1, 2004.

有意切断南方人同石油的一切联系。从炼油厂位置的决定到石油的运输，南方人几乎没有任何发言权。

国家在开发石油的名义下，肆意驱赶油田周围的丁卡人和努维尔人。在哈季利季油田（Heglig），几乎没有丁卡人或努维尔人为油田工作，这正好与西上尼罗河州苏丹政府和大尼罗河石油作业公司的看法不谋而合——所有的非阿拉伯人都是安全的潜在威胁。熟练工人来自北方，非熟练工人是由为大尼罗河石油作业[①]公司（GNPOC）工作的阿拉伯监工根据需要在哈季利季市场招募的。哈季利季市场聚集了很多杰拉巴商人和巴格拉游牧民。自雪佛龙时代起，这个市场就存在，并且不断扩大着。所有被雇用的人都受到苏丹安全部门的仔细检查。[②] 石油没有给当地人带来就业机会，也没有给他们带来收入。

以西上尼罗河州为例，该州经济建立在畜牧业、农业和渔业的基础上。绝大部分当地人是非阿拉伯和非穆斯林的丁卡人和努维尔人，他们经常在村庄和养牛场之间进行季节性迁徙。这些地方几乎没有哪座城镇是政府的行政中心，也没有交易中心。政府的军事行动就是支持亲政府的民兵——来自北方的巴格拉阿拉伯士兵和南方亲政府的努维尔士兵——打击努维尔人和丁卡人，抢夺他们的财产和牲畜，迫使他们南迁，或者进入政府驻地，或者流入北方。[③] 而南方叛军苏丹人民解放运动也将石油设施列为打击目标。

1984年，由于叛军的打击，雪佛龙公司在南方地区的石油勘探活动停止。尼迈里总统被推翻后，苏丹人民解放运动/军宣布将继续阻挠雪佛龙公司的石油开采。1986年，苏丹人民解放运动/军占

---

① 大尼罗河石油公司由加拿大阿拉基斯能源公司、中国石油天然气集团公司、马来西亚国家石油公司和苏丹国家石油公司组成，这四家公司所占股份分别为25%、40%、30%、5%。
② ECOS (European Coalition on Oil in Sudan), *Documentation on the Impact of Oil on Sudan*, 29 May 2001, p. 6, www.ecosonline.org/.../documentationimpactoilsudan.pdf.html, 2014 – 10 – 20.
③ Ibid., p. 17.

领了西上尼罗河州的大部分地区，除了政府控制的一些要塞外，本提乌（Bentiu）北部的一些油田及布尔努维尔人地区（Bul Nuer）也落入苏丹人民解放军之手。1987年，苏丹人民解放军进入哈季利季油田。苏丹人民解放军在控制这些油田后，一些努维尔人、丁卡人陆续返回这些地区，重建家园。

1992年，雪佛龙将其在苏丹的资产卖给加拿大阿拉基斯能源公司（Arakis）；1995年，中国石油天然气集团公司（CNPC）进军苏丹；1997年，大尼罗河石油作业公司成立；1999年，苏丹第一次实现原油出口。虽然石油不是第一次内战爆发的主要原因，但是，石油恶化了战争，加深了南方的苦难。战争期间，油田成为喀土穆政府与叛军争夺的焦点，油田周围的居民成为无辜的受害者。20世纪90年代，为了给石油公司的开采扫清道路，喀土穆政府通过武装部队和亲政府民兵实行焦土政策，导致许多南方人死亡或无家可归。[1]

20世纪90年代，苏丹石油收入被国家大会党用来巩固权力和发财致富。国家大会党继承的仍然是过去的统治模式——边缘化及剥削。油田区居民对政府的不满被发泄到石油公司身上。[2] 苏丹人民解放军领导人不愿意给石油一个机会，他说："我们很清楚，我们会阻止开采。"[3] 油田工人成为苏丹人民解放军袭击、绑架的目标。

1999年5月12日，4名苏丹人和1名中国工人在区1的蒙嘎（Munga）被苏丹人民解放军绑架。同一时期，5A区和1区交界地区有23名中国石油工人被苏丹人民解放军绑架。[4] 同年，喀土穆政府在帕提诺·马提普（Pautino Matiep）努维尔民兵的保护下，进入

---

[1] Luke Patey, *The New Kings of Crude*, *China*, *India*, *and the Global Struggle for Oil in Sudan and South Sudan*, London: Hurst & Company, 2014, p. 57.

[2] Ibid., p. 186.

[3] Ibid., p. 59.

[4] Human Rights Watch, *Sudan*, *Oil and Human Rights*, Brussels, London, New York, Washington, D. C., 2003, p. 253.

5A区保护伦丁公司（Lundin）在塔尔·加特（Thar Jath）的石油勘探工作。但是，伦丁公司的石油勘探、开采遭到里克·马查尔（Riek Machar）领导的南苏丹防御部队的袭击。政府军与里克·马查尔领导的南苏丹防御部队在5A区的混战使伦丁公司不得不中止了石油勘探及生产活动。对此，苏丹人民解放运动/军发表声明称：当前石油开采对苏丹人民来说没有任何意义，只会使内战升级。[①] 2000年2月，伦丁宣布，由于交通运输条件不善，5A区的石油钻井计划推迟。南方人陷入"内战中的内战"，油田成为各武装力量争夺的焦点。

如果说第一次内战主要是为了争取南方人的自决权，第二次内战则在此之上增加了一个因素，那就是石油。在第二次内战中，"许多战役的直接目的就是争夺石油资源的控制权，而石油利益分配问题也是几乎每一次南北谈判的焦点议题。无论在战场上，还是在谈判桌上，苏丹南北双方在石油问题上都坚持强硬立场，很少退让"。[②] 喀土穆的政治精英在政治上大权独揽，经济上重北轻南。发现石油后，政府实行了"南油北运"的政策，人为地切断了南方人与石油的任何联系，南方人没有分享到任何石油收益。石油问题成为南北谈判的重大问题，也成为关系南北和解的关键性议题。

3. 文化认同

20世纪40年代，苏丹谋求独立时，由于南方人中几乎没有受过现代教育的人，南方人的民族自觉和民族意识非常有限，他们对民族运动也没有作出什么重大贡献。一小部分南方人对刚出现的新国家既没有兴趣，也缺乏强烈的民族意识。格雷（Gray）曾这样说："一个世纪以前，南方与北方完全处于彼此隔绝的状态，这几十年间两者之间的仇恨加剧了。这种隔绝，直到独立以前仍然是分而治之。南方人认为自己是非洲人，而统治者则以自己的阿拉伯意

---

① Human Rights Watch, *Sudan, Oil and Human Rights*, Brussels, London, New York, Washington, D.C., 2003, p.276.
② 姜恒昆、付海娜：《苏丹石油：从内政焦点到外交难题》，《西亚非洲》2012年第6期。

识为荣。"① 1946 年,英国人召开了有关苏丹前途的"朱巴会议",南方人也被邀参加,但是,英国人最终决定将南北合并为一个国家。南方人的参会只是一个形式,因为显然,新国家将由喀土穆和恩土曼的一小撮精英领导。这一群精英对南方问题几乎意见一致:它实际上不存在,南方将是这个单一制国家模糊的一部分。这个国家将由喀土穆城市中心(the urban centre)的一部分人领导,该国家普遍的特征是"阿拉伯化"和"伊斯兰化"。②

对于南方问题,喀土穆的反应就是采取同化政策,即南方的"阿拉伯化"和"伊斯兰化",1958 年上台的阿卜德军政府尤为明显。③ 为加快南方的阿拉伯化和伊斯兰化的步伐,军政府专门成立了负责此项任务的宗教事务局,由它负责在南方建立清真寺、创办伊斯兰学校及进行伊斯兰教宣传等。在政府的支持下,南方各个地区都建立了《古兰经》学校,南方的 6 个城镇建立了伊斯兰教中等学校,还在朱巴建立了一个伊斯兰教高等学校,同时,阿拉伯语取代英语成为南方中学的授课语言。④

1964 年,苏丹发生十月革命,阿卜德军政府被推翻,以哈提姆·哈利发(Sir Al-Khatim Al-Khalifa)为首的过渡政府成立。过渡政府首次承认南方问题。为此,该政府于 1965 年 3 月召开喀土穆圆桌会议,但是,会议最终不了了之。此前,历届喀土穆政府一直否认南方问题的存在,认为它是殖民者策划的阴谋。南方问题直到尼迈里总统于 1969 年当政后才予以解决。1972 年,南北第一次战争以签署《亚的斯亚贝巴协议》结束,该协议承认了南方的自治

---

① Rafia Hassan Ahmed, "Regionalism, Ethnic and Socio-Cultural Pluralism the Case of the Southern Sudan", in: Mohamed Omer Beshir edited, *Southern Sudan: Regionalism & Religion*, Khartoum: University of Khartoum, 1984, p. 30.

② Matthew LeRiche and Matthew Arnold, *South Sudan: From Revolution to Independence*, Oxford: Oxford University Press, 2002, p. 11.

③ Ibid., p. 12.

④ Tim Niblock, *Class and Power in the Sudan: The Dynamics of Sudanese Politics, 1898 – 1985*, London: Macmillan Press Ltd., 1987, p. 224.

权,保护了南方独特的文化和宗教信仰自由,并以此为基础通过了《1973年永久宪法》。

《1973年永久宪法》强调法律面前人人平等,不能歧视穆斯林、基督徒及其他原始的宗教信仰。但是,尼迈里总统却在1983年颁布"九月法令",宣称苏丹实行伊斯兰法。苏丹自独立以来的核心问题是"谁是苏丹人",喀土穆政府认为,只有信仰一种宗教、说一种语言才能成为苏丹人;只有同化南方人,苏丹才能实现民族国家构建。"沙里亚法"[①] 成为苏丹人民解放运动与中央政府谈判的焦点。

加朗说:"在'沙里亚法'的背景下,要求苏丹人民解放运动/军参加全国对话会议根本没有意义。将南方及其他地区排除在国家法律之外是一种不严肃的态度。现在修改'沙里亚法'没有用。"加朗进一步说:"将南方人定义为二等公民,然后期望苏丹人民解放运动以此种身份参加全国对话会议,这是不可能的。在苏丹,宗教的、种族的、部落的及任何其他形式派别的独裁都后患无穷。"[②] 加朗认为苏丹不能因为大多数人是穆斯林而成为一个伊斯兰国家。

1989年,巴希尔准将在伊斯兰民族阵线的支持下发动政变,推翻民选政府,建立了一个伊斯兰原教旨主义的国家。为塑造"新苏丹人",伊斯兰主义者控制了苏丹社会生活的方方面面,首先就是依靠法律,即广泛地使用伊斯兰法。苏丹1991年的"刑法典"将刑法建立在了"沙里亚法"的基础之上,南方居民只免受186项条款中5项条款的限制。对于生活在北方的非穆斯林来说,"胡杜德(Hudud)",即"安拉的刑法"对他们照样适用。所有的公民必须遵守《沙里亚商法典》与《民法典》。1993年以后,"伊斯兰原

---

① "沙里亚法"即伊斯兰教法。英文为Sharia,即Islamic Law,在汉语中,通常把"沙里亚法"译为伊斯兰教法。参见吴云贵《当代伊斯兰教法》,中国社会科学出版社2003年版,第23页。

② Ann Mosely Lesch, "Confrontation in the Southern Sudan", *The Middle East Journal*, Vol. 40, No. 3, 1986.

则"成为苏丹所有政府部门的指导原则。①

1989年6月的军人政变遭到加朗的谴责,但是加朗也没有放弃谈判。1992年5月26日,苏丹内战各方在尼日利亚首都阿布贾举行了谈判。由于谈判各方对安全问题、伊斯兰法问题及南方问题无法达成一致意见,谈判不欢而散。1993年,在美国、欧盟、联合国和梵蒂冈等国际社会和国家的压力下,4月26日至5月18日,苏丹战争各方在阿布贾举行了第二次谈判,同样,由于双方无法克服基本分歧,谈判最终破裂。宗教与国家的关系问题及自决权问题成为双方谈判的焦点。加朗的目标是在苏丹建立一个多元的民主国家,而伊斯兰民族阵线则致力于将苏丹变为一个单一的阿拉伯—伊斯兰国家,双方找不到合作平台,这注定了谈判的失败。20世纪没有解决的问题,最终聚集到了21世纪。自决权、国家与宗教的关系、石油利益的分配等问题成为苏丹内战中南北谈判的焦点。

当我们把目光投向苏丹中央政府,认为其应该为苏丹南北分治承担责任时,南苏丹人民自身的独立意识也不可小觑。苏丹南北分立除了中央政府政策失误外,南苏丹人民的分立要求也发挥了重大作用。

二 第一次内战时期南方人的斗争

1955年8月,苏丹防御部队所属的赤道军团发动了"托里特兵变"。此次兵变之后,一些残余力量逃往灌木丛中继续战斗,这是南方抵抗斗争的开始。正如南方的一份出版物 Gurtong 所注意到的:"赤道军团的兵变是南方人第一次公开以子弹和血的形式表达他们对殖民者——英国人、英国人偏爱的北苏丹人及埃及代理人——的那份被压抑的愤怒和政治挫败感。"② 1963年,南方人第一

---

① Robert Collins, "Africans, Arabs, and Islamists, From the Conference Tables to the Battlefields in the Sudan", *African Studies Review*, Vol. 42, No. 2, 1999.

② Matthew LeRiche and Matthew Arnold, *South Sudan: From Revolution to Independence*, Oxford: Oxford University Press, 2012, p. 12.

个武装组织阿尼亚尼亚（Anya-Nya）成立。

"阿尼亚尼亚"一词源于马迪（Madi）（东赤道省的一个部族语言），是"蛇的毒液"的意思。游击队之所以会采用这样的名字，其意不言自明。① 1963 年年中，阿尼亚尼亚被广泛使用。阿尼亚尼亚运动虽然没有明确的意识形态，但是其永恒的目标就是将南方从阿拉伯化的苏丹人手中解放出来，最终目标是建立一个有主权的非洲国家。②

在阿尼亚尼亚运动诞生初期，武器相当简单，只有弓箭、长矛、大切刀，后来才慢慢有了枪、前装炮、后膛炮、大步枪等，他们主要从警察手里获得武器弹药。1963 年，在上尼罗河省的波切拉（Pachala），阿尼亚尼亚两次袭警成功，缴获大量武器，这既鼓舞了士气，又赢得了民心，不少民众自愿参加阿尼亚尼亚运动，短时间内人数从 180 人上升至 1000 人。③ 阿尼亚尼亚运动成立之初，主要进行了破坏电话线、交通设施等活动。在军事上阿尼亚尼亚运动实行"打了就跑"的策略。然而，武器的匮乏、各领导人之间的分歧、部落主义等均是影响南方人统一作战的因素。20 世纪 60 年代阿尼亚尼亚运动主要活动于赤道省，后来蔓延至上尼罗河省和加扎勒河省。

与武装斗争同时进行的是阿尼亚尼亚的宣传工作：一方面，他们通过流亡的政治家进行宣传，以让世界人民了解运动的原则、目标；另一方面，他们通过特定的政治机构向群众宣传运动的原则、目标。两种宣传同时进行，互相补充。在阿尼亚尼亚运动的宣传中，政府军来到南方就是为了占领其肥沃的土地，只有阿尼亚尼亚运动士兵才是拿起武器，保护南方人民及其土地不受北方侵占的不

---

① Elias Nyamlell Wakoson, "The Origin and Development of the Anya-nya Movement", in: Mohamed Omer Beshir edited, *Southern Sudan: Regionalism & Religion*, Khartoum: University of Khartoum, 1984, p. 127.

② Ibid., p. 129.

③ Ibid., p. 144.

二人选。与阿尼亚尼亚运动宣传相伴的是农村地区的管理。为了获得当地人的支持，阿尼亚尼亚运动在不同地区实行了民间管理制度。阿尼亚尼亚官员会驻扎在每一个地区协助乡村名流处理诸如维护正义，核查个人或集体冤情，维持法制等各类事务。[①]

1963年9月，游击队开始了与政府的交锋，袭击士兵和警察成为家常便饭，当然，通常是为了获得武器。游击队也会袭击孤立的杰拉巴人、商店、诊所以及政府仓库。然而，这些袭击遭到了政府多种形式的报复，如军事包围、轰炸及对平民的残酷打击等。运动刚刚开始时，各地区是单独作战，彼此之间只有一些非正式的联系，这是运动最为艰难的时期。1970年，拉古成为南方最高军事指挥官，南方抵抗运动自此有了统一的领导，开启了反抗斗争的第二阶段。

阿尼亚尼亚运动最初属于自发的运动，既没有政治领导，又没有明确的意识形态。与阿尼亚尼亚运动相比，南方人的政治组织力量发展较为缓慢：1953年，南方人成立了第一个政党——南方自由党参加选举，该党的目标是要求苏丹实行联邦制，其他南方小党则共同组成"南方集团"。在1953年的选举中，由于集团内部各党派之间的矛盾，南方集团迅速瓦解。可以说，整个20世纪50年代，南方人政治斗争成效不大，南方人要求的联邦制也未能实现。

1962年，南苏丹人在扎伊尔的金沙萨（Kinshasa）成立了"苏丹非洲国家联盟"。苏丹非洲国家联盟成立后，主要进行了宣传和资金募集工作。然而，苏丹非洲国家联盟成立后两年，内部便面临着严重分歧。在奥利弗·巴提利·阿尔庇罗（Oliver Batali Albino）给苏丹非洲国家联盟领导人威廉·登（William Deng）的一封电文中即可看出问题的实质。在这封电文中，他这样写道：

---

① Elias Nyamlell Wakoson, "The Origin and Development of the Anya-nya Movement", in: Mohamed Omer Beshir edited, *Southern Sudan: Regionalism & Religion*, Khartoum: University of Khartoum, 1984, p.147.

> 我现在对苏丹非洲国家联盟的重组失去了希望。显然，部落主义和地区主义一直在继续，并且变成了巩固个人野心的手段。对于那些有意愿为组织工作的人而言，一个令人沮丧的态度就是：这是我们建立的苏丹非洲国家联盟，如果你喜欢的话，就加入我们；如果你不喜欢的话，你就另建政党，让我们看看……当今的领导人应该为我们的苦难负责，因为我们的分裂正是阿拉伯人所希望的。①

1964年，阿格雷·杰登（Aggrey Jaden）当选为苏丹非洲国家联盟主席。在就职演说中，杰登批评了苏丹非洲国家联盟内部的冲突，并且第一次宣布了运动的最终目标。他宣称：

> 同胞们，弟兄们，在这一刻比以往更加重要的是我们需要统一的目标。统一并不意味着消除差异……但是，我们必须在统一的最终目标下团结起来，那就是脱离北方独立。为了我们深爱的国家，我们必须摒弃个人的、部落的、地区的利益。只有统一我们才有力量。②

随着中央政府从战争转变为谈判这一政策的变化，苏丹非洲国家联盟各领导人对应该采取何种政策出现了分歧。主张同北方组成联盟的威廉·登被开除出苏丹非洲国家联盟。1966年，杰登和奥杜霍（Oduho）意见不合，最终，奥杜霍脱离了组织，并成立了阿扎尼亚解放阵线（Azania Liberation Front），杰登也将苏丹非洲国家联盟改为"苏丹非洲解放阵线"（Sudan African Liberation Front）。1965年8月，阿扎尼亚解放阵线和苏丹非洲解放阵线发表联合声

---

① Elias Nyamlell Wakoson, "The Origin and Development of the Anya-nya Movement", in: Mohamed Omer Beshir edited, *Southern Sudan: Regionalism & Religion*, Khartoum: University of Khartoum, 1984, p. 187.

② Ibid., p. 190.

明，决定采用新的名字"苏丹非洲解放阵线"，不再使用以前的名字——"苏丹非洲国家联盟"和"阿扎尼亚解放阵线"。1965年8月28日苏丹非洲解放阵线发表声明："苏丹非洲解放阵线发誓，最终目标是实现南方的完全独立，建立一个主权国家。"①

苏丹非洲解放阵线的战略就是通过武力实现其最终目标。1965年3月，喀土穆圆桌会议未能就和平解决南方问题达成一致意见，南方对北方的怀疑再度变得强烈起来。尤其是会议之后大量无辜平民遭到杀害，这使南方人相信北方进行的是种族灭绝战争，流亡的政治家们采取的就是以暴制暴的政策。阿尼亚尼亚运动也发表声明，在其散发的小册子中有这样的话：

> 我们的耐心已尽，我们现在相信只有使用武力才能得到更好的结果……从今天开始，我们应当采取行动……不论是好是坏……我们不需要怜悯，我们也不怜悯别人。②

1967年8月15日，南方政治和军事领导人召开了"安衮迪里瑞（Angundri）会议"。这是在南方斗争史上第一次各领导人坐在一起讨论运动面临的共同问题。这次会议决定成立南苏丹临时政府。1969年3月29日的"巴尔戈欧—宾迪会议"（Balgo-Bindi）接受了"安衮迪里瑞会议"的所有决定，并且决定将南苏丹临时政府改名为"尼罗河临时政府"。会议再次强调脱离北方是基本政策，其妥协方案是同北方建立联盟，完全拒绝南方自治。

尼罗河临时政府拒绝授受南苏丹的自治地位，临时政府外交部部长阿康基喀·温基（Mr. Arkangelo B. Wengi）曾这样对南方事务部长约瑟夫·U. 加朗（Joseph U. Garang）解释道：

---

① Elias Nyamlell Wakoson, "The Origin and Development of the Anya-nya Movement", in: Mohamed Omer Beshir edited, *Southern Sudan: Regionalism & Religion*, Khartoum: University of Khartoum, 1984, p.192.

② Ibid., p.193.

尼罗河临时政府感到北方应当将自治作为一种方案，而不是强加给南方的解决办法。尼罗河临时政府担心一旦他们放下武器，革命政府没有权力，南方将不受保护。他们寻找的是一种有外部保证的解决方案。这样不论喀土穆哪一个政党或集团上台，南方都会有安全感。①

显然，对北方动机的怀疑是影响双方达成协议的关键因素之一。部落主义、地方主义也影响了尼罗河临时政府的平稳运作，其原因很清楚，政府的绝大多数部长来自加扎勒河省、上尼罗河省。对此，赤道省人表示不满，自己宣告成立政府。1969 年年底，武装部队总司令阿马迪欧·塔峰（Amadeo Tafeng）对尼罗河临时政府总统马也内（Mayen）不满，成立了"任意州"（Any state），这实际上是一场政变。阿赞德部落（Azande），在米察尔·塔文里（Michael Tawil）的领导下，支持萨穆勒·阿布琼恩（Samul Abujohn）上校，拒绝承认尼罗河临时政府。他们组成所谓的"苏伊河革命政府"（Sue River Revolutionary Government），创建所谓的"苏伊共和国"（Sue Republic）。这些危机使尼罗河临时政府的工作陷入瘫痪，并为约瑟夫·拉古的武装夺权创造了时机。②

1970 年 7 月，约瑟夫·拉古宣布成立"南苏丹解放阵线"，并宣布阿尼亚尼亚武装力量是南方的唯一权威。为了统一并避免流血，尼罗河临时政府领导人 7 月 3 号辞职下台，接受拉古领导。其他自我宣告成立的政府也解散，宣布支持拉古。1971 年 1 月，南方反政府力量成立"南苏丹解放运动"（Southern Sudan Liberation Movement），正式要求建立一个完全独立的国家。约瑟夫·拉古在

---

① Elias Nyamlell Wakoson, "The Origin and Development of the Anya-nya Movement", in: Mohamed Omer Beshir edited, *Southern Sudan: Regionalism & Religion*, Khartoum: University of Khartoum, 1984, p. 198.

② Ibid., p. 200.

《阿尼亚尼亚：我们为什么而战》一书中强调宗教、种族的迫害，要求取得南方的自决权。他说："我们这些非洲人——不同于阿拉伯人——有自己的认同和抱负，这种认同和抱负在共同的斗争中将各部落团结在一起，它使我们能够建立自己的国家，也有自决权。通过拒绝南方的阿拉伯化和恪守我们的非洲认同和遗产，我们在践行基本的人权，这将早晚被大家所承认。"[1] 拉古统一了南方各方力量，并且实现了南方军事力量与政治组织的统一，这为达成结束第一次内战的《亚的斯亚贝巴协议》打下了基础。1972年拉古与中央政府达成解决南方问题的《亚的斯亚贝巴协议》。

《亚的斯亚贝巴协议》规定，南方应成立南方地区政府，南方以外的地区，主要是阿卜耶伊，将由公投来决定是否归于南方，但是，阿卜耶伊的公投一直未能举行。《亚的斯亚贝巴协议》最初获得了南方人的支持，但是协议没有改变南方人状况，后来的一系列事件最终导致了该协议的破产。20世纪70年代中期，一些阿尼亚尼亚老兵对现状不满，成立了阿尼亚尼亚Ⅱ[2]，再次开始了反政府的武装斗争。阿尼亚尼亚Ⅱ的目标是实现阿尼亚尼亚运动的原始目标——南方独立。[3]

三 第二次内战时期的苏丹人民解放运动

1983年9月，随着尼迈里总统在全国实行沙里亚法的"九月法令"的颁布，以前为南北和解所做的一切努力全部付诸东流，南北战火重起。约翰·加朗发布声明，宣布成立"苏丹人民解放军"及其政治组织"苏丹人民解放运动"，加朗自封为苏丹人民解放军总指挥和苏丹人民解放运动临时执行委员会主席。与其他的南方叛

---

[1] Matthew LeRiche and Matthew Arnold, *South Sudan: From Revolution to Independence*, Oxford: Oxford University Press, 2012, pp. 26–27.

[2] 1963年，一些南方老兵成立了阿尼亚尼亚游击队（Anya-nya）。游击队的目标是解放南方。20世纪70年代中期，阿尼亚尼亚老兵再次成立游击队，称为阿尼亚尼亚Ⅱ。

[3] Matthew LeRiche and Matthew Arnold, *South Sudan: From Revolution to Independence*, Oxford: Oxford University Press, 2012, p. 63.

军不同，加朗反对南方独立，主张推翻尼迈里的统治，建立一个世俗的，统一的社会主义的苏丹。[①] 苏丹人民解放运动的主要主张体现于《苏丹人民解放运动宣言》。[②]

约翰·加朗领导苏丹人民解放军为建立一个世俗、统一、民主的苏丹开始了与喀土穆政府长达数年的内战。他说："我们为之奋斗的'民主'的内涵非常清楚，包括个人自由，政治自由，社会和经济正义，尊重人权，法律面前人人平等，不论种族、部族、宗教信仰及性别的平等。我们知道这种民主在苏丹不存在，可以说是从来没有过……我们要使军人政权和苏丹人民确信，我们对民主的决心是坚不可摧的，是不可动摇的……原教旨主义对我们国家的统一和稳定造成了巨大的伤害。原教旨主义已经进入了一个新的阶段，一个危险的阶段。在民主程序、街头威胁及新闻诽谤等方式未果后，它正在利用国家权力，要么是直接的，要么是通过代理人——巴希尔军人政权，就像尼迈里时代一样……我们仍然坚持苏丹的统一与领土完整，我们仍然坚持建立一个新苏丹……"[③]

从1983年苏丹人民解放运动/军的成立至2005年《全面和平协议》的达成，苏丹人民解放运动/军的发展共经历了三个阶段：1983年至1991年，在加朗强有力的领导下，苏丹人民解放军在战场上处于优势；1991年至1996年，随着苏丹人民解放运动内部的分裂，苏丹人民解放军在战场上转为被动，处于斗争以来最艰难的时期；1997年至2005年，苏丹人民解放军在战场上重获主动，从而为南北和平协议的最终达成提供了强有力的保证（参见图1—1、图1—2、图1—3）。

---

① Ann Mosely Lesch, "Confrontation in the Southern Sudan", *The Middle East Journal*, Vol. 40, No. 3, 1986.

② 关于《苏丹人民解放运动宣言》的内容参见刘辉《民族国家构建视角下的苏丹内战研究》，中国社会科学出版社2011年版，第120—121页。

③ John Garang, edited. and introduced by Mansour Khalid, *The Call for Democracy*, London: Kegan Paul International, 1992, p. 246.

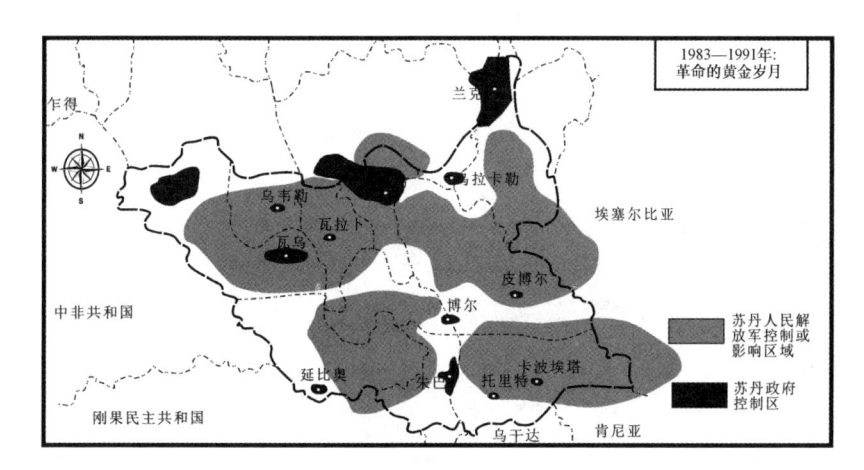

图 1—1　苏丹人民解放运动/军第一阶段

资料来源：Matthew LeRiche and Matthew Arnold, *South Sudan: From Revolution to Independence*, Oxford: Oxford University Press, 2012, p.8。

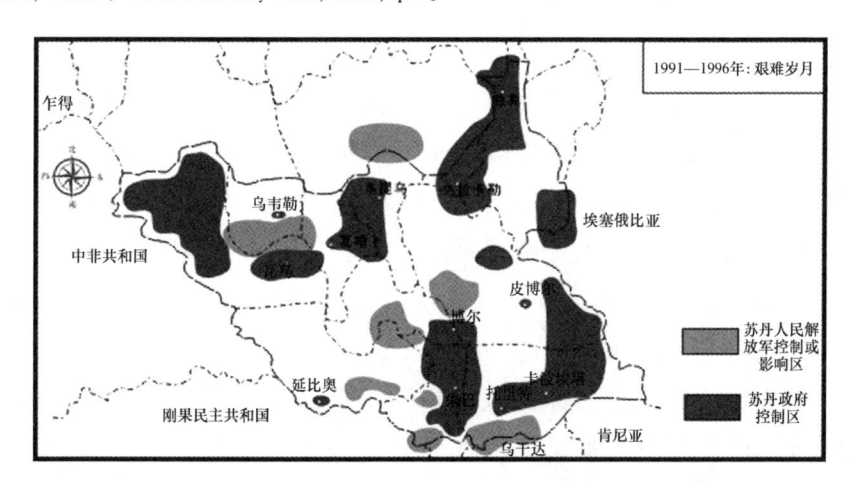

图 1—2　苏丹人民解放运动/军第二阶段

资料来源：Matthew LeRiche and Matthew Arnold, *South Sudan: From Revolution to Independence*, Oxford: Oxford University Press, 2012, p.8。

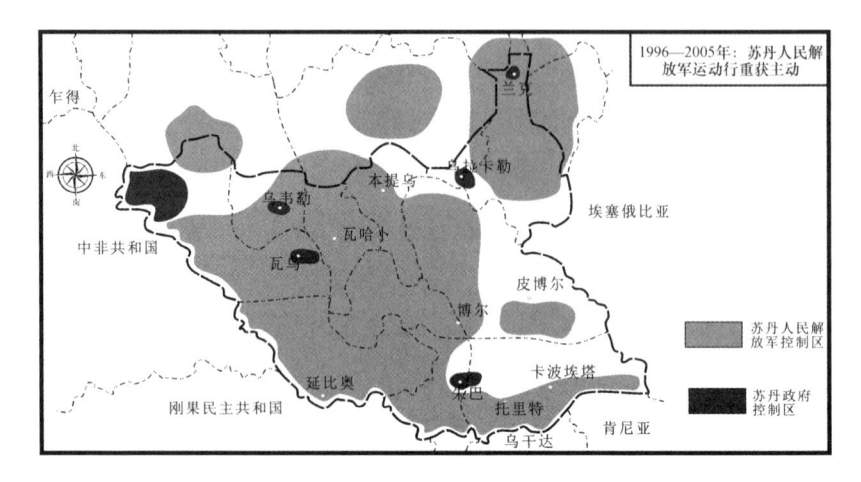

图 1—3　苏丹人民解放运动/军第三阶段

资料来源：Matthew LeRiche and Matthew Arnold, *South Sudan: From Revolution to Independence*, Oxford: Oxford University Press, 2012, p.8。

1985 年春天，苏丹人民解放军已经成为一支由 1 万人组成的游击队伍了。他们通过游击作战牵制了要塞的政府军。苏丹人民解放军甚至向南挺进赤道省，并于 3 月袭击了蒙加拉镇（Mongalla）。[1] 在上尼罗河省，苏丹人民解放军占据了农村大部分地区，袭击了一些主要城镇，像博尔（Bor）、马拉卡勒（Malakal）、迈卢特（Melut）以及本提乌（Bentiu）。

1985 年 12 月底，苏丹人民解放军占领了加扎勒河省的伊茹尔（Yirol），并向西推进，次年 3 月，夺取了伦拜克（Rumbek），随后进入赤道省东北部。1986 年，苏丹人民解放军已经占领了蒙加拉镇附近的农村地区及横跨朱巴—博尔的道路，还在通往肯尼亚的道路上偷袭了卡波埃塔（Kapoeta）。通过这些行动，苏丹人民解放军切断了赤道省、加扎勒河省及东赤道省的主要道路和河流干线。政府军不得不进行空中补给，因为通过陆上及水上交通

---

[1] Ann Mosely Lesch, "Confrontation in the Southern Sudan", *The Middle East Journal*, Vol. 40, No. 3, 1986.

进行联系太过冒险了。①

苏丹人民解放军继续进攻，不仅进入中部的库尔穆克（Kurmuk），而且还进入了南科尔多凡。1985 年 6 月，苏丹人民解放军同卡杜格利（Kadugli）南部的巴格拉阿拉伯人发生了冲突。秋天，他们在阿卜耶伊建立据点，阿卜耶伊不属于南方，但却是丁卡人的大本营。苏丹人民解放军似乎试图进入穆哥莱德的油田，同西部的努巴人建立联系。②

鉴于苏丹人民解放军的战果，苏丹国防部部长说苏丹人民解放军有时"在战场上处于上风"，并警告说，苏丹人民解放军"可能会发展为一支常规部队"，因为它现在使用的武器越来越尖端，甚至包括 160 毫米长距离迫击炮。他说苏丹人民解放军共有 12 个大队，共有 12000 人，另外还有同样数量的人在埃塞俄比亚的帕尔嘎姆难民营（Belgham）接受训练。国防部部长得出结论：对话是必要的。"我们正在进行的一场战争，这场战争没有赢家，也没有输家。"③ 1985 年，在军队整合大会上，加朗宣布，苏丹人民解放运动寻求"实现崇高的理想——苏丹真正的统一、和平、民主、平等、经济和社会正义"④ 这一统一的口号，并因此赢得不少北方政治家的支持。然而，苏丹人民解放运动大部分成员来自农民、牧民，再加上苏丹人民解放运动的重点是军事，这使得统一工作做的有些不够。

自阿尼亚尼亚运动诞生以来，南方人民要求独立的呼声从未消失过。20 世纪 80 年代末，南北分裂的相关言论已甚嚣尘上，然而，苏丹人民解放运动的领导却对此充耳不闻。例如，从 1986 年 7 月 1

---

① Ann Mosely Lesch, "Confrontation in the Southern Sudan", *The Middle East Journal*, Vol. 40, No. 3, 1986.

② Ibid..

③ Ibid..

④ John Garang, Edited and Introduced by Mansour Khalid, The Call for Democracy in Sudan, London: Kegan Paul international, 1992, p. 59.

日成立至1991年分裂，最高军事指挥部没有举行过一次会议。① 唯一负责的机构——最高军事政治指挥部一直有名无实，这是1991年纳西尔（Nasir）分裂的真正原因。

1994年，在南方第一次国民大会（National Convention）上，加朗清晰阐述了苏丹人民解放运动的战略，对战争的结果提出了五种模式：

（1）一个世俗的、民主的新苏丹；
（2）先建立一个临时的邦联国家，最终建立一个新苏丹；
（3）一个由喀土穆威权主义者领导的"旧苏丹"；
（4）一个统一的黑非洲苏丹；
（5）通过公投南方实现独立。②

由加朗提出的五种模式可以看出，苏丹人民解放运动并没有放弃南方独立的诉求，这也是一直以来南方独立思想的继续。建立一个世俗的、民主的新苏丹是苏丹人民解放运动的目标。但是，一旦喀土穆无法实现这个目标或者统一对于南方人民来说没有吸引力，南方就可以选择独立。这也是加朗的智慧所在。

第二次内战期间，尽管苏丹人民解放运动的目标是革命，南方大众的决定性主张却是分立。③ 加朗强大的个人魅力和在苏丹人民解放运动的权威统治使该组织的目标一直停留在统一、民主、世俗的苏丹上。加朗的提法与国际形势有关：苏丹的邻国不主张南方独立。但是，从以上加朗提出的五种模式可以看出，自20世纪90年代后期开始，他的思想中已经播下了南方独立的种子。苏丹人民解放运动提出的建立一个统一、世俗、民主的新苏丹的口号带有强烈的机会主义色彩，也给自己的独立诉求罩上了

---

① Issam AW Mohamed, *Oil and War, Cooperation and Development in the Two Sudanese Nations, Crisis of a Nation*, Made in the USA, San Bernardino, CA, 2014, p. 30.
② Matthew LeRiche and Matthew Arnold, *South Sudan: From Revolution to Independence*, Oxford: Oxford University Press, 2012, p. 35.
③ Ibid., p. 25.

令人同情的外衣。

加朗经常开玩笑地说:"既然没有人愿意娶丑陋的女人,既然南方人民最终可以选择统一或独立,南方人民只会选择符合自身利益的事情。苏丹是一个压迫性的政府,没有人愿意娶她。"① 加朗是一个革命者,然而大多数游击队员是分立主义者。大部分南方人民已经接受了新苏丹的某些观点,主要是还需要克服历史的非正义性,但是几乎没有人愿意为统一的苏丹而战。对于大部分苏丹人民解放军成员来说,值得为之奋斗的目标是南方的分立及免受阿拉伯人统治的自由。② 加朗的这种做法不仅使南方公投合情合理,而且使南方人民的武装斗争在国际社会上占有道德优势。因为苏丹人民解放运动/军的目标是统一的,如果苏丹分裂了,那么罪在喀土穆。

2005年《全面和平协议》承认了南方的自治权,承认苏丹是一个多文化、多种族、多部族、多宗教以及多语言的国家。国家大会党和苏丹人民解放运动对石油等问题也达成了协议,对阿卜耶伊冲突、南科尔多凡州和青尼罗河州冲突也有涉及。但是,《全面和平协议》对于"新苏丹"具体是什么却没有明确说明,这实际上蕴含着分立的风险。如加朗所言,喀土穆只有达到苏丹人民解放运动/军建立统一、世俗、民主的"新苏丹"的要求,苏丹才不会分裂;否则,就会分裂。《全面和平协议》签订后,不论是苏丹中央政府还是苏丹人民解放运动都没有通过实质性的工作向人民表明统一带来的好处。苏丹人民解放运动将国家大会党描述为敌人,而不是合作伙伴,成功地激发了南方人对国家大会党的敌意。任何人只要提到国家大会党是伙伴就会被侮辱或被称为叛徒。③ 双方忽略的

---

① Matthew LeRiche and Matthew Arnold, *South Sudan: From Revolution to Independence*, Oxford: Oxford University Press, 2012, p.37.

② Ibid., p.39.

③ Issam AW Mohamed, *Oil and War, Cooperation and Development in the Two Sudanese Nations, Crisis of a Nation*, Made in the USA, San Bernardino, CA, 2014, p.30.

另一个事实是，根据《全面和平协议》第一章《马查科斯宣言》有关自决权的规定，过渡期内双方应当共同合作，在协议条款下改善机构、完善安排，使统一的苏丹对南方人民来说具有吸引力。①然而却没有多少国家大会党和苏丹人民解放运动的成员遵守并执行该条款，双方也没有像协议规定的那样联合起来共同工作，使统一具有吸引力。事态正悄悄地向另一个方向发展。

苏丹人民解放运动如果希望进行一些项目开发和政治设计的话，那么过渡期就是其黄金时期。然而，尽管有大量资金流入南方地区政府，苏丹人民解放运动仍鲜有所为。可以说，在苏丹人民解放运动治理时期，南方没有什么成就可言。南方地区政府到处充斥着腐败、动荡及对国家事务的不停干涉。譬如，90%的预算资金被投放在朱巴，南方其他10个州只有10%的预算资金。在政治层面上，政府也没有营造政党政治活动的民主环境。

自20世纪50年代中期英国将南北苏丹合并为一个国家开始，南苏丹人民的独立意识就一直存在，他们一直没有放弃对民族自决权的追求。南方的民族主义源于对自身被边缘化及被剥削的反抗，从阿尼亚尼亚运动到苏丹人民解放运动，这股暗流一直在涌动。只是由于国内外环境的变化，建立独立国家的呼声与争取民族自决权的呼声此消彼长。但是，往往被忽略的一点是，民族自决权与建立独立国家之间只有一步之遥，因为民族自决权的前提就是"一个民族一个国家"。1972年《亚的斯亚贝巴协议》签订后，南方获得了有限自治。1997年，马查尔与喀土穆政府签署的《喀土穆协议》虽然承诺让南方人通过公投实现民族自决权，但是它事实上只是一纸空文。最后是加朗不仅让南方在过渡时期自治，而且在过渡期结束后，还让南方人民通过公投决定自己的命运。2011年1月，南苏丹人民就自身地位举行了全民公投，苏丹人民解放运动的宣传材料

---

① The Comprehensive Peace Agreement Between The Government of The Republic of The Sudan and The Sudan People's Liberation Movement/Sudan People's Liberation Army, http: www.unmis.unmissions.org/Portals/UNMIS/Documents/.../cpa-en.pdf, p. 8.

倡导的是"为分立投票，为自由投票"。[①] 2011年1月9日南方举行全民公投，99%的南方人选择独立，此乃水到渠成之事。

2011年1月的南方公投是南方民族主义最清晰的表现，代表了一种成熟的认同。然而，正如国际危机组织所感叹的，南方人民几乎无一例外地选择独立是基于"集体反对"，而不是任何"内在的一致"。[②] 2011年7月南苏丹独立前，南方政治家宣称，南方的正式反抗源于1820年，直至2011年结束。在这191年的历史中，南方人民微小认同的出现强化了对外部"统治"的反抗。正如弗朗西斯·M.登（Francis M. Deng）所言："正是对北方威胁的反应，南方人民形成了新的认同。这种认同吸收了西方的和基督教的价值观，而南方的苏丹人民解放运动/军使这一进程达到顶点。"[③] 南方的民族主义是在北方的反抗中形成的，这就意味着这种民族主义缺乏合理的内核。一旦北方敌人消失，这种民族主义便失去了其存在的理由，南方有可能会陷入四分五裂之中。

[①] Matthew LeRiche and Matthew Arnold, *South Sudan: From Revolution to Independence*, Oxford: Oxford University Press, 2012, p.56.

[②] Ibid., p.227.

[③] Ibid., p.206.

第 二 章

苏丹与南苏丹之间石油纷争的原因

第一节 石油与苏丹

一 苏丹经济的二元对立

资本主义向其他地区的扩张形成了世界体系中的中心与边缘模式。广大第三世界成为边缘的依附地区，处于欠发展状态。欠发展状态是原有的自然经济或半自然经济受制于外来因素或外在发展机制而造成的畸形状态，即原有的生产方式被扭曲为殖民地或半殖民地方式，并形成某种特殊的停滞与贫困，或造成某种片面的依附性增长，即某种非自主性发展。[1] 在英国的殖民统治下，苏丹成为以棉花种植为主的国家，经济发展长期处于畸形状态，并且形成了二元性的经济结构与特征。

二元性是苏丹经济的典型特征，它不仅表现为传统部门与现代部门的对立、农业与工业的对立，而且南方与北方的对立也非常突出。如前所述，苏丹独立后继承的是英国遗留下来的经济体系，成为一个高度依赖单一农作物的国家，棉花是其国民收入的主要来源。与棉花种植业相比，重工业发展严重滞后。并且直到20世纪

---

[1] 罗荣渠：《现代化新论——中国的现代化之路》，华东师范大学出版社2012年版，第134页。

70年代，这种情况仍然没有改变。1971年，农业占苏丹GDP的比例为40%，农产品和初级产品的出口占苏丹GDP的很大一部分（1971年比例为25.4%）。[①] 从50年代至70年代中期，苏丹发展最快的是农业，无论是农作物产量，还是播种面积都有了很大的提高（参见表2—1）。

表2—1　苏丹农业生产的增长（1955/1956年至1974/1975年）

	产量增加百分比%	1974/1975年度生产（千吨）	栽种面积1974/1975（费丹）
棉花	166	670	1168
高粱	186	1875	5764
花生	2731	991	1987
芝麻	1805	362	620
总数	—	4169	11515

资料来源：《经济概况1957》《经济概况1974》，苏丹民主共和国，转引自 Francis A. Lees and Hugh C. Brooks, *The Economic and Political Development of the Sudan*, London: The Macmillan Press Ltd, 1977, p.33。

由表2—1，1955/1956至1974/1975年期间，苏丹棉花种植产量增加了166%，高粱、花生、芝麻的分别是186%、2731%、1805%。作为外汇收入的主要来源，农业对苏丹经济具有战略意义，对苏丹的兴衰有着巨大的影响。农业对GDP的贡献接近40%，占商品出口的90%，为当地工业发展提供了大宗原材料，为3/4的劳动力提供了就业机会。[②]

苏丹出口的商品几乎都是农产品：棉花占出口的55%—60%；油种子占出口的17%；油渣饼占出口的6%；阿拉伯树胶占出口的

---

① Francis A. Lees and Hugh C. Brooks, *The Economic and Political Development of the Sudan*, London: The Macmillan Press Ltd., 1977, p.28.

② Ibid., p.42.

8%—10%；畜产品占出口的7%。① 苏丹独立时，工业占其GDP的比重微不足道。由于政府的扶持，1966—1968年，工业占GDP的比重上升至8%，1970—1972年，则接近10%。② 一直以来，制造业在苏丹GDP中所占的比重较小，农业和服务业的比重较大，农业和服务业也因此吸收了大量的劳动力。

苏丹独立后20年，英国殖民者遗留下来的重农轻工的经济结构仍然没有改变，苏丹经济呈现出农业发展较快，工业发展相对不足的二元局面。与这种局面相对应的另外一个二元性是工业投资和地理分布的二元性。尽管苏丹工业发展较慢，但是，国家有限的工业却集中在北方，南方几乎不在被考虑范围之内。国家的这种发展模式强化了南北二元的地理格局。1966年，苏丹70%的工业企业集中在喀土穆、北喀土穆和恩土曼三镇。1970—1971年的政府工业年鉴显示：1966—1971年，工业企业集中于北方的情况没有发生改变（参见表2—2）。③

由表2—2可以看出，20世纪70年代，喀土穆省在企业数目、总生产、附加值、人数及固定投资等方面遥遥领先，南方三省被远远地抛在后面。以企业为例，喀土穆省集中了全国73.2%的企业，加扎勒河省的比例仅为0.5%，南方其他两省——青尼罗河省、上尼罗河省没有什么企业，也不在统计范围内。从固定投资来看，仍然是喀土穆省位于前例，几乎接近全国投资的一半，南方的加扎勒河省为0.9%。南方是苏丹最不发达的地区，也是被忽略的地区。

20世纪70年代，苏丹可以被看作一小撮半现代化的城镇，它被广大落后的、深受传统主义影响的农村地区包围。苏丹发展的主要挑战是它的许多地区在地理上是孤立的。苏丹广袤的领土及其内

---

① Francis A. Lees and Hugh C. Brooks, *The Economic and Political Development of the Sudan*, London: The Macmillan Press Ltd., 1977, p. 43.
② Ibid., p. 69.
③ Ibid., p. 74.

表 2—2　苏丹制造业的地理分布

省	企业 数目(家)	%	总生产 数额(千苏丹镑)	%	附加值 数额(千苏丹镑)	%	人数 人数(人)	%	工资 数额(千苏丹镑)	%	固定投资 数额(千苏丹镑)	%
喀土穆省	153	73.2	54144	66.1	16885	61.5	27653	64.6	8693	67.2	48451	47.2
青尼罗河省	18	8.6	13319	16.3	5232	19.1	8541	19.9	1850	14.3	24935	24.3
科尔多凡省	16	7.7	1366	1.7	545	2.0	928	2.3	202	1.6	2661	2.6
达尔富尔省	3	1.4	157	0.2	31	0.1	124	0.3	10	0.1	170	0.2
北方省	5	2.4	2146	2.6	859	3.1	1140	2.7	379	2.9	4575	4.4
卡萨拉省	13	6.2	10398	12.7	3772	13.7	4164	9.7	1691	13.0	20688	20.4
加扎勒河省	1	0.5	362	0.4	127	0.5	263	0.6	122	5.9	924	0.9
	209	100	81892	100	27451	100	42823	100	12947	100	102704	100

资料来源：苏丹民主共和国，工业部，《1970—1971 年工业年鉴》，转引自 Francis A. Lees and Hugh C. Brooks, *The Economic and Political Development of the Sudan*, London: The Macmillan Press Ltd., 1977, p.75。

部大量的贫瘠地区对现代化社区的融合来说是恒定的障碍。[①] 这就意味着，如果苏丹自独立以来的发展模式不改变，这个国家将会由于经济发展的不平衡导致地区间的差距拉大，并且加深业已存在的各种矛盾。

有学者将苏丹经济发展分为三个阶段。各阶段的特点、农业、制造业、国内储蓄和金融、贸易支付差额的状况参见表2—3。由表2—3可以看出，直到1985年，工业占苏丹GDP的比重为15%，制造业吸收了4%—5%的劳动力。直到20世纪90年代末，苏丹实现石油出口以后，农业与工业所占GDP的比重才有所变化。农业占GDP的比重由1990年的30.3%上升至1999年的49.8%之后，又下降至2009年的31.1%；服务业占GDP的比重由1990年的54.5%下降至1999年的34.4%，之后又上升至2009年的45%；工业占GDP的比重由1990年的15.4%上升至1999年的15.8%，到2009年达23.9%。[②]

表2—3　　　　　　　　　苏丹工业化发展阶段

阶段	前工业化时期（1965年前）	工业初现（1965—1985年）	现代工业发展（1985—?）
农业	现代农业方法推广到选定项目	现代农业栽培面积的扩大，相关加工业的发展，进口替代，土地和其他资源配置，南方农业的恢复	全国各地使用现代农业技术，旨在出口的商业化农业扩展
制造业和就业	公司活动有限，工业产值占GDP的5%以下。制造业就业人数很少	工业出口迅速增长，大约占GDP的10%，从事制造业的劳动力迅速增加	工业多样化，工业产值占GDP的15%，制造业雇用了4%—5%的劳动力

---

① Francis A. Lees and Hugh C. Brooks, *The Economic and Political Development of the Sudan*, London: The Macmillan Press Ltd., 1977, p.141.

② Samia Mohamed Nour, *Technological Changes and Skill Development in Sudan*, Berlin, Heidelberg: Springer, 2013, p.20.

续表

阶段	前工业化时期 （1965年前）	工业初现 （1965—1985年）	现代工业发展 （1985—?）
国内储蓄和金融	储蓄有限，占GDP的10%以下。银行发展处于早期，海外银行在这一时期的地位十分重要	适度储蓄，银行部门的扩展快于GDP的增长	储蓄足以满足国内投资的需求。金融机构多元化
贸易支付差额	贸易逆差，资本盈余，外债负担较轻	小额贸易逆差，资本盈余，大量外债	贸易账户余额，从海外借款实现外汇收支平衡。大量外债
政府政策	农业的扩张及新型加工业的出现；鼓励投资；保护性关税，即提高出口关税	消费品自给自足；进口替代；刺激投资（主要是财政上）；税收构成发生变化	统一国内市场以实现规模经济，对工业实行收入和利润税补贴，刺激出口

资料来源：Francis A. Lees and Hugh C. Brooks, *The Economic and Political Development of the Sudan*, London: The Macmillan Press Ltd, 1977, p.138。

苏丹经济发展较为缓慢，现代化成就很小。之所以会出现这种情况，除了英国殖民统治的影响外，制约苏丹经济发展的另外两大因素是缺乏合理的制度及长期的、可持续的经济发展计划。自摆脱殖民统治以来，苏丹政局一直不稳。在这仅仅半个多世纪的时间里，苏丹先后出现过三次文官政府和三次军人政权。除政治动荡以外，苏丹南北曾经爆发过两次内战。第一次内战于1955年爆发，1972年结束；第二次内战于1983年爆发，2005年结束。持续性的地区冲突严重影响了国家经济发展。即使在2011年南苏丹独立后，苏丹达尔富尔地区、南科尔多凡州和青尼罗河州的冲突也一直没有得到解决。这些都成为影响国家经济发展的掣肘因素。

苏丹人口较多，经济发展水平较低。联合国开发计划署和世界银行将苏丹列入中等偏下收入国家，即贫穷国家和高负债率国家。联合国开发计划署人类发展指标（UNDP-HDI）显示，苏丹在平均寿命、识字率和入学率这三个方面都低于其他阿拉伯国家。而且，苏丹一直深受宏观经济不稳之害，此外还有高贫穷率、失业率及债务问题等。[1]

1990年，国际货币基金组织发布声明称，由于苏丹政府一直拖欠债务及相关服务费用，因此宣布苏丹为不宜合作的国家。苏丹同意将于1997年偿还债务，并且按照国际货币基金组织的要求进行改革。1999年8月27日，即苏丹实现第一次原油出口后几天，国际货币基金组织宣布撤销声明。[2]

自1956年独立以来，苏丹经济发展缓慢，人均收入低，失业、不平等、贫穷一直伴随着这个国家。但是，20世纪90年代末，随着石油的发现，苏丹从低收入国家变为中等收入国家。根据联合国开发计划署数据，在全球金融危机爆发前，尽管有美国制裁，苏丹仍是全球发展最快的国家之一。苏丹的毛GDP（nominal GDP）从99亿美元（国际货币基金组织1980年数值）上升至579亿美元。增长率从2003年的7.1%上升至2007年的10.2%。[3] 苏丹经济的快速增长得益于石油及相关产业的推动。

二 石油对苏丹的影响

（一）石油对苏丹经济的积极影响

石油的出现改变了苏丹的经济结构，加快了苏丹经济的发展。根据世界银行的报告，苏丹是世界上新兴的产油国之一，也是撒哈拉以南除了尼日利亚和安哥拉以外的第三大产油国。[4] 2001年以后，

---

[1] Samia Satti Osman Mohamed Nour, "Assessment of the Impact of Oil: Opportunities and Challenges for Economic Development in Sudan", *African Review of Economics and Finance*, Vol. 2, No. 2, Jun. 2011.

[2] Jemera Rone, "Oil & War", *Review of African Political Economy*, Vol. 30, No. 97, The Horn of Conflict, Sept. 2003.

[3] Issam AW Mohamed: *Oil and War, Cooperation and Development in the Two Sudanese Nations Crisis of a Nation*, Made in the USA, San Bernardino, CA, 2014, p. 142.

[4] Ibid., p. 115.

苏丹经济增长的主要动力是石油管道、炼油厂、基础设施、发电站及水坝的修建。

首先，石油对 GDP 的增长有积极的影响。2002 年，苏丹实际 GDP 的增长率是 5%；2003 年，这一数字是 5.6%。与此同时，通货膨胀急剧下降，由 1991—1996 年间的 110% 下降至 2002 年间的 8.3%，2003 年降为 7.7%。[①] 2004—2008 年，石油刺激了苏丹 GDP 的增长，增长率达 8%，并且还带动了喀土穆及尼罗河流域建筑业和服务业的发展。[②] 1990—2007 年苏丹的 GDP 见图 2—1。1999 年苏丹 GDP 为 3000 万苏丹镑，2007 年跃为 1.1 亿苏丹镑。由图 2—2 可见，1998 年以来，苏丹 GDP 年增长率一直在 6% 以上。由图 2—3 可见，1990—2008 年，苏丹人均 GDP 一直呈上升趋势，1998 年大约为 1000 苏丹镑，2008 年达到 3200 苏丹镑。

其次，石油生产满足了国内需求，增加了政府收入，而且政府可以将原本用于进口石油的经费用来发展其他项目。伴随着石油的出口，政府的石油收入也不断增加。石油生产的提高带来喀土穆政府收入的增长。喀土穆政府对石油业的投资也随之上升。2000 年，政府投资的比例为 23%，2005 年上升为 75%；正是由于石油收入，苏丹政府才能在建设喀土穆炼油有限公司时承担一半的开支。[③] 在政府总收入中，石油收入从 2000 年的 43% 上升为 2006 年的 50% 乃至 2008 年的 66%。尽管政府一直努力扩大非石油收入的份额，1999—2004 年间，石油收入占总收入的比重仍然是 50%，2009 年，由于全球经济危机的影响，这才下降为 34%。[④]

[①] Benaiah Yongo-Bure, *Economic Development of Southern Sudan*, Lanbam: University Press of America, 2007, p. 82.

[②] Luke Patey, *The New Kings of Crude, China, India, and the Global Struggle for Oil in Sudan and South Sudan*, London: Hurst & Company, 2014, p. 169.

[③] Samia Mohamed Nour, *Technological Changes and Skill Development in Sudan*, Berlin, Heidelberg: Springer, 2013, p. 28.

[④] Ibid., p. 31.

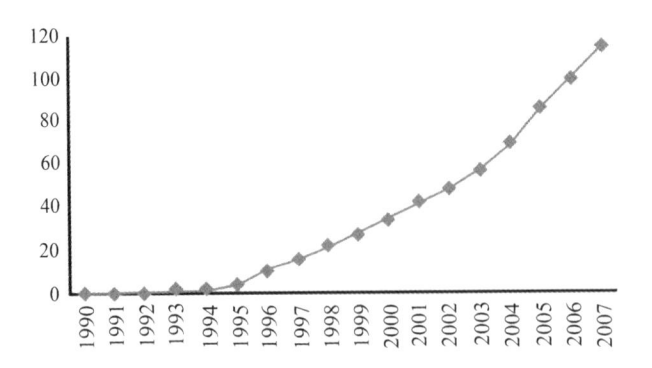

图 2—1　1990—2007 年苏丹的 GDP（百万苏丹镑）

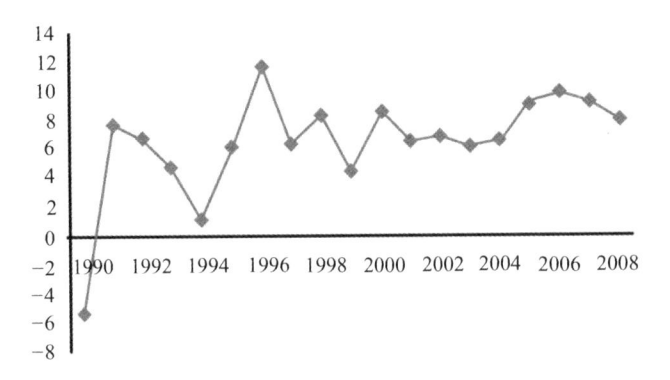

图 2—2　苏丹 GDP 的增长率 1990—2008 年（%）

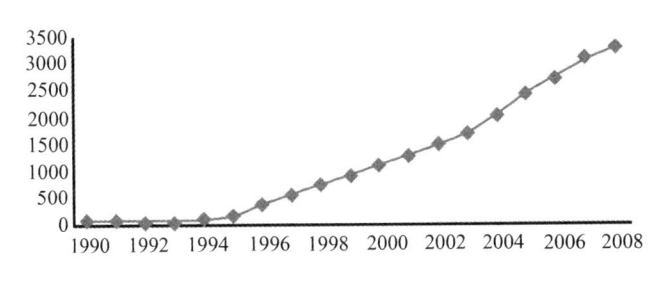

图 2—3　1990—2008 年苏丹人均 GDP（苏丹镑）

资料来源：选自苏丹中央统计局：苏丹内务部—中央统计局：苏丹统计年鉴：苏丹统计 1990—2008：第 39—43 页。转引自 Samia Mohamed Nour, *Technological Changes and Skill Development in Sudan*, Berlin, Heidelberg: Springer, 2013, p.22。

1991—2008 年苏丹石油生产和消费情况参见图 2—4。1999 年后,苏丹的石油生产和消费均呈上升态势,石油生产远远高于石油消费。

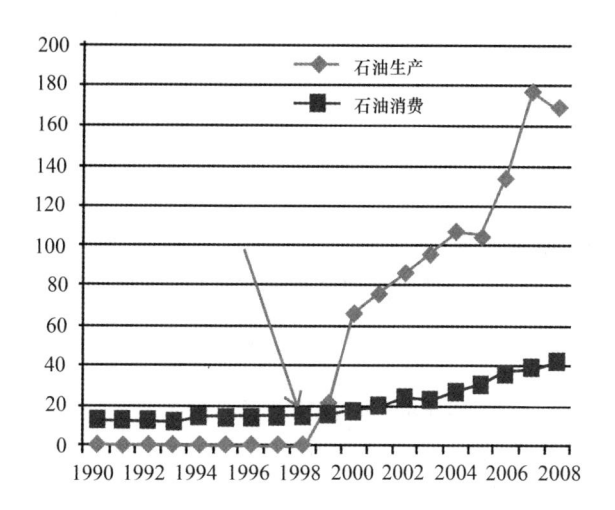

图 2—4　1991—2008 年苏丹的石油生产和消费(百万桶)

资料来源:Samia Mohamed Nour, *Technological Changes and Skill Development in Sudan*, Berlin, Heidelberg:Springer, 2013, p. 28。

再次,苏丹的石油出口扩大对外贸易,使出口量及结构发生了变化,并且实现了贸易平衡和国际收支平衡。1999 年,石油管道完工后,出口量急剧增长。苏丹不再进口价格昂贵的石油,这有利于实现贸易平衡。自 20 世纪 90 年代起,外国投资急剧增长,且绝大多数集中在石油部门。[1] 石油出口占总出口的 95%,2000—2009 年间,它对贸易差额有着积极影响,这段时间里,长期的赤字在 2000、2003、2004、2007、2008 年转变为财政盈余。[2] 尽管苏丹的财政状况一直在恶化,但是石油收入却一直在增长。关于 2001—

---

[1] Benaiah Yongo-Bure, *Economic Development of Southern Sudan*, Lonham:University Press of America, 2007, p. 82.

[2] Samia Mohamed Nour, *Technological Changes and Skill Development in Sudan*, Berlin, Heidelberg:Springer, 2013, p. 29.

2007年苏丹收入支出与财政赤字情况,石油出口与财政赤字情况参见图2—5、图2—6。

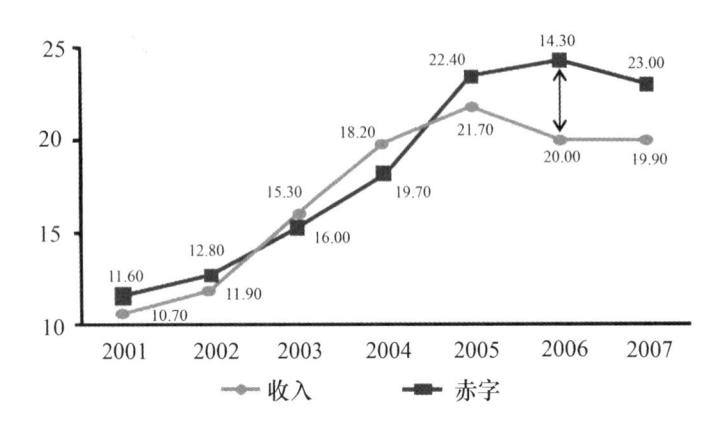

图2—5 苏丹的收入支出和财政赤字(% of GDP)

资料来源:Samia Mohamed Nour, *Technological Changes and Skill Development in Sudan*, Berlin, Heidelberg: Springer, 2013, p. 34。

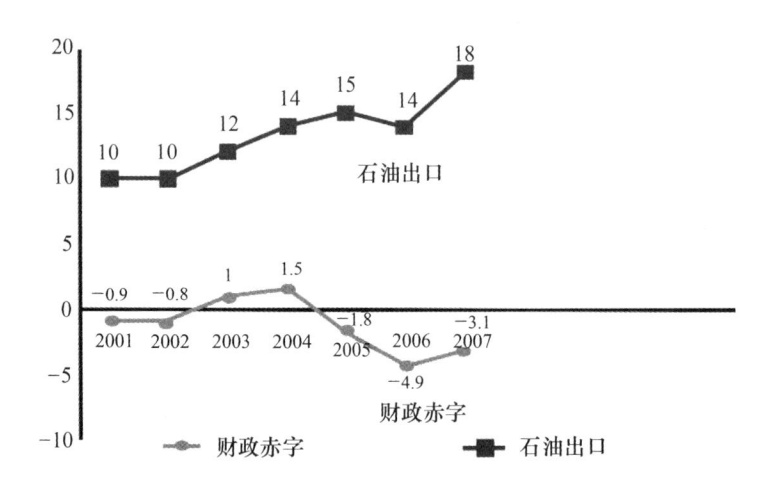

图2—6 苏丹的石油出口和财政赤字(% of GDP)

资料来源:Samia Mohamed Nour, *Technological Changes and Skill Development in Sudan*, Berlin, Heidelberg: Springer, 2013, p. 34。

最后,石油的开发改变了苏丹的经济结构,使苏丹从主要依赖农业增长和出口转变为对石油的依赖。石油也带来了外国直接投资的增加。1999年，石油的开发刺激了外国投资。例如，由《阿拉伯人类发展报告》(*The Arab Human Development Report*)（2003），净外国直接投资从2000年的3.92亿美元上升为2001年的5.74亿美元；而且投资量也在扩大：1996—2004年，从2.51亿美元上升为13.81亿美元，增长率接近500%。[①] 然而，外国直接投资主要集中于能源和矿产部门，工业、农业和服务业所占比重较小。1996—1999年，苏丹工业占国民经济的比重为9%，农业为46%，服务业为45%；随着石油的开采及出口，2004—2007年，石油占国民经济的比重为15%，农业比重下降为32%（参见图2—7）。图2—8表明了石油部门和非石油部门对GDP的贡献。

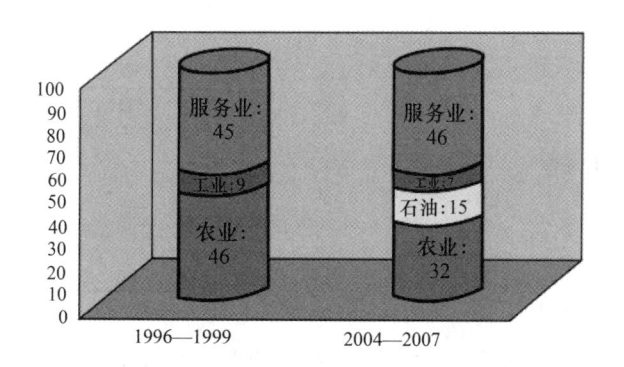

图2—7 苏丹经济结构的变化（%）

资料来源：Samia Mohamed Nour, *Technological Changes and Skill Development in Sudan*, Belin, Heidelberg: Springer, 2013, p.30。

然而，不像其他石油经济体，石油对苏丹非石油部门（农业、工业和服务业）的影响有限，苏丹GDP的组成清楚地说明了这一点。由于石油在苏丹GDP中所占比重上升，"其他工业部门"（包括石油业、采石和采矿业、制造业、电力、水和建筑部门）占GDP的比重在2008年上升至32.3%；1999—2004年，这一比例为

---

① Samia Mohamed Nour, *Technological Changes and Skill Development in Sudan*, Berlin, Heidelberg: Springer, 2013, pp. 31–32.

21.7%;农业和服务业的比重在下降,这表明短期内石油对农业和服务业的影响有限,但是长期来看,这些部门都会从石油发展中受益。[①] 2005—2010年,苏丹石油收入是57亿美元,几乎占政府总收入的60%。[②] 世界银行报告:1999—2008年,苏丹经济增长了5倍;石油带动基础设施建设,包括道路网的建设增加了1倍;发电能力提高;入学率的陡升。[③] 尽管如此,苏丹经济仍然主要是农业经济,农业吸收了80%的劳动力。农业生产的增长率是4%,2001—2005年其对苏丹GDP的贡献是40%。苏丹农业整体上比较落后,[④] 大部分农场靠雨水灌溉,易受干旱影响。苏丹仍然属于落后国家。

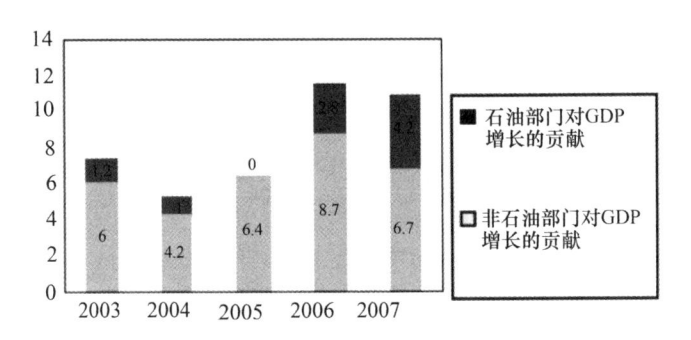

图2—8 石油和非石油部门对GDP增长的贡献

资料来源:Samia Mohamed Nour, *Technological Changes and Skill Development in Sudan*, Belin, Heidelberg: Springer, 2013, p.30。

---

① Samia Satti Osman Mohamed Nour, "Assessment of the Impact of Oil: Opportunities and Challenges for Economic Development in Sudan", *African Review of Economics and Finance*, Vol.2, No.2, Jun. 2011.

② Luke Patey, *The New Kings of Crude, China, India, and the Global Struggle for Oil in Sudan and South Sudan*, London: Hurst & Company, 2014, p.187.

③ World Bank, *The Road towards Sustainable and Broad-Based Growth*, 2009, p.1. https://openknowledge.worldbank.org/bitstream/handle/10986/3183/547180ESW0P07610public0distributionpdf?sequence=1.

④ ECOS (European Coalition on oil in Sudan), *Fact Sheet II The Economy of Sudan's Oil Industry*, Oct. 2007, p.16, http://www.ecosonline.org/reports/.../ECOSfactsheetIIOctober2007.p..., p.1.

毫无疑问，石油是苏丹政府收入的主要来源和经济增长的动力。由于石油勘探，苏丹的经济结构已经发生了变化：从对农业出口和增长的依赖转变为对石油部门的依赖。从短期、中期来看，石油决定着苏丹的方方面面：石油是南方进行公投后影响两者关系的关键因素；几乎所有的产油区都有冲突，而且靠近南北边界，部署重兵；石油占国家预算的58%，占南方政府收入的93%；石油收入占政府外汇的90%，而且这部分石油收入需要为357亿美元的国际债务服务。[1] 由此可见，石油对苏丹的意义非同小可。

自从石油出现以来，苏丹经济得到改观。石油财富促使苏丹政府进行了大规模的社会基础设施建设。苏丹的道路网从2000年的335.8万千米上升至2008年的621.1万千米；同一时期，苏丹的发电能力也提高了两倍，从2269兆瓦上升至5506兆瓦；在这八年的时间里，小学生的入学率也急剧上升，小学入学人数从330万人上升至530万人。[2]

（二）石油开发对南北内战的影响

不得不承认的事实是苏丹长期内战基本上是因为石油。政府间发展组织（Intergovermental Authorityon Development，IGAD）的原则宣言在2001年10月26日的政策声明中有所体现，给出了战争的一系列关键性因素——民主、人权、宗教和国家、自决权等。但是，现在石油已成为战争的一部分，评估委员会不得不思考当前的石油开发是恶化了战争，还是有利于和平。[3] 显然，石油是恶化了苏丹政府与苏丹人民解放军之间的战斗。石油未被发现之前，苏丹

---

[1] ECOS（European Caolition on oil in Sudan），*Sudan's Oil Industry after the Referendum*，Conference Report，December 2010，http：//www.ecosonline.org/reports/2011/%5Eindex.html/Oil_conference_report_Dec2010.pdf.html，p. 8.

[2] World Bank，*The Road Towards Sustainable and Broad-Based Growth*，2009，pp. 1 – 2，https：//openknowledge.worldbank.org/bitstream/handle/10986/3183/547180ESW0P07610public0distributionpdf? sequence=1，2014 – 11 – 04.

[3] ECOS（European Coalition on Oil in Sudan），*Documentation on the Impact of Oil on Sudan*，29 May 2001，p. 6. http：//www.ecosonline.org/.../documentationimpactoilsudan.pdf.html.

政府与南方叛军的战斗处于胶着状态。1998年，苏丹的石油收入为零。四年后，石油收入成为政府收入的主要来源。当年，苏丹政府的石油收入超过8亿美元。石油给苏丹政府带来了滚滚财源，2001年，军费开支占石油收入的60%，军费支出上升了4倍。

苏丹政府利用石油收入购买武器。表2—4展示了1999—2002年间，苏丹的石油收入与军费开支的关系。2000年，苏丹总统巴希尔宣布，苏丹将利用石油收入建立自己的军工企业。苏丹2001年的军费开支为902亿第纳尔（3.49亿美元），占当年石油收入的60%还多。2001年，苏丹石油收入是1497亿第纳尔（5.802亿美元）。[①] 同年，苏丹利用石油收入从俄罗斯购买了22辆装甲战车和12架武装直升机；一年后，又从俄罗斯购买了8辆装甲战车，四架武装直升机，从白俄罗斯购买了14架大口径火炮系统。[②] 石油收入不仅为苏丹的武器进口提供了滚滚财源，也为本国的武器生产提供了充足资金。

表2—4　　苏丹政府的石油收入和军费支出（1999—2002）

（单位：10亿第纳尔/百万美元）

	1999	2000	2001	2002
政府总收入	205.5/799.9	326.3/1.267	370.0/1.415	470.7/1.798
政府石油收入	15.7/61.1	140.9/547.4	149.76/572.6	210.7/805.1
石油收入占总收入的百分比	7.64	43.18	40.45%	44.76
政府支出	227.2/884.4	349.9/1.359	401.1/1.534	503.4/1.923
政府军费支出	62.2/242	64.6/250.9	90.2/345	81.85/312.7
军费支出占石油收入百分比	27.38	45.8	60.25	38.8

资料来源：Human Rights Watch, *Sudan, oil and Human Rights*, Brussels, London, New York, Washington, D.C., p.458。

[①] Human Rights Watch, *Sudan, Oil and Human Rights*, Brussels, London, New York, Washington, D.C., p.80.

[②] Ibid., p.474.

伴随着石油的开发和政府收入的增长。苏丹的基督教教会开始指责政府并谴责外国石油公司缺乏正义。他们声称:"自1999年石油开采以来,苏丹政府没有利用石油收入为人民谋福利,尤其是为那些在历史上一直遭到忽略的油田周围的人民谋福利。相反,政府利用石油收入购买武器,对付油田周围的人们,导致其流离失所。喀土穆政府认为可以通过军事手段解决冲突。而且,政府正在使用多国石油公司修建的道路及简易机场对平民目标进行轰炸……"①

1999年10月26日,加拿大政府做出关于苏丹政策的声明,暗示基于人权原因将对苏丹进行制裁。随后派出顾问约翰·哈克(John Haker)率领的加拿大政府人权代表团访问苏丹,调查石油勘探是否恶化内战。报告的结论是肯定的。2002年2月,报告团声称:"我们能够得出的唯一结论是,苏丹是一个'苦难深重'的国家。人权状况糟糕。虽然苏丹政府在人权方面取得了一些进步。但是,加拿大公司进行的石油开采加深了人民的苦难。"②

苏丹是世界上最不发达的国家之一。它是从一穷二白的基础上起家的,尽管这些年来,苏丹经济出现了强劲的增长态势,但是,其仍面临着难以克服的经济挑战。由于与其他生产性经济部门几乎没什么联系,石油业的发展并不能增加广大贫苦大众的收入;况且苏丹扶贫支出非常低,仅占GDP的3%,而同一时期非洲的平均水平是7.5%。③ 自1997年以来,在国际货币基金组织的建议下,苏丹一直实行宏观经济改革。南方的独立不仅意味着石油收入大量减少,更加严重的是,南方的独立导致两国石油纷争,这对于本来就

---

① Human Rights Watch, *Sudan*, *Oil and Human Rights*, Brussels, London, New York, Washington, D. C., p. 87.

② Ibid., p. 542.

③ ECOS (European Coalition on Oil in Sudan), *Fact Sheet* Ⅱ *The Economy of Sudan's Oil Industry*, Oct. 2007, p. 1. http://www.ecosonline.org/reports/.../ECOSfactsheetIIOctober2007.p..., p. 1.

十分脆弱的苏丹经济来说，无异于雪上加霜。

对石油的过分依赖导致苏丹面临多重挑战，石油是非再生资源，油价的不确定性令政府收入受到影响，这进一步影响了政府的发展支出。另外，苏丹的经济也面临着多样化的压力。2011年南苏丹的独立使苏丹丧失了绝大部分石油产地，这是一笔非常大的损失。这意味着苏丹需要投资于农业和非石油工业部门。苏丹在达尔富尔、青尼罗河及南科尔多凡的军事行动扩大了财政支出，加重了财政负担，也加重了喀土穆对石油收入的依赖。

第二节　南苏丹共和国面临的威胁与挑战

2005年1月，苏丹政府与苏丹人民解放运动签署了《全面和平协议》，协议规定在6年过渡期结束后南方将举行全民公投。2005年12月，苏丹人民解放运动最高领导人约翰·加朗说："我和我的伙伴们在灌木丛中并肩作战20多年。现在将《全面和平协议》这道大餐送给你们。现在是你们，特别是那些没有机会体验灌木丛生活的人决定自己命运的时刻了。当公投时刻到来时，就是你们决定自己命运的黄金时刻，你愿意在自己的国家作二等公民吗？这绝对是你们的选择。"[1] 2011年1月9日，南方公投顺利进行，99%的南方选民支持南方独立。对此，苏丹总统巴希尔说："就我自己而言，如果苏丹分裂了，我会难过；但同时，如果双方拥有和平的话，我会高兴。如果你们的决定是分裂，我将祝贺你们。"[2]

一　南苏丹共和国概况

南苏丹共和国的面积为644329平方公里，人口大约为1000

---

[1] Issam AW Mohamed: *Oil and War, Cooperation and Development in the Two Sudanese Nations Crisis of a Nation*, Made in the USA, San Bernardino, CA, 2014, p.5.

[2] Ibid., p.7.

万人，其中包括近几年回国的人数及难民数。① 南苏丹共有 10 个州，这 10 个州就是过去 1994 年行政区划以前苏丹的南方三省——加扎勒河省、赤道省及上尼罗河省。长期以来被掠夺的历史和一直以来的欠发达意味着南苏丹共和国在独立时，除了少数知名企业家经营的烟草、棉花、阿拉伯树胶和其他小商品外，几乎没有制造业，也没有重要的企业。② 在过渡时期的尾声，即 2010 年，南方自治区石油增加值占 GDP 的比例是 59.7%，农业、林业和渔业占 14.5%，制造业和采矿业占 2.3%，建筑业占 1.4%，运输业和通信业占 1.9%。从其 GDP 的组成来看，南苏丹的工业基础相当薄弱，这就意味着石油对这个新生国家的发展具有极其重要的意义。

南苏丹独立后，原国家的大量石油产地划归这个新生国家，石油资源的争夺在两国之间成为一个棘手问题。南方独立后 3 年，由于油价的波动，南苏丹的 GDP 一直在波动。从整体上看，以时价计算，南苏丹年均 GDP 为 127 亿美元，人均国民收入也一直在波动，但是，这一时期大约是 1050 美元。按照世界银行的标准，南苏丹的人均国民收入处于世界中等偏下收入国家的末位。南苏丹的 GDP 主要依靠石油及其附加值，它们占据了南苏丹 GDP 的 60%。2008、2009、2010 年，南苏丹自统区石油部门年均增加值为 79 亿美元。③ 在南苏丹的经济结构中，石油占 GDP 的 60%，其余的是自给自足的农业、畜牧业等。南苏丹共和国的经济是高度依赖石油的，非石油经济主要是自给自足的农业和畜牧业。作为从战乱中诞生的国家，南苏丹共和国面临着政治、经济发展的巨大挑战。

---

① *South Sudan: An Infrastructure Action Plan*, *A Program for Sustained Economic Growth*, Tunis-Belvedere: African Development Bank Group, 2013, p. 17.

② Matthew LeRiche and Matthew Arnold, *South Sudan: From Revolution to Independence*, Oxford: Oxford University Press, 2012, p. 177.

③ *South Sudan: An Infrastructure Action Plan*, *A Program for Sustained Economic Growth*, Tunis-Belvedere: African Development Bank Group, 2013, p. 23.

表2—5　　　　　2010年南苏丹自治区GDP来源　　（百万苏丹镑，时价）

部门	值	份额（%）
石油增值	18963	59.7
非石油GDP		
农业、林业和渔业	4604	14.5
制造业和采矿业	723	2.3
建筑业	444	1.4
运输业和通信业	604	1.9
贸易、酒店和旅游	1033	3.3
其他服务		
政府服务	4855	15.3
其他私人服务	542	1.7
小计	5397	17.0
非石油总GDP	12805	40.3
总GDP	31768	100.0

资料来源：South Sudan: An Infrastructure Action Plan, A Program for Sustained Economic Growth, Tunis-Belvedere: African Development Bank Group, 2013, p.24。

南苏丹独立后，借助与国际石油公司签订的合约，其已经拥有了自己的石油基础设施。早在过渡时期，南苏丹就已经建立了石油收入的预算体系及管理模式。鉴于南苏丹共和国面临的一系列威胁和挑战，石油对其意义非同小可。

二　南苏丹共和国面临的威胁与挑战

南苏丹共和国独立后，面临着诸多困难。几十年的冲突导致南苏丹缺乏合理的制度，有效的基础设施和充裕的人力资本。南苏丹的经济是世界上最脆弱的经济，南苏丹共和国也是世界上最不发达的国家。

南苏丹的许多社会发展指数是世界上最低的。根据南苏丹政府最近进行的调查，大约50.5%的人生活在贫困线以下，即每个月消费不到73苏丹镑（每个月36美元，或者每天大约1美元）。农村地区贫困率大约是55%，城市是24%。① 如图2—9所示，全国每个州贫困率在40%以上，北加扎勒河州的贫困率达75.6%，贫困率最低的是上尼罗河州，为25.7%。联合国南苏丹人道主义副协调员李斯·格兰迪（Lise Grande）在经济社会理事会（Economic and Social Council，ECOSOC）组织的会议上宣称：南苏丹人口有900万人是年轻人，他们生活在农村，贫穷，而且是文盲。②

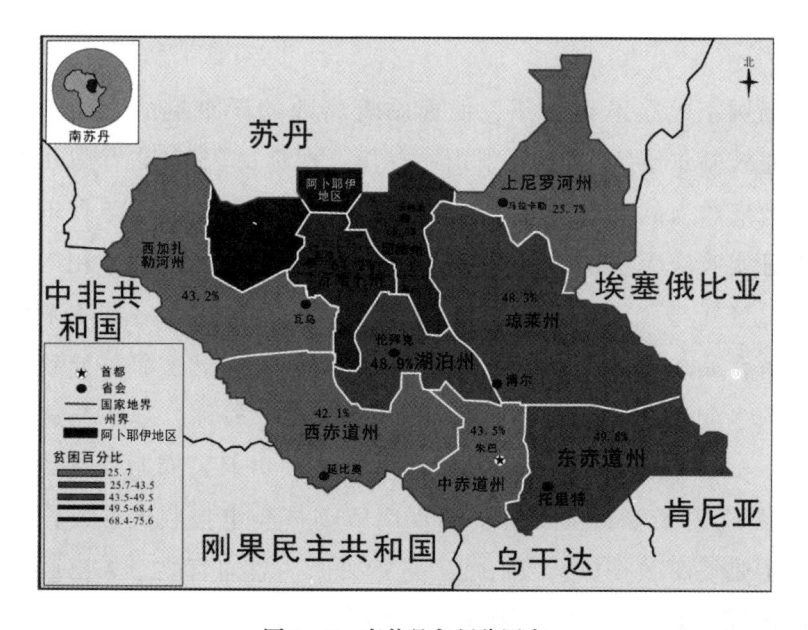

图2—9 南苏丹各州贫困率

资料来源：*South Sudan：An Infrastructure Action Plan，A Program for Sustained Economic Growth*，Tunis-Belvedere：African Development Bank Group，2013，p.25。

除了贫困以外，这个国家的文盲率也很高。只有16%的女性和

---

① *South Sudan：An Infrastructure Action Plan，A Program for Sustained Economic Growth*，Tunis-Belvedere：African Development Bank Group，2013，p.24.

② Issam AW Mohamed：*Oil and War，Cooperation and Development in the Two Sudanese Nations Crisis of a Nation*，Made in the USA，San Bernardino，CA，2014，p.97.

40%的男性识字，在撒哈拉以南的非洲此项数据分别是53%和70%。① 高文盲率带来的问题是人力资源严重不足。根据联合国发展署（United Nations Development Programme，UNDP）的报告，一半的部长职位空缺，50%的政府公务员只接受过初级教育。很多政府职员缺乏必要的工作经历，在用政府的官方语言——英语交流上还存在困难。② 新国家过于依赖一小撮精英来决定国家的制度和政策，而中低级文员的缺乏导致政府部长、领导人对相关事务的严重干涉（或者说对政府部长和领导人的严重依赖），这削弱了政府政策执行的力度。③ 政府部长、官员权力过大，腐败就有了滋生的空间。

新国家成立不到一年，便面临着腐败的严重挑战。2012年5月，总统基尔给75名高官发出一封信，据称这75名高官与几十亿美元政府收入的消失有关。确切数额有待考证，但是南苏丹审计长已经证实政府无法说明至少十亿美元经费的去向。这其中相当大的一部分经费与"3年谷物进口丑闻"有关。这一部分谷物本来是用来缓解食品短缺的，但是南苏丹从来没有收到（此次事件导致财政部的人事变动，但是没有官员因此被起诉）。据称，基尔在这封信中说："我们政府的可信度处在危险之中。"并且宣布对退钱的人实行大赦。④ 尽管法律要求官员向反腐败委员会申报收入、资产、债务，但是反腐败委员会没有能力进行公断。总而言之，朱巴政府面临的挑战巨大，但是能力有限。

尽管南苏丹的农业有很大发展潜力，但是南苏丹人仍主要依赖

---

① *South Sudan：An Infrastructure Action Plan*, *A Program for Sustained Economic Growth*, Tunis-Belvedere：African Development Bank Group, 2013, p. 24.

② Dr. Addis Ababa Othow Akongdit, *Impact of Political Stability on Economic Development：Case of South Sudan*, Bloomington：Authorhouse, 2013, p. 153.

③ Matthew LeRiche and Matthew Arnold, *South Sudan：From Revolution to Independence*, Oxford：Oxford University Press, 2012, p. 142.

④ "South Sudan Officials Have Stolen ＄4 Billions：President", Reuters, Jun. 4, 2012, www.reuters.com/article., 2014 – 09 – 10.

自给自足的农业,依赖雨水灌溉。农业产出不能满足南苏丹人民的需求。冲突,人口的流动,北方的南苏丹人的回归,难民回归及各种各样的自然灾害给南苏丹有限的资源带来了更多的压力,导致其更强烈的人道主义需求。[①] 据联合国统计数字,2010 年 10 月至 2011 年 10 月,从北方返回的难民及回国人员达 34 万人。[②] 南苏丹的人道主义统计数据见表 2—6。

表 2—6　　南苏丹人道主义统计数据一览估计数（2012 年 8—9 月）

南苏丹		
面临粮食不安全威胁的人口数		470 万人
需要紧急粮食援助的人口数		290 万人
2012 年冲突导致的流离失所的人口数		167930 人
自 2010 年 10 月来自苏丹返回南苏丹有证的人口数		661410 人
来自刚果民主共和国的难民数		18000 人
阿卜耶伊离散人口	返回北基尔河的人口数	10030 人
	从北基尔河至南基尔河的人口数	67000 人
自肯尼亚、埃塞俄比亚、乌干达、埃及返回的难民数		83500 人

资料来源：Lauren Ploch Blanchard, *Sudan and South Sudan: Current Issues for Congress and U. S. Policy*, Congressional Research Service, 7 - 5700, p. 36, Oct. 5, 2012。

南苏丹共和国面临着人道主义的严重压力,而其基础设施建设水平却严重落后(参见表 2—7)。从城市人口密度、道路密度、电力供应、自来水供应、卫生服务、每 100 人中的电话用户、每 1000 人中的互联网用户、每 1000 人中的个人电脑用户等各项数据来看,南苏丹名列布基纳法索、布隆迪、厄里特里亚、马拉维、尼日尔、卢旺达之后,足见新国家贫穷落后的状况。考虑到南苏丹糟糕的道

[①] Lauren Ploch Blanchard, *Sudan and South Sudan: Current Issues for Congress and U. S. Policy*, CRS Report for Congress, Oct. 5, 2012, p. 16.

[②] Issam AW Mohamed: *Oil and War, Cooperation and Development in the Two Sudanese Nations Crisis of a Nation*, Made in the USA, San Bernardino, CA, 2014, p. 166.

路状况，雨季时想进入该国大部分地区十分不易。南苏丹的人道主义救援工作是世界上最昂贵的。不少难民营受洪水影响，持续降雨还会导致传染病盛行。然而，由于缺乏全天候到达南科尔多凡和青尼罗河难民营的道路，援助机构不得不以相当高的成本空投物资。联合国难民机构报告声称，难民营婴儿死亡率和营养不良率已经达到临界点。当前，援助机构正在努力工作改善水、卫生条件。团结州的伊达（Yida）难民营是最大的难民聚集地，聚集了从科尔多凡逃来的6万多人。2011年，苏丹武装部队轰炸了伊达难民营，没有伤亡报告。[1]

表2—7　　　　　　　　南苏丹共和国基础设施服务指标

指数	年份	布基纳法索	布隆迪	厄立特里亚	马拉维	尼日尔	卢旺达	南苏丹
人口(百万人)	2009	15.757	8.303	5.244	15.692	15.891	10.277	8.109
城市(%)	2009	18.8	12.1	23.1	25.7	21.4	18.4	26.3
地区(人/1000平方千米)	2009	274	26	101	94	1267	25	644
每平方千米人口（千人）	2009	58	323	52	167	13	417	13
永久耕地占总人数的百分比(%)	2008	0.2	15.2	—	13	—	11.3	
灌溉地占耕地的百分比(%)	2006	0.3	1.5	3.5	22	0.5	0.6	
公路网(千米)	2000—2006	92495	12322	4010	15451	18423	14008	12642
已铺公路网(%)	2000—2006	4.2	10.4	21.8	45.0	20.6	19.0	2.0
道路密度(千米/1000平方千米)	2000—2006	338.1	479.5	39.7	164.2	14.5	567.8	19.6
道路密度(千米/1000人)	2000—2006	5.9	1.5	0.8	1.0	1.2	1.4	1.6

---

[1] Lauren Ploch Blanchard, *Sudan and South Sudan: Current Issues for Congress and U. S. Policy*, CRS Report for Congress, Oct. 2012, p. 20.

续表

指数	年份	布基纳法索	布隆迪	厄立特里亚	马拉维	尼日尔	卢旺达	南苏丹
每1000人拥有的机动车(辆)	2007	11.0	—	11.0	9.0	—	4.0	
享有电力供应的人口百分比(%)	2000—2006	10.2	2.1	—	7.5	—	5.4	1.0
城市	2000—2006	53.5	20.9	—	34.0	—	27.2	6.7
农村	2000—2006	0.8	0.2	—	2.5	—	1.5	
拥有自己发电机的公司(%)	2000—2006	24.0	41.9	—	49.1	24.8	58.0	70.0
享有自来水供应的人口百分比(%)	2008	76.3	72.5	60.9	81.6	51.2	64.8	27.0
城市	2008	95	83.0	74.0	95.0	96.0	77.0	—
农村	2008	72.0	71.0	57.0	77.0	39.0	62.0	—
享有卫生服务的人口百分比(%)	2008	12.6	41.4	5.5	59.2	8.1	22.6	16.0
城市	2008	41.0	44.0	14.0	51.0	27.0	34.0	—
农村	2008	6.0	41.0	3.0	62.0	3.0	20.0	—
每100人中的电话用户(人)	2005	7.7	2.9	2.1	6.1	—	3.5	—
正线	2005	0.7	0.4	0.8	1.0	—	0.2	0.1
手机	2009	21.0	10.0	3.0	17.0	17.0	24.0	12.0
拥有自己电话的户数(%)	2005	4	—	—	6	—	1	15
拥有电话的户数(%)	2005	7	14	14	3	5	2	3
每1000人中的因特网用户(人)	2009	11	8	49	50	8	44	—
每1000人中的个人电脑用户(人)	2005	2	5	8	2	1	—	1

资料来源：*South Sudan：An Infrastructure Action Plan*，*A Program for Sustained Economic Growth*，Tunis-Belvedere：African Development Bank Group，2013，p.36。

南苏丹是世界上低收入的发展中国家,其在儿童入学率、婴儿死亡率等方面都处于末位。南苏丹共和国脆弱的基础设施严重阻碍了国家发展。比如,柏油路的不足就在很大程度上影响了货物运输、同邻国的贸易以及国内安全,雨季来临时,路况更糟,根本无法通行。[①] 2011年2月,在美国的援助下,南苏丹修建了从朱巴到乌干达古卢(Gulu)的碎石路。这将两个城市的乘车时间由过去的8个小时减少至2个半小时。古卢马路跟其他马路相连,这样从南苏丹就可以到达肯尼亚的蒙巴萨港。[②]

南苏丹的公共支出及人道主义救援计划的支出主要源于石油收入及捐赠国的捐赠。南苏丹严重依赖石油收入及捐赠国资金,这对宏观经济管理及一些重要发展计划带来了一系列的问题。首先是油价波动给政府收入带来影响,进而影响了政府的投资行为。譬如,2008年油价的上涨使当年政府财政收入提高了2倍,结果,政府支出由2007年的14.5亿美元上升至2008年的27.3亿美元。2009年的油价下滑又给南苏丹带来了财政危机,油价的下滑导致政府收入减少至14亿美元。[③] 政府的发展计划大幅缩水,政府支出也大打折扣。除此之外,南苏丹共和国还面临着一系列安全问题,一些地方的安全问题相当严重,主要有以下表现:

(1)南苏丹民间的小型武器甚多,部族民众之间经常发生抢牛事件,民众对土地、水源的争夺亦是常有之事。部族之间、部族内部的冲突每年都会导致几千人死亡。20世纪90年代,苏丹人民解放运动以部族为界线发生分裂。即便是现在在南苏丹政治中,部族冲突的暗流仍在涌动。[④]

---

① Issam AW Mohamed: *Oil and War, Cooperation and Development in the Two Sudanese Nations Crisis of a Nation*, Made in the USA, San Bernardino, CA, 2014, p. 109.

② Ibid., p. 108.

③ *South Sudan: An Infrastructure Action Plan, A Program for Sustained Economic Growth*, Tunis-Belvedere: African Development Bank Group, 2013, p. 26.

④ Lauren Ploch Blanchard, *Sudan and South Sudan: Current Issues for Congress and U. S. Policy*, CRS Report for Congress, Oct. 2012, p. 19.

（2）同苏丹的边界纠纷。苏丹、南苏丹都在边界部署了大量部队。

（3）民兵在有些地方比较活跃，影响着地区的稳定。

从南苏丹共和国面临的一系列冲突可以看出，南苏丹的独立，虽然披上了国家主权外衣，但新国家的发展并不是一帆风顺的。建立一个新国家是一个艰巨的任务，而建立一个多部族组成的国家更是难上加难。鉴于南苏丹共和国面临的诸多挑战——贫穷、落后、腐败、部族冲突等，南苏丹共和国构建现代意义上的国家任重而道远。而且，一个不能忽略的事实是，除了石油收入以外，南苏丹没有真正生产性的经济部门或国民收入来源。由表2—8可知，2011年南苏丹的石油收入为56.564亿苏丹镑，同一时期非石油收入仅为1.107亿苏丹镑，石油收入占国家总收入的98%。无论是资本性支出、还是经常性支出，南苏丹都需要从石油收入中获得。石油出口及石油收入对于南苏丹共和国而言意义非同小可，因此，同其母国苏丹的合作就显得特别重要。

表2—8　　　　　　　南苏丹的国民收入和支出　　　　　（百万苏丹镑）

指数	年份	2005	2006	2007	2008	2009	2010	2011
收入	石油收入	1869.1	2732.9	2964.5	6670.9	4121.5	5630.3	5656.4
	非石油收入	0.60	3.2	13.3	118.7	118.3	126.6	110.70
	总数	1869.7	2736.1	2977.8	6789.6	4239.8	5756.8	5767.1
支出	经常性支出	437.7	2623.9	2538.2	4100.7	3232.6	4485.2	4508.9
	资本性支出	14.7	957.6	398.3	1611.9	1020.0	1090.9	1258.2
	总数	452.4	3581.5	2936.5	5712.7	4234.7	5576.1	5767.1
	总预算余额	1417.3	845.5	41.30	1076.9	5.10	180.7	0.0
	收入占GDP的百分比（%）	—	—	—	22.8	17.5	18.1	12.7
	非石油收入占非石油GDP的百分比（%）	—	—	—	1.2	1.1	1.0	0.8

续表

指数	年份	2005	2006	2007	2008	2009	2010	2011
支出	经常性支出占GDP的百分比（%）	—	—	—	13.8	13.4	14.10	9.9
	资本支出占非石油收入的百分比（%）	—	—	—	17.0	9.7	8.5	8.9

资料来源：*South Sudan: An Infrastructure Action Plan, A Program for Sustained Economic Growth*, Tunis-Belvedere: African Development Bank Group, 2013, p.28。

美国前国务卿亨利·基辛格——当时华盛顿和西方世界最有权势的人物——曾说过："如果你控制了石油，你就控制住了所有国家；如果你控制了粮食，你就控制住了所有的人；如果你控制了货币，你就控制住了整个世界。"[1]石油对任何一个国家经济发展的意义都非同小可。可以说，石油是最重要的战略性资源，谁控制了石油，谁就控制了全球竞争的制高点，占据了国际关系的有利地位；谁控制了石油，谁就掌握了战场主动权，扼住了对手的生死命脉；谁控制了石油，谁就控制了财富，有了经济健康稳定发展和人民生活水平不断提高的保证。[2]

基辛格对石油重要性的描述无论是对苏丹而言，还是对南苏丹而言，都是真实而准确的。石油在两国经济中均具有重要作用。根据国际货币基金组织的报告，2010年，石油占苏丹政府财政收入的一半，外汇收入的90%。如前所述，对南苏丹共和国而言，石油收入占财政总收入的98%。国际货币基金组织称，南方独立后，苏丹的石油收入大大降低了；根据国际货币基金组织的估计，2012年，石油占苏丹出口总收入的32%，政府总收入的30%。[3]

---

[1] [美]威廉·恩道尔：《石油战争——石油政治决定世界新秩序》，赵刚、旷野等译，欧阳武校译，知识产权出版社2008年版，第2页。

[2] 同上书，第285页。

[3] *Sudan and South Sudan*, U.S. Energy Information Administration, Sept.5, 2013.

过去 10 年来，石油收入是苏丹共和国财政收入的来源和支柱。南方的独立不仅意味着苏丹丧失了大量的石油产地，而且也意味着大量石油收入的丧失。国际货币基金组织预测，丢掉南方，苏丹非石油收入的 GDP 将上升至 10%。2011 年，没有了《全面和平协议》时期对半分成的协议，苏丹丧失的石油收入将达到分裂前的 75%，考虑到石油占政府收入的一半，占国家出口的 90%，如此巨大的损失将给国家经济带来巨大震荡。①

南方的分立在财政上对苏丹是一个沉重的打击。苏丹丧失了其已知石油储量（50 亿桶）的 75%。由于无法找到可替代性资源弥补丧失的石油收入所带来的损失，苏丹经济迅速下滑。② 石油资源的丧失导致了政府 70% 的预算亏空。四条战线的战争（苏丹政府军同苏丹人民解放运动北方派叛军在南科尔多凡州、青尼罗河州的战事，苏丹军队和南苏丹部队在哈季利季富油区的战事，政府军同拒绝加入《多哈协议》（Doha Agreement）武装组织集团在达尔富尔地区的战斗）加剧了国家的经济危机，恶化了财政状况。苏丹本来面临着重大的财政危机，却将公共预算的 2/3 以上花在安全和军事上。政府扩大军费，外加哈季利季的战争耗掉一半的石油收入。③

2012 年，政治反对派呼吁进行改革，国家大会党内部也出现分歧。④ 军方指责巴希尔丢掉了南方，并且准备同朱巴就石油过境费及边界问题妥协，学生也蠢蠢欲动。2012 年夏天，喀土穆及其他北方城市发生了学生领导的游行示威，试图仿效埃及和突尼斯的"阿拉伯之春"。这种局面使苏丹政府突然意识到如果政府不采取相应

---

① Matthew LeRiche and Matthew Arnold, *South Sudan: From Revolution to Independence*, Oxford: Oxford University Press, 2012, p. 196.

② Luke Patey, *The New Kings of Crude, China, India, and the Global Struggle for Oil in Sudan and South Sudan*, London: Hurst & Company, 2014, p. 242.

③ Dr. Addis Ababa Othow Akongdit, *Impact of Political Stability on Economic Development: Case of South Sudan*, Bloomington: Authorhouse, 2013, p. 216.

④ ICG (International Crisis Group), *Sudan: Major Reforms of More War*, Africa Report No. 194, Brussels: 2012, p. 10, http://www.crisisgroup.org/en/regions/africa/horn-of-africa/sudan/194-sudan-major-reform-or-more-war.aspx.

措施，调整正在恶化的财政形势，苏丹将处在经济崩溃的边缘。对此，国际货币基金组织的建议是取消对燃料的补贴，货币贬值，提高税收、关税。政府完全是按照国际货币基金组织的建议处理的。虽然政府官员承认这些紧缩措施对民众有严重影响，但是这些措施是摆脱危机的唯一出路。财政部长阿里·穆罕默德（Ali Mahmound）称此举是"破产国家的做法"。总统巴希尔在演讲中说："我们充分意识到这些举措对普通民众，特别是穷人的影响。如果我们有别的办法，我们就不会这样做。"[1]

南苏丹独立前，2011年1月至6月，美国为苏丹提供了27亿美元的财政支持；但是，7月至9月，苏丹出现了12亿美元的财政赤字，10月至12月，财政赤字扩大，达15亿美元。苏丹政府试图利用黄金作为替代品。然而，外汇来源的支柱——石油收入的丧失，经济前景的不确定也给苏丹镑带来压力，外汇储备开始缩水。自南方分立以来，苏丹镑在相同市场贬值50%，这进一步扩大了官方汇率差距。2012年连续4个月，通货膨胀不断恶化，4月达到28.6%，主要是食品价格上涨，部分是由于货币贬值造成的基本物资进口成本的上升。[2] 通货膨胀给社会底层人民的生活带来了极其恶劣的影响。苏丹共和国内外交困：经济上，由于丧失了大部分石油收入，不仅面临着物价上涨的压力，而且还面临着巨大的财政赤字；军事上，南科尔多凡州、青尼罗河州及达尔富尔地区的战事进一步加剧了苏丹政府的财政危机。为了缓解财政压力，苏丹对南苏丹共和国的石油运输费、过境费等收取高的费用，双方为此进行了多次谈判。苏丹在阿卜耶伊问题上也毫不让步。南方的独立给苏丹带来了重大的负面影响。苏丹打算从南苏丹收取高额的石油过境费以弥补损失，而喀土穆真正做到的只是直接转移南苏丹借助苏丹港运输的石油。南苏丹采取的关闭石油生产的做法则进一步恶化了苏

---

[1] Issam AW Mohamed: *Oil and War, Cooperation and Development in the Two Sudanese Nations Crisis of a Nation*, Made in the USA, San Bernardino, CA, 2014, pp. 161 – 162.

[2] Ibid., pp. 163 – 164.

丹的经济形势。

对南苏丹共和国而言，2005年至2011年的《全面和平协议》期间，南方石油收入被平分。根据《全面和平协议》的安排所划给朱巴的石油收入，占南苏丹共和国总收入的98%。[1] 南苏丹独立后，不得不就管道费、过境费、港口服务费等与苏丹进行谈判。为了补偿丧失的石油收入，苏丹政府对每桶石油的费用要价32—36美元，这是南苏丹无法接受的。

2012年8月29日，南北划定了80%的边界，剩下的20%双方有诸多争议。由于南北都严重依赖石油资源，而且油藏多在边界地区，可以进行农业、牧业计划的土地及牧场也在边界地区，这就使问题变得相当复杂了。边界划分成为两国最大的挑战，也是导致冲突的根源。苏丹、南苏丹的石油纷争既是一种经济资源的争夺，也是一种战略空间的争夺；既凸显了石油对当代国家发展的重要意义，也凸显了发展中国家对战略资源的依赖。

对南苏丹共和国而言，石油收入占政府支出的98%，占外汇收入的99%，占GDP的70%，十个州的财政支出取决于政府的财政调度。[2] 南苏丹共和国几乎完全依赖石油收入，石油价格稍有波动便会影响政府支出。一旦石油停产，对该国的影响更是不可估量。另外，南苏丹共和国缺乏合理的财政体制，而财政政策的不稳定性又反映了石油价格的动荡。2009年年初，南苏丹政府被迫做出痛苦的决定，其中包括延期付薪、冻结所有项目等。除此之外，首都建设的许多项目（包括马路建设）均由于石油价格下跌引发的财政危机而被迫停工。[3] 石油对南苏丹共和国而言几乎是生命线。南北分立后，两国在石油问题上互不妥协。

---

[1] Lauren Ploch Blanchard, "Sudan and South Sudan: Current Issues for Congress and U. S. Policy", CRS Report for Congress, Oct. 2012, p. 8.

[2] Issam AW Mohamed: *Oil and War, Cooperation and Development in the Two Sudanese Nations Crisis of a Nation*, Made in the USA, San Bernardino, CA, 2014, p. 115.

[3] Ibid., p. 140.

第 三 章

苏丹与南苏丹之间石油纷争的演变

第一节 苏丹石油发展简史

一 石油的发现

1959年，意大利阿吉普石油公司（Agip）曾在苏丹东北的红海岸边进行石油勘探活动，但是毫无发现。后来，海洋石油公司（Oceanic Oil Company）、道达尔（Total）等石油公司也曾试图在苏丹寻找石油，但是毫无结果。

20世纪70年代，苏丹的石油勘探迎来转机。1978年5月，雪佛龙公司在穆哥莱德（Muglad）盆地第一次发现了石油的痕迹，它位于苏丹南方本提乌附近，来自钻头的泥屑显示下面有油层。[①] 该石油带从穆哥莱德盆地向深处一直延伸至南方的西上尼罗河州。1981年，雪佛龙公司在位于白尼罗河以东的迈卢特盆地（Melut）的阿达·雅拉（Adar Yale）丁卡人的居住区有了第二次发现。雪佛龙公司相信这是一个潜在的石油带，该石油带向南至马拉卡勒，向东至埃塞俄比亚边境。1982年，雪佛龙公司在哈季利季有了第三次大发现，哈季利季位于统一油田（Unity）以北70千米处，是努维

---

① Luke Patey, *The New Kings of Crude, China, India, and the Global Struggle for Oil in Sudan and South Sudan*, London: Hurst & Company, 2014, p. 15.

尔人的家园。① 1984年年初，雪佛龙公司位于本提乌附近的基地遭到苏丹人民解放军袭击，雪佛龙公司自此停止了在苏丹的石油勘探活动。

1979年11月，法国的道达尔石油公司与喀土穆政府签署了第一份合同，合同中签订的石油租借地的面积是6391平方千米；1980年2月，双方签署了第二份合同，石油租借地的面积是147497万平方千米；1981年11月，又附加了10347平方千米。②这些石油租借地都位于南方。道达尔公司虽然进行了一些石油勘探活动，但是一直没有进行开采，这个问题一拖就是25年。21世纪初，道达尔有意恢复石油勘探，但是因为安全条件恶化再度中止。2011年，南方独立后，道达尔公司与南苏丹共和国重启谈判。

据《油气杂志》(Oil & Gas Journal)③ 资料显示，截至2013年1月1日，苏丹和南苏丹已证明石油储量为50亿桶。根据英国石油公司2013年的《统计年鉴》，绝大部分石油位于油藏丰富的穆哥莱德盆地和迈卢特盆地，而这两大盆地位于这两个国家。④南方独立前，苏丹生产石油的州主要是上尼罗河州和西上尼罗河州。石油经管道运送至喀土穆炼油有限公司冶炼，然后再经由苏丹港出口。

二 石油勘探的开始

1984年，雪佛龙公司最终撤离苏丹。1992年，苏丹海湾石油合作公司（Gulf Petroleum Corporation-Sudan）获得了迈卢特盆地3/7区的租借地；1996年，海湾石油合作公司重开油井；1997年，生

---

① ECOS (European Coalition on Oil in Sudan), *Oil Development in Northern Upper Nile, Sudan, A Preliminary Investigated by the European Coalition on Oil in Sudan*, May 2006, p. 11, www.ecosonline.org/.../ECOS%20melut%20Report%20final%2.

② Benaiah Yongo-Bure, *Economic Development of Southern Sudan*, Lanham: University Press of America, 2007, p. 80.

③ 《油气杂志》"Oil and Gas Journal" 是彭威尔石油集团（Pennwell Petroleum Group）旗下的杂志之一，首版于1902年，是世界上阅读最广泛的石油工业出版物。

④ *Sudan and South Sudan*, U.S. Energy Information Administration, Sept. 5, 2013.

产石油达5000桶/天；1998年5月，达50000桶/天。① 同年，一家小的加拿大石油勘探公司阿拉基斯能源公司（Arakis Energy Corporation）购买了雪佛龙公司1/2/4区的租借权。统一油田和哈季利季油田就在这三大区。1996年6月，阿拉基斯在哈季利季油田钻井8口，探得石油，并将原油运到位于北科尔多凡的欧拜伊德（EL-Obeid）的小炼油厂冶炼以供国内消费。②

12月，由于缺乏资金，阿拉基斯将75%的股权卖给了中国、马来西亚和苏丹国家石油公司（Sudapet）。之后，这四家石油公司组成了大尼罗河石油作业公司，四家公司的股份分别为25%、40%、30%和5%。中国石油天然气集团公司和马来西亚国家石油公司均是国有企业，它们抓住了机会，进军苏丹石油市场。1997年5月，大尼罗河石油作业公司修建了苏丹南部至苏丹港的出口码头；次年5月，管道修建提前动工。

1998年10月8日，塔里斯曼（Talisman）——加拿大最大的石油天然气独立公司，以2.77亿加元的价格（相当于1.8亿美元）购买了阿拉基斯在大尼罗河石油作业公司25%的股份。包括1/2/4区达1210万英亩面积的石油租借地，未完成的管道及始于同年5月在建的港口。③ 苏丹官方报纸——"*Al Anbaa*"声称，1997年6月至1998年7月一年的时间，哈季利季油井共生产石油250万桶，即每天产油6849桶。哈季利季附近的另一个油田阿布·杰布拉（Abu Jebra）于1992年12月才开采出石油，但是直到1998年7月已生产石油471629桶，每天平均仅产油173桶。塔里斯曼接手后，大尼罗河石油作业公司的产量飙升为每天20万桶。④

20世纪90年代，苏丹主要产油区是1/2/4区，5A区、5B区

---

① Fatal Transaction and European Coalition on Oil in Sudan, *Sudan, Whose Oil? Sudan's Oil Industry Facts and Analysis*, Apr. 2008, p. 1, www. paxvoorvrede. nl/media/files/sudans-whose-oil. pdf.
② Human Rights Watch, *Sudan, Oil and Human Rights*, Brussels, London, New York Washington, D. C., 2003, p. 62.
③ Ibid., p. 228.
④ Ibid., p. 225.

尚未大规模开发。1/2/4 区接近 19500 平方英里（相当于 50500 平方公里或 1250 万英亩）；5A 区总面积为 8076 平方英里（相当于 20917 平方公里或 520 万英亩）；5B 区总面积为 7768 平方英里（相当于 20119 平方公里或 500 万英亩）。① 5A 区、5B 区位于南方，1/2/4 区横跨南北。

三　石油生产的第一次繁荣（1999—2004 年）

1992 年以来，苏丹石油生产虽然已粗具规模，但是，直到 1998 年中期，苏丹的石油生产仅能满足产地需要，仍然需要进口大量石油才能满足国内其他地区的需求。1999 年，塔里斯曼接手阿拉基斯不到一年的时间里，苏丹第一次实现了原油出口，获得了 220 万美元的石油收入。自那时起，石油出口可占政府财政收入的 20%—40%。②

塔里斯曼凭借高超的技术和丰富的经验为这个深受战争困扰，并迫切需要资金的国家带来了大量利润。塔里斯曼在开发苏丹石油仅仅一年时间，就在 1 区的哈季利季油田和 2 区的统一油田取得了丰硕成果，而且完成了油田至红海长达 1540 公里的管道建设，并同时为超级油轮建立海上码头。也正是在这一时期，苏丹实现了原油出口。1999 年 5 月 31 日，大尼罗河石油作业公司 1 区、2 区至红海的石油管道正式开通。1999 年 6 月 26 日《喀土穆日报》（"*Akhbar Al Youm*"）刊登了塔里斯曼 CEO 吉姆·布克（Jim Buckee）的一篇文章。他预言："苏丹的石油不仅能够满足本国的长远需求，而且能够出口国外，满足世界能源的渴求。"③ 塔里斯曼后来估计，单就哈季利季油田和统一油田的开采寿命而

---

① Human Rights Watch, *Sudan*, *Oil and Human Rights*, Brussels, London, New York, Washington, D. C., 2003, p. 61.
② Jemera Rone, "Oil & War", *Review of African Political Economy*, Vol. 30, No. 97, Sept. 2003.
③ Human Rights Watch, *Sudan*, *Oil and Human Rights*, Brussels, London, New York, Washington, D. C., 2003, p. 231.

言，苏丹政府大约可以赚到 30 亿至 50 亿美元。当然，这取决于国际石油的价格。①

1999 年 8 月 30 日，苏丹政要聚集在马斯拉·巴希尔码头（Masra al Bashair）共同见证了 60 万桶原油注入油轮，驶往新加坡。官方电台称，这次出口是伊斯兰主义政府的胜利。"我们已经打败了企图阻止石油出口的所有外国敌人。我们现在必须挫败国内敌人，他们试图阻止我们使用石油收入。"电台引用巴希尔总统的话："石油出口是由于'苏丹的忠诚'安拉给予的奖赏。"②

1999 年 7 月，由中国石油天然气集团公司建设的喀土穆南部沙贾里赫炼油厂（Al Shajarah）完工。这是苏丹第一家私人炼油厂，造价 1500 万美元，每天能够处理由大尼罗河石油作业公司管道运送而来的 10 万桶原油。③ 至此，苏丹逐步建立起现代石油工业体系。

由于塔里斯曼的成功开采，1999 年，1 区、2 区的石油储量远远超过 1998 年预期的 4.036 亿桶原油，上升至 5.28 亿桶原油，2000 年为 5.628 亿桶，2001 年为 7.252 亿桶。④ 2000 年 5 月，苏丹能源和矿业部部长宣布，苏丹历史上第一次不再进口昂贵的原油，将在原油生产上实现自给，因为喀土穆北部的贾阿利炼油厂（Al Jaili）已经开始提炼原油（部长也表示，苏丹将开始生产航空燃料）。石油成为苏丹经济发展的主要动力，这主要归因于较高的石油出口量、政府开支的扩大以及国内的石油冶炼。为此，苏丹能源和矿业部部长估计苏丹将节约 4 亿—5 亿美元的进口费用。⑤ 石油出口带来了苏丹政府收入的增长。

经济学人智库（The Economist Intelligence Unit）注意到："苏

---

① Human Rights Watch, *Sudan, Oil and Human Rights*, Brussels, London, New York, Washington, D.C., 2003, p.231.
② Ibid., p.232.
③ Ibid., p.230.
④ Ibid., p.245.
⑤ Ibid., p.460.

丹的对外账户在2000年出现了强劲增长,因为第一年(即2000年)石油收入上升。未来一段时期也是积极的。"并预测"2001年苏丹GDP的增长将很强劲,这主要源于石油部门的推动"。① 2001年1月,苏丹能源和矿业部秘书长哈桑·阿里·托恩(Hasan Ali al-Tawn)工程师乐观地预测,2005年苏丹石油日产量将翻倍,达到40万桶/天。哈桑·阿里·托恩宣称,当产量翻倍时,苏丹财政中石油收入的份额将从当前的40%—50%上升至65%。② 为了实现目标,政府不得不开发新区,如5A区、3/7区等。

塔里斯曼在苏丹的成功招来的却是一片指责。鉴于苏丹政府对油田周围居民的清除政策,宗教组织、非政府组织、联合国人权专员等纷纷指责塔里斯曼。1999年10月14日,联合国苏丹人权特别报告员莱昂纳多·弗朗科(Leonardo Franco)向联合国大会提交了报告。这份报告注意到,1999年5月,苏丹政府在1区进行了为期10天的袭击,导致很多人流离失所。③ 塔里斯曼承受了很大的压力。不堪本国政府及股东的压力,2002年10月30日,塔里斯曼将其在苏丹的股份卖给印度国家石油公司——石油天然气有限公司附属公司弗德希有限公司(ONGC Videsh Limited)。

1997年2月,瑞典伦丁(Lundin)石油AB全属子公司国际石油公司IPC(International Petroleum Company)与苏丹政府签署了石油勘探和分成协议,获得了5A区的租借权。作为牵头人,IPC拥有40.375%的股份,马来西亚国家石油公司(Petronas)拥有28.5%股份,奥地利最大的在册工业公司奥地利石油天然气集团所属奥地利油气集团勘探有限公司(苏丹5A区)拥有的股份是26.125%,苏丹国家石油公司的份额是5%。④ 次年,伦丁和奥地

---

① *Country outlook: Sudan*, Economist Intelligence Unit, London, Apr., 2001.
② Human Rights Watch, *Sudan, Oil and Human Rights*, Brussels, London, New York, Washington, D. C., 2003, p.463.
③ Jemera Rone, "Oil & War", Review of African Economy, Vol. 30, No. 97, Sept. 2003.
④ Human Rights Watch, *Sudan, Oil and Human Rights*, Brussels, London, New York, Washington, D. C., 2003, p.66.

利油气集团的股份有所变化,伦丁和奥地利油气集团在5A区各自拥有24.5%的股份。[①] 2001年,这几大石油公司组成了白尼罗河石油作业公司（White Nile Petroleum Operating Company, WNPOC）,该公司也是后来5B区的开发者。

苏丹的石油开发一直伴随着战争。1999年至2002年,在大尼罗河石油作业公司的作业区及5A区,努维尔人各派别之间分分合合,战斗激烈。苏丹政府尽量让南方人之间相互战斗,驱散当地人,以防止叛军控制油田。[②] 5A区的战斗导致伦丁公司在该区的开采曾两度中止。出于安全考虑,2002年6月,伦丁公司宣布将其在5A区的股权卖给马来西亚国家石油公司,但是保留其在5B区的股权。三个月后,奥地利油气集团同意将其在5A区、5B区的股权卖给印度弗德希有限公司。

2003年7月,苏丹宣布在白尼罗河以东的3/7区发现"世界级"大油田。中国石油天然气集团公司宣布迈卢特盆地帕鲁吉油田（Paloic）的发现是2003年最大的科学技术成就,其储量为30多亿桶,可恢复储量为4.61亿桶——仅可恢复储量就可以和大尼罗河石油作业公司在哈季利季油田和统一油田的储量相提并论。[③] 海湾石油公司（已经拥有租借权的一家卡塔尔石油公司）,中国石油天然气集团公司,阿拉伯联合酋长国的塔尼公司（Ai-Thani）,苏丹国家石油公司签署协议,以Petrodar的名字共同开发3/7区。中国石油天然气集团公司在2001年3月开始石油勘探。3/7区位于上尼罗河州北部,也属于南方。

2005年4月,苏丹政府同白尼罗河石油作业公司签署了4亿美元的协议,开发5A区的塔尔·加特（Thar Jath）和马拉油田（Ma-

---

[①] Human Rights Watch, *Sudan*, *Oil and Human Rights*, Brussels, London, New York, Washington, D. C., 2003, p.66.

[②] Jemera Rone, "Oil & War", Review of African Economy, Vol. 30, No. 97, Sept. 2003.

[③] ECOS (European Coalition on Oil in Sudan), *Oil Development in Northern Upper Nile*, *Sudan*, *A Preliminary Investigation by the European Coalition on Oil in Sudan*, May 2006, pp.7 – 8, http: // www.ecosonline.org/.../ECOS%20melut%20Report%20final%2.

la)。① 2006年6月，5A区实现日产石油38000桶。这些石油经过110英里的管道注入统一油田，再由统一油田经过大尼罗河石油作业公司的管道送往苏丹港。2008年，5A区的产油量是25000桶/天，最大产能约为60000桶/天。然而，塔尔·加特原油质量较差，不得不与尼罗河混合原油混合，防止跌价。②

四　石油生产的第二次繁荣（2005—2011年）

2005年1月，结束南北战争的《全面和平协议》签订，这大大改善了苏丹石油的生产和出口环境。直到2006年，苏丹只有一个主要的石油上游产业（大尼罗河石油作业公司在穆哥莱德盆地1/2/4区的项目），一条出口管道（大尼罗河石油管道），生产一种原油（高质量的尼罗河混合原油）。2006年4月10日，连接3/7区油田和苏丹港的，长1392千米，直径32英寸的第二条石油管道开工，同时在贾巴拉炎（Al-Jabalayan）修建了处理能力为30万桶/天的中央处理设施，并在帕鲁吉附近修建了生产设施。③ 同时，第二个石油上游产业开工，生产第二种原油（低质量的达尔混合原油）。除了在油田开发方面有所进展外，苏丹的原油生产几乎翻倍，2006年底，苏丹原油日产量为434000桶，成为非洲第五大产油国。④

苏丹出口两种类型原油——尼罗河混合原油（Nile Blend Crude）和达尔混合原油（DarBlend Crude）。尼罗河混合原油是一种中性低硫原油，而达尔混合原油是一种重油，而且是酸性油。达尔混合原油是一种重质原油，温度接近40摄氏度，其运输有一定的难度：为了避免在

---

① Issam AW Mohamed: *Oil and War, Cooperation and Development in the Two Sudanese Nations Crisis of a Nation*, Made in the USA, San Bernardino, CA, 2014, p. 124.

② Ibid., p. 125.

③ ECOS (European Coalition on Oil in Sudan), *Oil Development in Northern Upper Nile, Sudan, A Preliminary Investigation by the European Coalition on Oil in Sudan*, May 2006, p. 8, http://www.ecosonline.org/.../ECOS%20melut%20Report%20final%2.

④ Fatal Transaction and Ecos (European Coalition on Oil in Sudan), *Sudan, Whose Oil? Sudan's Oil Industry Facts and Analysis*, Apr. 2008, p. 19, http://www.paxvoorvrede.nl/media/files/sudans-whose-oil.pdf.

油轮里凝固，必须以45—50摄氏度的温度运输。另外，由于它的高酸性，含砷量高，对金属制品具有腐蚀性，因此，达尔混合原油并不是很受欢迎。[①] 苏丹生产的这两种原油主要出口亚洲市场。

五　苏丹的石油区

苏丹南北分立前，主要的产油区如下（参见图3—1）。

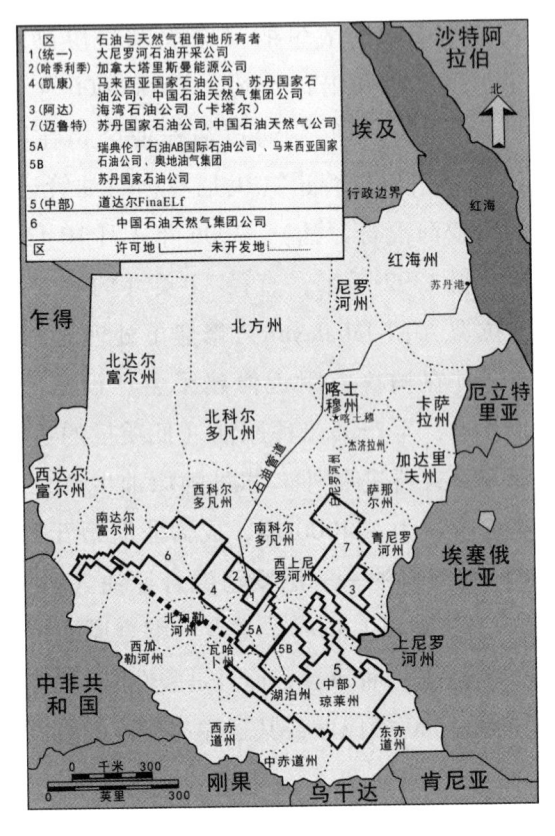

图3—1　2002年8月苏丹中部、南部的石油租借地

资料来源：Human Rights Watch, *Sudan*, *Oil and Human Rights*, Brussels, London, New York, Washington, D.C., 2003, p.5。

---

① ECOS（European Coalition on Oil in Sudan）, *Fact Sheet* Ⅱ *The Economy of Sudan's Oil Industry*, Oct. 2007, p.16, http：//www.ecosonline.org/reports/…/ECOSfactsheet Ⅱ October 2007. p. …, p.2.

1/2/4 区：由大尼罗河石油作业公司负责勘探、开采，同时它拥有直达红海的 1540 千米的石油管道及马斯拉·巴希尔的出口码头。石油管道及出口码头由大尼罗河石油作业公司 1999 年修建并完成。大尼罗河石油作业公司由塔里斯曼能源公司（从 1998 年至 2002 年拥有 25% 的股权，后来将其卖给印度的弗德希有限公司），中国石油天然气集团公司（自 1996 年以来拥有 40% 的股权），马来西亚国家石油公司（自 1996 年以来拥有 30% 的股权），苏丹国家石油公司组成（自 1996 年以来拥有 5% 的股权）。

1996 年，哈季利季油田和统一油田，成为该地区最大的油田。长 1000 英里，日输送能力 45 万桶的石油管道，从穆哥莱德盆地一直通向苏丹港的出口码头，输送着哈季利季油田、统一油田及周围小油田的石油。[①] 1/2/4 区主要生产尼罗河混合原油。2008 年，1/2/4 区生产的尼罗河混合原油的日产量约为 21 万桶，这一数字与 2005 年的 32.8 万桶相比有所下降。2011 年，三大区日产石油 12 万桶。1/2/4 区峰值是 2004 年的 29 万桶/天。由于哈季利季油田与统一油田产量的自然递减，短期内 1/2/4 区的石油生产有望进一步下滑。[②]

5A 区：直到 2003 年，由瑞典公司牵头的国际财团伦丁石油 AB 国际石油公司拥有 5A 区的开采权，它紧靠西上尼罗河州 1 区、4 区之南。伦丁（通过其附属的国际石油公司）获得了 40.375% 的股权，后来又将其卖给了马来西亚国家石油公司，而马来西亚国家石油公司早在 1997 年就拥有 28.5% 的股权。这样一来，马来西亚国家石油公司在 5A 区就有 68.875% 的股权，奥地利油气集团拥有该区 26.125% 的股权。[③] 2003 年，奥地利油气集团将其卖给印度国

---

① Dr. Addis Ababa Othow Akongdit, *Impact of Political Stability on Economic Development: Case of South Sudan*, Bloomington: Authorhouse, 2013, p.168.

② Ibid., p.169.

③ Human Rights Watch, *Sudan, Oil and Human Rights*, Brussels, London, New York, Washington, D.C., 2003, p.3.

家石油公司——石油天然气有限公司附属公司弗德希有限公司。1997年，苏丹国家石油公司拥有该区5%的股权。1998年该区开始进行民众的迁置工作。21世纪初，5A区还处于勘探阶段，但是钻井实验结果良好。

2003年后，5A区由瑞典伦丁石油AB国际石油公司、马来西亚国家石油公司、印度弗德希有限公司和苏丹国家石油公司组成的白尼罗河石油作业公司开采。2005年4月，苏丹政府同白尼罗河石油作业公司签署了一份4亿美元的协议，开发塔尔·加特油田和马拉油田。白尼罗河石油作业公司的产量不超过大尼罗河石油作业公司产量的10%。白尼罗河石油作业公司一直是个小型的石油开发商，日产石油1.7万桶。[1] 2006年6月，5A区首次日产量是3.8万桶。这些石油经过110英里长的石油管道注入统一油田，然后再经过大尼罗河石油作业公司的管道被运往苏丹港。2008年5A区产量每天2.5万桶，最大产能约为每天6万桶。2009年，5A区石油产量下降。2011年，5A区生产的尼罗河混合油为每天1.5万桶。[2]

5B区：马来西亚国家石油公司拥有该区40%的股权，苏丹国家石油公司在该区的股权为10%。此外，伦丁石油AB国际石油公司的股权为24.5%，奥地利油气集团也是24.5%。5B区位于5A区的东南边，包括西上尼罗河州的尼亚尔（Nyal）和甘伊里伊尔（Ganyliel），白尼罗河由此穿过。伦丁撤出5A区后，奥地利油气集团将5A区、5B区的股权卖给了弗德希有限公司。

3/7区：它们在上尼罗河州，3/7区位于南方的迈卢特盆地，面积达72400平方公里。区内有法尔（Fal）、阿达·亚拉（Adar Yale）和帕鲁吉油田。这两大区由国际财团佩特达（Petrodar）经营，2009年是苏丹最赚钱的石油公司。位于3/7区的阿达·亚拉

---

[1] Dr. Addis Ababa Othow Akongdit, *Impact of Political Stability on Economic Development: Case of South Sudan*, Bloomington: Authorhouse, 2013, p.170.
[2] Ibid..

和帕鲁吉油田，石油蕴藏量大约可达 4.6 亿桶。① 由卡塔尔的海湾石油公司，中国石油天然气集团公司，哈特（Al Hath）（苏丹一家私人公司）和苏丹国家石油公司（5% 股份）联合开采。② 2008 年，3/7 区日产石油 20 万桶。2009 年，由于奇马瑞油田（Qamari）的发现，产量骤然上升，2010 年奇马瑞油田日产量有望达 5 万桶。2011 年，3/7 区生产的达尔混合原油日产量为 23 万桶。③

5 区：5 区沿着紫哥匝哥（Zigzag）向南延伸，从马拉卡勒一直到博尔，向东则到达埃塞俄比亚边境，面积大约为 12 万平方公里，目前是南苏丹最大的石油租借地。据报道，该区石油储量也十分丰富。20 世纪 80 年代，道达尔利用地震勘探发现 5 区蕴藏着丰富的石油。1985 年，由于安全原因，道达尔中断了石油开采，但是还保留着租借地的所有权。道达尔高级官员每年都会访问苏丹，同苏丹官员会晤，以保留 5 区的租借权。第二次内战使 5 区的石油开发受阻。1999 年 10 月，公司计划返回苏丹。2005 年，喀土穆与苏丹人民解放运动签署了结束内战的《全面和平协议》后，尽管道达尔公司同喀土穆更新了合同，但是，苏丹人民解放运动仍将其租给了英国。④

6 区：完全在苏丹境内，位于穆哥莱德盆地西北方向的南达尔富尔和南科尔多凡接壤地区。2001 年在 6 区发现富拉（Fula）油田。2004 年 3 月，该区日产量是 1 万桶；2011 年，该区日产高酸性原油达 5.5 万桶。这些原油没有出口，而是经过 760 千米的管道

---

① Issam AW Mohamed：*Oil and War, Cooperation and Development in the Two Sudanese Nations Crisis of a Nation*, Made in the USA, San Bernardino, CA, 2014, p.126.

② Human Rights Watch, *Sudan, Oil and Human Rights*, Brussels, London, New York, Washington, D.C., 2003, p.4.

③ Dr. Addis Ababa Othow Akongdit, *Impact of Political Stability on Economic Development: Case of South Sudan*, Bloomington: Authorhouse, 2013, pp.171-172.

④ Benaiah Yongo-Bure, *Economic Development of Southern Sudan*, Lanham: University Press of America, 2007, p.80.

输往喀土穆的贾伊利（Al Jaili）炼油厂。中国石油天然气集团公司拥有该区95%的股权，苏丹国家石油公司的股权为5%。[1] 2008年，由于数名工程师被杀，6区生产下降了72%。[2] 由于达尔富尔危机仍然没有解决，该地区的局势依然不稳定，石油开发无论对苏丹经济发展，还是对当地人，抑或是中国石油公司都是巨大的挑战。中国石油公司所在区是1/2/4区、3/7区及6区。第二次内战期间，中国石油公司同苏丹的石油合作受后者武装部队的保护。2011年，南苏丹共和国成立后，苏丹与南苏丹之间的石油纷争给中国石油公司的利益带来了严重的影响。

现今，苏丹、南苏丹两个国家生产石油的区块是3/7区、5A区、6区和1/2/4区。5A区完全在南苏丹共和国境内，6区完全在苏丹境内。1/2/4区油田即大尼罗河石油作业公司的石油项目，由于南方的独立，被分割在两个国家——苏丹和南苏丹，饱受争议的阿卜耶伊地区也在其中。喀土穆政府现在对8区、10区、12B区、14区、15区、18区进行竞标，这些区位于苏丹境内，不像其他区那样牵涉边境。喀土穆希望这些区有新的发现以弥补南方石油的损失，同时完善北方石油的生产。[3]

中国石油天然气集团公司是最早进入苏丹石油业的国际公司，紧随其后的是马来西亚国家石油公司和印度弗德希石油公司。这三大石油公司是南苏丹石油的主要开发商，不仅负责开发三大主要油田，而且负责石油管道、炼油厂和出口码头的建设。[4] 2009年，3/7区的产量超过了大尼罗河石油作业公司的项目产量，这些区仍

---

[1] Issam AW Mohamed: *Oil and War, Cooperation and Development in the Two Sudanese Nations Crisis of a Nation*, Made in the USA, San Bernardino, CA, 2014, p. 124.

[2] Dr. Addis Ababa Othow Akongdit, *Impact of Political Stability on Economic Development: Case of South Sudan*, Bloomington: Authorhouse, 2013, p. 170.

[3] Issam AW Mohamed: *Oil and War, Cooperation and Development in the Two Sudanese Nations Crisis of a Nation*, Made in the USA, San Bernardino, CA, 2014, p. 121.

[4] Dr. Addis Ababa Othow Akongdit, *Impact of Political Stability on Economic Development: Case of South Sudan*, Bloomington: Authorhouse, 2013, p. 166.

然是生产石油的主要区。南苏丹独立后,拥有对 3/7 区的全部管辖权。①

尽管项目的开发方之一中国石油天然气集团公司宣称,2010 年石油勘探取得了很大的进展,但在过去的 10 年里,大尼罗河石油作业公司的石油产量一直在下降,原因是油田处于开发后期且缺乏投资。统一油田完全坐落在南苏丹境内,然而,2 区的哈季利季是否归属阿卜耶伊地区却备受争议。2009 年,海牙常设仲裁法院(Permanent Court of Arbitration)裁定 2 区的两大油田——哈季利季油田和班布油田不属于阿卜耶伊地区。② 显然,对这些油田及阿卜耶伊的谈判会影响国际石油公司投资。

南方独立后,苏丹丧失了 3/7 区、5A 区的全部油田;1/2/4 区横跨两国边境,双方争议不断。虽然苏丹在此区获得了哈季利季和班布两大油田,但是阿卜耶伊的最终归属却悬而未决。这就意味着,南方的独立使苏丹丧失了大部分石油产地。

第二节 南北分立前的石油纷争

苏丹与南苏丹之间的石油纷争在 2011 年 7 月 9 日南方独立后演变为一个国际问题。实际上,在此之前,苏丹中央政府与南方关于石油的争夺就已经存在了,只是苏丹人民解放运动与中央政府的内战掩盖了该问题。它在当时是一个国家内部资源的争夺问题,只是在南方独立后,石油纷争才从内政问题转变为国际问题。因此,有必要对分裂前南方与中央政府在石油问题上的争夺进行研究,以更好地把握两国石油纷争的来龙去脉。

---

① Issam AW Mohamed: *Oil and War, Cooperation and Development in the Two Sudanese Nations Crisis of a Nation*, Made in the USA, San Bernardino, CA, 2014, p.123.

② Ibid., p.124.

一 石油生产与销售的二元地理格局

如前所述，英国在苏丹半个多世纪的殖民统治的重点是发展北方，南方鲜有发展。苏丹独立后，这种状况仍然在持续。自1956年独立以来，南方是苏丹最不发达的地区。这个地区的经济以牧业和农业为主，基础教育薄弱，基础设施落后。当政者有意保持这种差距，这样可以使南方在经济上依附于北方，有利于维护国家统一。发现石油后，当局的出发点仍然如此。

苏丹领导人在考虑南方的石油开发问题时，其一致的看法是：保持南方依附于北方的政治上唯一可行的理由是使前者在经济上依附于后者；这样一来，即使在南方进行石油勘探工作，发现大量价值可观的石油时，南方也不会脱离北方成为一个独立实体或加入东非某一国家。[①] 在一定程度上，这可以概括为中央政府开发南方石油的基本出发点。这就注定形成南方拥有石油这个自然禀赋，北方拥有石油管道、炼油厂及出口码头的二元地理格局。喀土穆政府这样做的本意是想防止南方脱离北方而独立，但是，随着事态的发展及国际势力的干预，当南方成为一个独立国家变成无法改变的事实时，当局者最初设计的这种二元地理格局便成为两国石油纷争最棘手的问题之一。

1972年《亚的斯亚贝巴协议》签订后，苏丹出现了少有的和平时期，这也给西方石油公司进入苏丹提供了机会。1974年11月23日，美国雪佛龙公司与喀土穆政府签署了《石油开发协议》。然而，从一开始，喀土穆政府就排斥南方人参与有关石油的任何决议，甚至封锁消息。《石油开发协议》签署以后，雪佛龙公司勘探和生产副总阿兰·马提尼（Allan Martini）坚持要拜访南方政治领导人，因为公司2/3的石油生产地位于南方。在同南方高级行政会

---

① Abel Alier, *Southern Sudan, Too Many Agreements Dishonoured*, Exeter: Ithaca Press, 1990, p. 215.

议主席艾比尔·阿伊尔（Abel Alier）的会见中，这位雪佛龙公司的执行官发现南方人对此竟然毫不知情。① 北方的政治家们担心南方的石油项目及其他大型的经济发展项目将煽动其经济独立思想和分享意识，而这些正是第一次内战期间南方阿尼亚尼亚叛军所追求的。② 所以，北方政治家们有意切断石油同南方的所有联系。

在上述思想的指导下，喀土穆首先剥夺了南方对本地石油的知情权；之后，重新命名了油田；最后，完全排斥南方人参与有关石油的一切活动。1978年，尼迈里总统表示：石油将由北方管道运送至苏丹港，炼油厂也将设在北方的库斯提（Kosti）。刚刚发现的石油竟然要经过北方管道运至苏丹港，这激怒了南方人，到处都是抗议声。当时兼任南方事务部部长的艾比尔·阿伊尔给尼迈里总统写信，指出：第一，在基础设施良好地区发展商业将使本国不发达地区永久处于不发达状态；第二，中央政府没有帮助南方从经济发展中获益。因此，他建议将炼油厂设在南方，这样一来，当地人不仅有工作机会，南方也将从炼油厂中获得收入税和商业利润税。③ 艾比尔·阿伊尔的提议遭到尼迈里总统的拒绝。

南方人为此举行游行示威，要求石油经由肯尼亚的蒙巴萨港运往国际市场。尼迈里总统的反应是将驻扎在本提乌的南方士兵撤走，而代之以由北方军官指挥的西苏丹部队。④ 当时南方军队的指挥官是陆军上尉萨尔瓦·基尔（Salva Kiir），此人在1986年成为苏丹人民解放军第4号人物；2005年，约翰·加朗因空难去世后，成为南苏丹自治区主席；2011年成为南苏丹共和国第一任总统。

中央政府将炼油厂设置在库斯提，本提乌的石油要经过1400

---

① Luke Patey, *The New Kings of Crude, China, India, and the Global Struggle for Oil in Sudan and South Sudan*, London: Hurst & Company, 2014, p. 33.
② Ibid., p. 34.
③ Abel Alier, *Southern Sudan, Too Many Agreements Dishonoured*, Exeter: Ithaca Press, 1990, p. 220.
④ Luke Patey, *The New Kings of Crude, China, India, and the Global Struggle for Oil in Sudan and South Sudan*, London: Hurst & Company, 2014, p. 34.

英里的管道才能运到该地。南方地区议会及最高执行会议对此提出异议,尼迈里总统否决了他们的意见,仍然坚持己见。南方地区政府领导人向中央政府抗议：石油管道经过北方到达苏丹港,炼油厂也设在北方,这将会把所有的利润及工作机会带给北方人,南方人什么也得不到。① 但是他们所有的提议均遭到忽略。这些问题成为第二次内战爆发以来最难解决的问题。

1978 年,雪佛龙公司在本提乌以北开采出第一桶石油。该油井被命名为"统一油田",这个地方的实际名字是伊欧奈尔(Yohnial);雪佛龙公司向北又发现了哈季利季油田,当地的丁卡人称之为番提欧(Panthou),"哈季利季"一词源于在科尔多凡游牧的米赛里亚阿拉伯人,他们通常在该地区向南放牧。② 当一些阿拉伯的政治家决定重新定义南北边界时,南方人的怀疑和不满加剧。根据《亚的斯亚贝巴协议》,南方三省即加扎勒河省、赤道省、上尼罗河省。三省的行政边界与 1956 年苏丹独立后一致,其他在文化地理上属于南方的地区则通过公投来决定其命运。然而自 1976 年以来,这一条款始终无人问津。③ 而进一步激化南北矛盾的是总统试图重新划分南北边界。

1980 年,尼迈里总统试图重新划分上尼罗河省,将上尼罗河省的哈季利季油田和统一油田划入科尔多凡省。由于南方人的反对,该计划最终不了了之。④ 后来,尼迈里总统在本提乌地区成立了团结省,将该地区置于个人的亲自监管之下。最终,雪佛龙公司站在了喀土穆政府一边。中央政府考虑的是如何完全控制本提乌的石

---

① Human Rights Watch, *Sudan, Oil and Human Rights*, Brussels, London, New York, Washington, D. C., 2003, p. 60.

② Luke Patey, *The New Kings of Crude, China, India, and the Global Struggle for Oil in Sudan and South Sudan*, London: Hurst & Company, 2014, p. 36.

③ Benaiah Yongo-Bure, *Economic Development of Southern Sudan*, Lanham: University Press of America, 2007, p. 77.

④ Human Rights Watch, *Sudan, Oil and Human Rights*, Brussels, London, New York, Washington, D. C., 2003, p. 129.

油，政府有意曲解油田确切的地理位置信息。对苏丹能源和矿业部部长来说，油田位于喀土穆以南 450 英里处，并且被称为坐落在"西苏丹南部"。对南方人而言，这是一个坏消息，因为他们怀疑政府在有计划地剥夺南方人的财富。① 那时的石油政策是由一小部分人决定的，总统及幕僚、能源和矿业部部长、雪佛龙和一些外籍调解员，这个圈子里没有南方人。②

在石油工程及相关技术训练中，没有一个南方人，白尼罗河石油委员会中也同样没有一个南方人。导致南方和喀土穆摩擦进一步恶化的因素是各级部门——中央、地方对石油的预期收益没有达成一个全面的框架，只是雪佛龙公司和喀土穆政府双方达成了利润分成协议。③ 本提乌的石油开采引起了南方人的忌恨。石油没有给南方人带来工作机会，也没有带来石油收益。产油区民众没有分享石油开发带来的任何收益，南北关系随着石油的开发进一步恶化了。

苏丹的石油本来就是在南北内战的背景下开发的。喀土穆政府在石油开发中排挤南方人的做法引发了南方人的仇恨，因此，南方反政府武装有意对石油开发进行破坏：1982 年，阿尼亚尼亚Ⅱ绑架了 5 名雪佛龙公司的承包商；1983 年 11 月，2 名雪佛龙公司的员工被劫为人质，他们后来被释放。叛军提出的要求是：喀土穆释放政治犯；伊斯兰法不适用于南方；雪佛龙公司停止石油开采活动。④但是，叛军的绑架活动并没有阻碍雪佛龙公司开采石油的步伐。

1983 年，苏丹人民解放军成立以后，雪佛龙公司的石油设备成

---

① Abel Alier, *The Southern Sudan, Too Many Agreements Dishonoured*, Exeter: Ithaca Press, 1990, p. 215.

② Luke Patey, *The New Kings of Crude, China, India, and the Global Struggle for Oil in Sudan and South Sudan*, London Hurst & Company, 2014, p. 37.

③ Benaiah Yongo-Bure, *Economic Development of Southern Sudan*, Lanham: University Press of America, 2007, p. 79.

④ Luke Patey, *The New Kings of Crude, China, India, and the Global Struggle for Oil in Sudan and South Sudan*, London: Hurst & Company, 2014, p. 41.

为其破坏目标。无论如何，游击队战士绝不希望看到北方统治者从埋在南方土壤下的石油中获益，他们坚信，如果他们能够阻止雪佛龙公司的石油勘探活动，他们就能够遏制尼迈里的石油野心。[①] 1984年2月，南方叛军在夜色掩护下进入雪佛龙公司位于本提乌附近基地，杀死了3名外籍人员，另有7人严重受伤。此次事件后，雪佛龙公司暂停了在苏丹的石油开采活动。后来，喀土穆政府要求雪佛龙公司重新开采石油，但是遭到拒绝。最终，1992年，雪佛龙公司撤出苏丹。

二 石油给南方人带来的灾难

20世纪90年代，迫于国内经济发展困难的压力，苏丹的石油开发被提上日程。为防止雪佛龙公司之类的事情重演，政府视油田附近居民——丁卡人和努维尔人为苏丹人民解放军的天然同盟。这种先验假设导致的直接后果是为了保证石油生产的顺利进行，必须赶走油田附近的丁卡人和努维尔人。因此，政府在开发石油的过程中使用暴力，迫使大量南方人迁移。石油的生产恶化了南北战争，加剧了南北矛盾，加深了南方人的苦难。围绕石油，内战各方展开了激烈的较量，南方人内部也开始自相残杀。

历届苏丹政府都认为，南方石油属于国家，就像尼罗河水流经萨德湿地（Sudd）到达北方一样。但是，历史经验，特别是19世纪许多北方商人以南方为奴的这段历史使南方人怀疑政府公平地处理有关条约、石油及其他事务承诺的能力。[②] 如前所述，苏丹政府在开采石油时，既没有让当地人参与管理，也没有让当地人分享石油利益，而是采取强制移民的政策。油田周围的居民被迫迁移，输油管周围的居民也被重新安置；而且在此过程中，政府甚至采取暴

[①] Luke Patey, *The New Kings of Crude, China, India, and the Global Struggle for Oil in Sudan and South Sudan*, London: Hurst & Company, 2014, p. 1.

[②] Human Rights Watch, *Sudan, Oil and Human Rights*, Brussels, London, New York, Washington, D. C., 2003, p. 140.

力驱赶的手段,这导致了大量人道主义灾难,引起了国际社会的广泛关注。

苏丹的石油开发主要涉及两大部族:首当其冲的是努维尔人,他们的居住区延伸至穆哥莱德盆地和迈卢特盆地;第二大部族就是丁卡人。为了实现对南方石油的绝对控制,自尼迈里总统起,喀土穆政府就对南方人实行分开治理和重新安置政策。政府通常不出面,而是鼓励其代理人袭击油田周围的居民。20 世纪 80 年代,在尼迈里当政时期及后来的马赫迪任总理期间,喀土穆政府武装巴格拉民兵。巴格拉民兵及政府军将几个世纪以来一直居住在 1/2/4 区的努维尔人、丁卡人赶出了他们的家园,抢夺了他们的主要财产——牛,并强迫他们从 50500 平方公里的石油租借地向南逃离。[①]

艾比尔·阿伊尔曾这样写道:"南北冲突中石油的作用越来越明显。雪佛龙公司试图支持南科尔多凡武装民兵的活动,以保护本提乌地区油田及将来的发展。1985—1986 年,油田周围的所有居民都被清离。1988 年,在苏丹人民解放部队的保护下,一些居民重返家园。"[②]

这种情况在 20 世纪 90 年代仍在继续。1990 年 5 月,苏丹人民解放军袭击了政府在本提乌的要塞后,政府将当地努维尔人赶出了家园。努维尔人认为阿拉伯人想要的就是石油。本提乌附近的托雅特(Toryat)的一名努维尔人说:"如果阿拉伯人撤走的话,我们就会发财。"[③] 1992 年,本提乌北部油田附近的居民被赶走。1993 年,政府军又在哈季利季油田附近进行了清除行动。通过这种方式,1/2/4 区的人口逐渐被清除。而且在此过程中,巴格拉民兵烧杀抢掠、强奸妇女,为所欲为,不受惩罚。1992 年 11 月至 1993 年

[①] Human Rights Watch, *Sudan, Oil and Human Rights*, Brussels, London, New York, Washington, D. C., 2003, p. 102.

[②] Abel Alier, *Southern Sudan, Too Many Agreements Dishonoured*, Exeter: Ithaca Press, 1990, p. 243.

[③] Human Rights Watch, *Sudan, Oil and Human Rights*, Brussels, London, New York, Washington, D. C., 2003, p. 155.

4月这5个月的时间里,苏丹武装部队和巴格拉民兵所破坏的本提乌附近采油区丁卡人的村庄达60个,杀死了几百人,致使1000多人逃离家园。一个月后,另一场袭击发生在哈季利季油田附近,强奸、绑架为奴几乎是常事。①

努维尔人和丁卡人——南方两个最大的部族,在战争中首当其冲地承受死亡、疾病、无家可归、财产损失及饥荒的威胁。1999年8月,苏丹原油的第一次出口是这个国家内战的转折点。石油开始成为战争的主要目标和最重要的原因,并且成为达成持久和平的主要障碍。② 中央政府利用石油收入购买武器弹药并加大对南方叛军的打击力度,以保证石油开采的顺利进行。与石油扩张相伴的是油田周围的居民——努维尔人、丁卡人被迫远离家园。如2002年1月至3月,由于政府与叛军之间的战斗,另有5万人从5A区逃离;2002年3月,从湖泊地区(Lakes)(加扎勒河的一部分)和上尼罗河地区产油区逃离的人数达174200人。③

石油是在内战的背景下开采的,从第一桶原油被采出那一刻起就注定石油在苏丹是一个魔咒。政府的清除政策不仅将南方人排除在石油利益之外,而且恶化了政府与民众的矛盾。喀土穆政府实行的清除政策带来了相当严重的后果。首先,恶化了国内战争,加深了南方人对喀土穆政府的仇视。政府的这种做法尽管在短时间内为石油的开采、生产赢得了和平,从长远看来,却埋下了国家分裂的隐患。南方人一旦有机会决定自身命运,必将抛弃中央政府,另立国家;苏丹政府也将失去其大部分石油资源。所以,2011年南方人举行全民公投以决定其自身命运时,99%的南方选民支持南方独立。"冰冻三尺,非一日之寒",南方人的独立是以往所有因素合力

---

① Luke Patey, *The New Kings of Crude, China, India, and the Global Struggle for Oil in Sudan and South Sudan*, London: Hurst & Company, 2014, p. 60.

② Human Rights Watch, *Sudan, Oil and Human Rights*, Brussels, London, New York, Washington, D.C., 2003, p. 48.

③ Ibid., p. 404.

的结果，政府的国家治理的失败及政府开发油田时采取的清除政策，都为南方人的独立埋下了伏笔。

其次，清除政策使喀土穆政府在国际上处于不利地位。政府军及其民兵、同盟进行的移民清除政策使人民备受煎熬，流离失所，无家可归。这使苏丹南方处于严重的人道主义危机之中，并为奉行"人权高于主权"的国家提供了干涉苏丹内政的口实。

20世纪90年代，政府实行"借力打力政策"，通过南方人打击南方人：政府有意扩大南方部族尤其是丁卡人与努维尔人之间的矛盾，让其相互残杀，避免形成统一力量。南方出现内战中的内战。南方不仅不同部族相互战斗，同一部族内部也相互激战。前者如丁卡人和努维尔人的相互仇杀，后者如努维尔人之间的战斗。喀土穆政府利用努维尔人对苏丹人民解放运动/军由丁卡人主导的不满，收买了一部分努维尔人，并依靠他们对付苏丹人民解放军。在油田周围，努维尔人和苏丹人民解放军发生交火。政府为其南方盟军提供了陆上和空中支援。政府的这些南方盟军作为先遣部队为西方、亚洲石油公司的石油开采及基础设施建设扫清了道路。[1]

由于对南方最终政治地位的确定出现严重分歧，1991年8月，里克·马查尔联合其他高官发动了反对加朗的政变。政变失败后，马查尔组建了自己的分离主义组织——苏丹人民解放运动纳西尔派（SPLM-Nasir），并主张南方独立，建立一个独立国家。苏丹人民解放运动高层分裂不久就激起了南方两个最大的部族丁卡人和努维尔人之间全面的军事对抗。

1993年，随着其他力量的加入，马查尔领导的苏丹人民解放运动纳西尔派更名为苏丹人民解放运动统一派（SPLM-United）；为了强调南方独立，1994年更名为南苏丹独立运动/军（South Sudan Independence Movement/Army）。

---

[1] Human Rights Watch, *Sudan, Oil and Human Rights*, Brussels, London, New York, Washington, D. C., 2003, pp. 49–50.

马查尔宣称，其对西上尼罗河州努维尔人地区拥有所有权，这些地区大部分是油田。尽管里克·马查尔的部队是一个分离主义组织，但是却同苏丹政府秘密合作，后者为其提供武器和物资。自1991年起，里克·马查尔开始接受政府的武器、装备援助。虽然遭到他本人的否认，但是一个不容争辩的事实是，1991年至1999年间，里克·马查尔从来没有袭击过政府军。

1996年4月，里克·马查尔与另一对叛军力量同喀土穆政府签署了《政治宪章》，正式放弃抵抗运动。该宪章使西上尼罗河有可能对阿拉基斯油田构成威胁的叛军保持中立。[1] 1997年4月，苏丹政府同里克·马查尔和其他小型叛军签署了《喀土穆和平协议》。1997年的《喀土穆和平协议》正是喀土穆政府需要向外国石油投资者展示的：它旨在结束迫使雪佛龙公司撤走的战争，满足非洲"前叛军"领导人的要求，并向石油投资者保证：雪佛龙公司过去的经历不会重复。它通过向前叛军部队提供武器及弹药来扫清其他可能接近油田的叛军残余。[2] 苏丹人民解放运动没有参加协议的签署。里克·马查尔被任命为南苏丹协调委员会主席，管理南方，同时成立一支新的部队——南苏丹防御部队，该防御部队由签署协议的前叛军组成。1998年，指挥官帕里诺·马提普（Paulino Matiep）被任命为苏丹部队少将，他的部队直接由政府提供给养，并且被称为"南苏丹统一运动/军"（South Sudan Unity Movement/Army）。[3] 但是，喀土穆政府对里克·马查尔也不信任，既不与他们结成坚固同盟，也不允许其坐大。里克·马查尔的占领区靠近1/2/4区，这在一定意义上，威胁到了1/2/4区的安全。同里克·马查尔签署协议，是喀土穆政府保护南方油田、对南方各方力量实行各个击破战略的重大举措，南苏丹防御部队协助政府军打击约翰·加朗领导的

---

[1] Human Rights Watch, *Sudan*, *Oil and Human Rights*, Brussels, London, New York, Washington, D.C., 2003, p.160.

[2] Ibid., p.71.

[3] Ibid., pp.160 – 161.

苏丹人民解放军。南苏丹防御部队声称，如果没有他们的支持，政府军不可能在1998年10—11月挫败苏丹人民解放军试图占领东赤道省要塞托里特的企图，更不会在2002年重新占领托里特。然而，南苏丹防御部队抱怨，只有当政府确认他们在反对丁卡人时，政府才会给他们提供装备。就像南苏丹防御部队的参谋长所说的："《喀土穆和平协议》批准后，我们立刻就得到了援助——枪支、弹药。然而，只有当我们打仗时，政府才会给我们援助；一旦停止战斗，政府就不会给我们提供任何东西了。"①

里克·马查尔的部队是同苏丹人民解放军作战，而不是同喀土穆政府作战。这时，战争不是南方人反抗喀土穆政府的战争，而是南南战争。这一时刻，战争的意义已经发生了变化，战争成为一种手段、一种方式、一种政治领导人为自身捞取资本的生存方式。

不仅丁卡人与努维尔人之间相互战斗，努维尔人之间也互相残杀。1997年和1998年，帕里诺·马提普与里克·马查尔这两支部队发生冲突。帕里诺·马提普与里克·马查尔两人都是努维尔人，只是属于不同的分支。但是，政府坐视不管，将其称为"部族冲突"。政府实行的分而治之的策略给努维尔人带来了深远的影响，他们在自己的土地上自相残杀。

1998年，帕里诺·马提普领导的部队在勒尔（Ler）地区烧杀抢掠，烧毁房屋、商店、医院、天主教教堂等，劣迹斑斑，不胜枚举。帕里诺·马提普也是努维尔人。一名待在勒尔地区直到自己房子被烧毁的酋长在谈到帕里诺·马提普少将领导的士兵时这样说：

> 他们跟我们一样是努维尔人。我看见他们纵火。我知道他们的名字，他们以前站在我们这一边，曾是南苏丹防御部队

---

① Human Rights Watch, *Sudan, Oil and Human Rights*, Brussels, London, New York, Washington, D. C., 2003, p. 175.

（里克·马查尔的部队，1994—1997）的一部分。他们现在占领我们的土地是因为他们不希望看到里克与杰拉巴人（北方人）之间的和平，或者努维尔人与丁卡人之间的和平。他们唯一知道的政府是喀土穆政府。①

1998年，里克·马查尔领导的南苏丹防御部队及与帕里诺·马提普领导的民兵在西上尼罗河州激战，不少城镇被烧、被抢。几千平民逃离家园，这根本不是政府与叛军之间的战斗，而是努维尔人之间的战斗。努维尔人相互之间的战斗大部分发生在5A区境内。1999年5月，政府支持的两支部队，里克·马查尔的南苏丹独立运动（South Sudan Independence Movement）和帕里诺·马提普的南苏丹统一运动（South Sudan Unity Movement）在5A区的钻机周围激战，争论的焦点是由谁来保护5A区。2000年1月，里克·马查尔另组苏丹人民民主阵线（Sudan People's Democracy Front）。2000年，跟随马查尔的大部分苏丹人民民主阵线的士兵又投靠了苏丹政府，从政府那里获得武器，同帕里诺·马提普一起，袭击了苏丹人民解放运动的布尔（Bul）和努维尔人彼特·嘎迪特（Peter Gatdet）带领的部队。2000年年初，彼特·嘎迪特加入苏丹人民解放运动。

这时的苏丹内战不仅是南北战争，还出现了南南战争的新情况，南方情况更加复杂。传统内战是苏丹政府常规部队与南方最大的叛军——苏丹人民解放军之间的战斗。然而，事实上"另类战争"才应当为大部分伤亡负责，它是苏丹人民解放运动同喀土穆政府结盟的民兵之间进行的战争。这些民兵组织经常改变立场，立场的改变取决于他们的利益：获得更多的权力或仅仅是获得更多的武器。所有这些对石油的勘探和开采都有影响。② 2002年1月，苏丹

---

① Human Rights Watch, *Sudan, Oil and Human Rights*, Brussels, London, New York, Washington, D. C., 2003, p. 198.

② Cleophas Lado, "Political Economy of the Oil Industry in the Sudan Problem or Resource in Development", *Erdkunde*, Bd. 56, H. 2, Apr. – Jun., 2002.

人民解放阵线与苏丹人民解放军签署统一协议，再度联合。但是丁卡人和努维尔人之间的裂痕一直存在，并且成为新生南苏丹共和国爆发冲突的导火索。

三　南方人与苏丹中央政府的石油拉锯战

石油是苏丹政治的主要因素：它是政府收入的主要来源，也是经济增长的主要动力。但是，苏丹石油存在管理不善、高度政治化等问题。石油不仅没有促进当地的和平与发展，而且成为苏丹冲突与分裂的根源。[①] 1983 年，第二次内战爆发时，雪佛龙公司正在开采统一油田和哈季利季油田，就是今天大尼罗河石油作业公司的 1 区、2 区。这两大油田位于西上尼罗河州，是南方两个最大的部族丁卡人、努维尔人的家园。喀土穆政府与叛军争夺的焦点是谁该拥有石油。在政府派重兵把守石油之后，石油管道、设施常常遭到破坏。油田被政府控制，收入被政府掌握，因此，南方叛军直接攻击石油设施以发泄心中的不满。叛军的破坏招致政府军更残酷的镇压。政府利用石油收入购买更多的武器对付叛军，南方陷入恶性循环，南方人成为战争最大的受害者。苏丹的石油开采本来是在战乱中进行的。这就注定了石油是一个"烫手的山芋"，不仅不能为双方和谈减少麻烦，反而会制造出更多的冲突，带来更多的问题。

苏丹人民解放军直接宣布，油田和石油设施是合法的打击目标，苏丹人民解放军的一个指挥官曾袭击过石油设施。[②] 1984 年 2 月，雪佛龙公司的营地遭袭，此后雪佛龙公司中断了在苏丹的石油开采。同年 3 月 9 日，雪佛龙公司海外营业部主任约翰·西尔科克

[①]　Fatal Transaction and ECOS (European Coalition on Oil in Sudan), *Sudan, Whose Oil? Sudan's Oil Industry Facts and Analysis*, Apr. 2008, p. 3, www.paxvoorvrede.nl/media/files/sudans-whose-oil.pdf.

[②]　ECOS (European Coalition on Oil in Sudan), *Documentation on the Impact of Oil on Sudan*, 29 May 2001, p. 10, http://www.ecosonline.org/.../documentationimpactoilsudan.pdf.html.

斯（John Silcox）告诉《华尔街日报》公司没有完全恢复生产的主要原因是："我们返回工作时不得不进入南方。我们不想让自己的雇员冒险。在我们看来，在内战中工作是不合时宜的冒险。"[①] 20世纪80年代苏丹财政困难，债务繁重。雪佛龙公司并没有为其带来多少石油收入。1985年4月6日，国防部部长兼武装部队总司令达哈卜上将（al-Dahab）发动政变，推翻了尼迈里政府，雪佛龙公司与军政府关系恶化。1985年12月24日，雪佛龙公司宣布完全终止本提乌的石油开采。1992年，雪佛龙公司卖掉苏丹的石油租借地。1996年中国石油天然气集团公司进入苏丹，并且成为苏丹石油主要的开发者。在中国石油天然气集团公司的协助下，苏丹石油开发取得了长足进展。1999年5月，石油管道顺利完工并投入使用；6月，喀土穆附近供国内消费的炼油厂举行揭牌仪式；8月，苏丹实现了第一桶原油的出口。然而，当苏丹的石油开发蒸蒸日上时，油田的争夺战却在日益激化。

1999年4月，伦丁公司在5A区的贾哥伊努维尔人（Jagei Nuer）地区塔尔·加特［当地人称之为瑞伊尔（Ryer）］打井成功，而由谁来保护这片油田成为焦点。喀土穆政府和里克·马查尔领导的南苏丹防御部队均声称会为5A区油田提供保护。里克·马查尔反对政府军为5A区提供保护，坚持根据1997年的《喀土穆和平协议》，他的军队将为伦丁石油公司提供保护，并且他也有能力这样做。[②] 喀土穆政府对里克·马查尔还是心存怀疑，既不完全支持，也不完全反对。政府自己组建了人民防御部队，并将之派往油田地区。但里克·马查尔仍然坚持要为伦丁提供保护。为此，喀土穆政府与里克·马查尔领导的苏丹人民防御部队召开会议，但是没有达成任何协议。苏丹人民防御部队的指挥官，后来成为参谋长的俄利加霍·霍恩（Elijah Hon）在1999年7月接受采访时曾这样说道：

---

① Human Rights Watch, *Sudan*, *Oil and Human Rights*, Brussels, London, New York, Washington, D. C., 2003, p. 87.

② Ibid., pp. 223 – 224.

第三章　苏丹与南苏丹之间石油纷争的演变　/　141

我们坚持认为石油工人可以进入5A区，但是苏丹政府不能。苏丹政府拒绝了我们的提议。我们声称军队介入将会带来问题，他们坚持军队可以进入本提乌的任何一个地方。这破坏了《喀土穆和平协议》的精神。因为在这个协议中，苏丹军队进入本提乌需要向我们咨询，征得我们的同意。[1]

在5A区油田保护争夺战中，政府军队、政府支持的帕里诺·马提普领导的努维尔民兵及其他北方民兵全部参与，并将里克·马查尔的部队及大量平民驱赶到丁卡人地区或者南部、东部的努维尔人地区。最终，政府军队占领了5A区。

1999年10月15日，对政府不满的努维尔指挥官彼特·嘎地特袭击了15号钻机，这些石油设备是由苏丹军队看守的。当天晚上，同苏丹部队交火的过程中，两名苏丹工人被杀，一人受伤。[2] 1999年年初至当年9月，彼特·嘎地特领导的部队曾经是政府的同盟，帮助政府保护过石油租借地，但是，10月该部队就把矛头对准了喀土穆政府。

苏丹人民解放军也将石油设备作为打击目标。1999年5月，苏丹人民解放军警告塔里斯曼及其亚洲伙伴，石油开采及大尼罗河石油作业公司的管道将是其反对苏丹政府的合法的打击目标。[3] 在苏丹实现第一次原油出口后两周，就出现了管道被破坏的情况：

1999年11月28日，苏丹港至喀土穆的石油管道埃尔科维特（Erkowit）处遭到破坏，大约位于苏丹港西南方向120公里处；2000年1月16日，一颗炸弹在苏丹港西南方向150公里处爆炸，

---

[1]　Human Rights Watch, *Sudan, Oil and Human Rights*, Brussels, London, New York, Washington, D. C. , 2003, pp. 73 – 74.

[2]　Ibid. , p. 529.

[3]　Cleophas Lado, "Political Economy of the Oil Industry in the Sudan Problem or Resource in Development", Erdkunde, Bd. 56, H. 2, Apr. – Jun. , 2002.

在管道上留下一个直径10英尺的大洞。这些都是反政府武装力量所为。

2001年6月，苏丹人民解放军宣称：歼灭了保护4区旺凯（Wangkei）和马伊姆（Mayom）之间石油设施的一支军事小分队。苏丹人民解放军宣称，激战持续了5个小时，导致244名政府士兵受伤，并且破坏了一些重要的军事设施和建筑设备，包括4辆推土机、5辆平路机、46辆卡车及安装在卡车上的2辆水槽车，石油公司的21辆陆地巡逻车和尼桑运货汽车，还包括一些其他的设备。政府否认了此次袭击。但是，此次袭击却由外国记者证实了。① 大尼罗河石油作业公司的石油设施也遭到苏丹人民解放运动的破坏。

2001年，当苏丹人民解放运动/军的进攻升级时，总统巴希尔整顿军队，将民兵源源不断地送往前线，并且发誓，"绝不放弃油田"，政府将继续进行"杰哈德"乃至殉难。② 2001年8月，苏丹人民解放军对哈季利季油田黎明前的袭击让苏丹武装部队、石油工人及世界为之震惊。当时的看法是，叛军不可能深入由政府控制的哈季利季油田，因为这是中国、加拿大、马来西亚和苏丹的石油工人正在开发的苏丹最大的油田。但是，叛军做到了。此次袭击以后，油泵被关闭了12小时，作业区灯也被关闭了好几天，但是常规生产迅速恢复了。③

2001年年底至2002年年初，苏丹人民解放运动/军宣称击退了由常规部队及部落民兵组成的有武装直升机及安东诺夫大炮（Antonov）协助的7000人部队的进攻。2002年1月14日，苏丹人民解放运动/军伏击了位于尼赫亚尔迪乌（Nhialdiu）及本提乌之间的政

---

① Human Rights Watch, *Sudan, Oil and Human Rights*, Brussels, London, New York, Washington, D. C., 2003, p. 379.

② Ibid., p. 381.

③ Luke Patey, *The New Kings of Crude, China, India, and the Global Struggle for Oil in Sudan and South Sudan*, London: Hurst & Company, 2014, p. 109.

府武装小分队。2002年1月22日，伦丁公司宣布中断5A区的石油开采，作为"预防措施，最大限度地保障员工及生产的安全"。[①]

2002年年初，苏丹人民解放军和苏丹人民民主阵线实现联合。他们袭击了政府的运输设备，并且宣布，石油生产设施也是有效的军事打击目标。结果，战争升级。政府立刻对苏丹人民解放军和苏丹人民民主阵线进行了报复。普通人居住的村庄成为打击目标，平民遭到杀害，约有5万人被迫逃离家园。[②] 从石油开采到石油运输，政府主导的石油上游行业处处遭到反政府武装的破坏。在这种情况下，石油已经不是石油，而是反政府武装报复政府并为自身赢得资本的一种工具了。政府愈是采取强硬手段进行还击，愈是将自己置于不利地位。对苏丹人来讲，石油是一把双刃剑。显然，对政府而言，石油出口能带来大量美元，此乃福也；然而，对于生活在油田周围的居民来说，石油开采意味着被驱逐，意味着一无所有，这就是祸。

在苏丹国内的石油纷争中，南方民众手无寸铁，这使其在与政府的较量中处于被动地位。南方叛军，如南苏丹防御部队或苏丹人民解放军尽管能够与政府进行军事抗衡。然而，由于军队，警察等国家暴力机关均掌握在中央政府手中，因此，总的来说，中央政府在石油纷争中处于主导地位。

第三节　苏丹与南苏丹之间的石油纷争

一　南苏丹的石油生产

2005年，喀土穆政府和苏丹人民解放军签署了结束战争的《全面和平协议》。《财富分配协议》在《全面和平协议》中占据

[①] Human Rights Watch, *Sudan*, *Oil and Human Rights*, Brussels, London, New York, Washington, D. C., 2003, p. 390.

[②] ECOS (European Coalition on Oil in Sudan), *Documentation on the Impact of Oil on Sudan*, 29 May 2001, p. 14, http：//www.ecosonline.org/.../documentationimpactoilsudan.pdf.

重要地位，而石油又在《财富分配协议》中处于主导地位。国家大会党和苏丹人民解放运动做出妥协：国家大会党放弃对油田的控制权，苏丹人民解放运动则同意从南方石油中提取50%的收入交给北方。协议的另一则条款则是保护现有的承包合同免于重新谈判。苏丹人民解放运动接受石油以战时方式运作，并在国家大会党的控制之下成立了国家石油委员会，作为苏丹人民解放运动和国家大会党共同商议石油问题的论坛，然而，这个组织从来就没有有效运作。[①]

基于南北之间几十年的恩恩怨怨，特别是在石油开发过程中，政府的清除政策使南方人民对政府充满了仇恨。2011年南方公投前，人们的普遍看法就是南方人民会选择独立。早在公投前的2010年，国家大会党和苏丹人民解放运动就后公投时代的安排进行谈判。毫无疑问，石油是谈判的重点。南方一旦选择独立，石油将成为极其复杂的因素：南方人的独立意味着拆开一个复杂的网络，包括法律、财政、合约、经济及管理，就像拆开一对联体双胞胎一样，它是冒险的，也是痛苦的。[②]

2010年12月7日、8日，在朱巴的南苏丹酒店，苏丹基督教委员会（Sudan Council of Church）和苏丹石油欧洲联盟（European Coalition on Oil in Sudan，ECOS）联合召开公投后的苏丹石油业大会。苏丹、南苏丹相关机构、相关国际石油公司、相关媒体等近50个国家、组织入会。在这次会议上，南方能源与矿产部部长兼石油总监H. E. 阿日康哥喀·欧勒尔·欧科旺（H. E. Arkangelo Oler Okwang）说："不论公投的结果如何，所有的南方公司都可以照常运作。但是，这些石油公司必须遵守国际规则。为了从石油业中获

[①] Issam AW Mohamed: *Oil and War, Cooperation and Development in the Two Sudanese Nations Crisis of a Nation*, Made in the USA, San Bernardino, CA, 2014, p.117.

[②] ECOS (European Coalition on oil in Sudan), *Post-Referendum Arrangements for Sudan's Oil Industry, How to Separate Siamese Twins*, December 2010, http://www.ecosonline.org/.../Post_ Referendum_ Arrangements_ for_ S..., p.4.

益，让我们相互合作。"①

苏丹石油业的主要合作伙伴是中国石油天然气集团公司、马来西亚国家石油公司、印度弗德希有限公司。朱巴宣称，南苏丹独立后将继续履行以往的合同——这是一个非常关键的承诺，因为大部分石油产地位于南方，②而过去在苏丹从事生产的石油公司主要是同喀土穆建立联系。2010年，中国石油天然气集团公司、道达尔等石油公司分别在朱巴建立办公室。在南方公投前，南方自治区政府就开始同外国石油公司建立直接联系，并且宣布，在国家独立前，同境内所有的石油公司达成协议。这是南苏丹共和国准备履行政府职能的重要一步。

南苏丹的石油公司跟许多国家情况一样，建立在生产分成模式（Production-Sharing model）之上。生产分成模式是一种长期的法律合约——时间通常是20年或30年——是政府和石油公司或石油财团签订的合约。在这种模式下，公司将为石油勘探和油田开发提供资金。如果在勘探地发现大量价值可观的石油，在双方同意的补偿期内公司的勘探和开发费用被补偿之后，按照以前已经决定的框架，公司和政府将共享石油销售利润。类似协议明确了公司股份如何在股东之间划分及政府收入如何在国家以下层面划分。③

南方独立后，新国家成立了国家石油天然气公司（National Petroleum and Gas Corporation，Nilepet）。国家石油天然气公司是南苏丹石油行业的政策制定机构和监管部门，有权代表政府批准石油协议。苏丹国家石油公司（The Sudan National Petroleum Corporation，

---

① ECOS (European Coalition on Oil in Sudan), *Sudan's Oil Industry after the Referendum*, Conference Report, Dec. 2010, p. 12, http://www.ecosonline.org/reports/2011/%5Eindex.html/Oil_conference_report_Dec2010.pdf.html, p. 8.

② Matthew LeRiche and Matthew Arnold, *South Sudan: From Revolution to Independence*, Oxford: Oxford University Press, 2012, p. 179.

③ Jill Shankleman, *Oil and State Building in South Sudan*, *New Country*, *Old Industry*, Special Report 282, United States Institute of Peace, Jul. 2011. http://www.usip.org/sites/default/files/Oil_and_State_Building_South_Sudan.pdf.

Sudapet）是南北分立前苏丹国有的石油公司。苏丹国家石油公司和南苏丹国家石油天然气公司在各自国家石油的勘探、生产方面都很活跃，但是，由于技术及资金的限制，它们在同外国石油公司成立合资公司时，往往持有较少的股份。[1] 南北分立前，苏丹国家石油公司在每一块石油租借地都有股份。南北分立后，苏丹和南苏丹共和国对这些资产进行了划分，苏丹国家石油公司丧失的南苏丹共和国内油田的股份，由南苏丹国家石油天然气公司接管。南苏丹有望遵守现有的石油生产分配协议。这样，同一国际石油公司可以继续生产。

在苏丹从事石油开采的国际石油公司主要有中国石油天然气集团公司、马来西亚国家石油公司、印度弗德希有限公司。2012 年 1 月，这三大石油公司与南苏丹政府签署过渡协议。过渡协议的签署决定了亚洲石油公司仍然是南苏丹石油的主要开发者。但是，由于过去同苏丹政府合作，因此，国际公司的名称也作了相应改变：大尼罗河石油作业公司被重新命名为"大先锋作业公司"（Greater Pioneer Operating Company），Petrodar 被重新命名为"达尔石油开发公司"（Dar Petroleum Operating Company），白尼罗河石油作业公司被重新命名为"萨德石油作业公司"（SUDD Petroleum Operating Company）。[2]

目前，南苏丹有三个地区生产石油，它们生产两种不同的原油。第一个区域，即 1/2/4 区的有些部分坐落在两国边境上，两国对此还没有进行明确划分。该区生产尼罗河混合原油，但是产能在下降。第二个区域，即 5A 区，完全处于南苏丹境内，也生产尼罗河原油，但是规模不大。第三个区域，即包括 3/7 区的租借地，也完全处于南苏丹境内，尽管这些区域的产量在上升，但是生产的却

---

[1] *Sudan and South Sudan*, U. S. Energy Information Administration, Sept. 5, 2013.
[2] Luke Patey, *The New Kings of Crude, China, India, and the Global Struggle for Oil in Sudan and South Sudan*, London: Hurst & Company, 2014, p. 233.

是低质量的达尔混合原油,即蜡制油和酸性油。①

南苏丹大部分地区已经进行了石油勘探。现阶段,南苏丹最大的勘探区是5B区。道达尔公司已经获得了该区的勘探许可,但是,目前,道达尔没有进行任何勘探活动。小一些的5B区摩尔多瓦阿斯科姆(Moldovan company Ascom)拥有截至2012年年底的勘探权。阿斯科姆在5B区进行地震调查、钻井,但是没有找到石油。据报道,阿斯科姆在5B区的石油勘探活动已经停止。② Ea区被租给了星星石油(Star Petroleum),但是没有星星石油进行勘探活动的报告。③ 这就是南苏丹共和国成立后苏丹国内石油的开发情况。

中央政府与南方的石油纷争在南方未独立之前已经是喀土穆与苏丹人民解放运动争夺的热点,苏丹和南苏丹两国石油纷争是过去国内石油纷争的继续。如前所述,苏丹分裂前,喀土穆政府和苏丹人民解放运动在炼油厂选址、石油收入的分配等问题上摩擦不断。2011年7月9日,随着南苏丹共和国的独立,这一国内问题演变为国际问题。据2013年BP统计,截至2012年年底,北苏丹的石油储量为2亿吨,南苏丹的石油储量为5亿吨。南、北苏丹的油气资源分配不均,北苏丹仅拥有原苏丹油气储量的30%,南苏丹拥有原苏丹油气储量的70%。排除不具有商业价值的北部气田,南苏丹拥有原苏丹油气田的75%以上的商业储量。④

南苏丹独立后,双方之间的石油纷争更加复杂,解决起来也更

---

① The World Bank, Poverty Reduction and Economic Management Unit, *Sudan: The Road toward Sustainable and Broad-Based Growth* (Washington, D.C.: World Bank), Dec. 2009, http://go.worldbank.org/PX5WQ869MO.

② ECOS (European Coalition for Oil in Sudan), *Sudan's Oil Industry on the Eve of the Referendum*, Dec. 2010, p. 10, http://www.ecosonline.org/reports/2010/Sudans_oil_industry_on_the_eve_of_the_referendum.pdf.

③ Jill Shankleman, *Oil and State Building in South Sudan*, *New Country, Old Industry*, Special Report 282, United States Institute of Peace, Jul. 2011. http://www.usip.org/sites/default/files/Oil_and_State_Building_South_Sudan.pdf.

④ 申延平、梅丹、王倩、罗玲、任思达、高阳:《南北苏丹油气资源格局及我国应对分离局势对策》,《国土资源科技管理》2014年第5期。

为棘手。2005年《全面和平协议》签订后，苏丹石油业按照协议中的相关条款运行。2011年1月，南方人通过公投选择独立。南苏丹独立时，有三大问题没有与北方厘清：第一，横跨南北边界的油田归哪方所有；第二，如何设计石油收入分配方案（鉴于南苏丹的石油需要借助苏丹的管道及港口出口，南苏丹应该以什么价格付给母国管道使用费和港口使用费）；第三，苏丹国家石油公司的资产在南苏丹独立后应如何划分。这些问题在南方公投前都没有得到解决，2011年7月9日，随着南苏丹共和国的独立，这些问题成为困扰两国关系的焦点问题，也成为两国关系发展的主要障碍。

针对上文提到的三大难题，2011年，南苏丹共和国将苏丹国家石油公司在本国的资产国有化，将其转化为国家石油天然气公司的资产。然而，其他两大问题，即石油边界的划分及石油收入的分配仍是两国争议的焦点，甚至致使两国擦枪走火。2011年，由于在南方工作的北方熟练工人被驱逐，南苏丹石油生产受到短暂影响。2011年下半年，南苏丹的一些油田缺乏熟练工人，并已经影响了石油生产，一些熟练工人于南方独立后返回北方定居。南方独立后，新国家与苏丹的石油纷争的主要表现将在下文详述。

二 石油纷争的焦点

夹在苏丹、南苏丹之间的阿卜耶伊地区一直是双方争夺最激烈的地区，也是战争的最前方。

（一）阿卜耶伊的争夺

阿卜耶伊地区坐落在北加扎勒河州、瓦哈卜州及团结州之间。阿卜耶伊不论是从地理上讲，还是从文化上讲都是苏丹南、北的分界线。阿卜耶伊以前是9个恩哥科（Ngok）丁卡酋长的领地。恩哥科丁卡人在部族、种族划分上属于南方，主要是基督徒。恩哥科丁卡人已经在这片土地上生活了两个多世纪了。

米赛里亚人（Misseriya）由两个部落组成，即胡姆尔人（Humr）和祖尔哥人（Zurg）。米塞里亚人是阿拉伯穆斯林。米赛里亚阿拉伯人通常来自科尔多凡,他们每年夏天时候来,在阿卜耶伊地区放牧 6 个月,冬天的时候返回科尔多凡。阿卜耶伊的居民是丁卡人,米赛里亚人同丁卡人共享牧场、水源。①

"恩哥科"与"阿卜耶伊"名字的来历与当地生态联系紧密。"恩哥科"是一种小鱼,在基尔河(Kiir)及恩哥科河(Ngokland)中非常常见。恩哥科鱼有三只角,分别在左边、右边和后边。尽管这种鱼很小,但是很难被逮住。因此,恩哥科丁卡人就以这种很难被捉住的小鱼命名自己。"阿卜耶伊"是一种无花果树,遍及恩哥科河,树荫很大。非洲有一种传统,重要的会议,如法庭会议,一般会在树下举行。②

19 世纪土耳其、埃及统治时期,苏丹的北方人民进行的奴隶贸易恶化了丁卡人与霍姆尔米赛里亚人之间的关系。1905 年,英国殖民者将阿卜耶伊从南苏丹的加扎勒河划出,并入北苏丹的科尔多凡省(Kordofan)。英国人此举是为了保护阿卜耶伊地区免受奴隶贸易之害。③虽然自 1905 年以来,阿卜耶伊地区一直由北苏丹管理,但是,在 100 多年的时间里,恩哥科丁卡人一直顽强地保留着自己的文化没有被同化。然而,英国人 20 世纪初的决定依然影响了阿卜耶伊的命运,并且在 21 世纪成为苏丹和南苏丹最棘手的问题。

1965 年,第一次南北内战波及阿卜耶伊,恩哥科丁卡人和米赛里亚人也在此时爆发冲突,穆哥莱德镇及巴巴努萨镇(Babanusa)不少恩哥科平民被杀。1972 年,尼迈里政府与南方叛军签署了结束内战的《亚的斯亚贝巴协议》。该协议对阿卜耶伊地区有这样的规定:将该地区置于总统的直接管理之下;同时有一则附加条款:一

---

① Douglas H. Johnson, "Why Abyei Matters, The Breaking Point of Sudan's Comprehensive Peace Agreement?" *African Affairs*, Vol. 107, No. 426. Jan. 2008.

② Akol Miyen Kuol, *Sudan: Understanding the Oil-Rich Region of Abyei*, Made in the USA, San Bernardino, CA, 2014, p. 49.

③ Ibid., p. 19.

段时期后,允许丁卡人决定自己的将来。但是,这样的安排激起了米赛里亚人的不满。战争结束后,加扎勒河省的北方官员被南方人取代了。恩哥科丁卡人和米赛里亚人发生冲突时,这些官员倾向于支持丁卡人,米赛里亚人则以武装民兵的形式保护自己。随着1981年《亚的斯亚贝巴协议》的破产,阿卜耶伊问题也不了了之。一些恩哥科丁卡人组建了"阿尼亚尼亚Ⅱ游击队",他们在1983年苏丹人民解放运动/军成立时发挥了不小的作用,恩哥科丁卡人是加入该组织的第一批人。

阿卜耶伊地区无论是对苏丹而言,还是对南苏丹共和国而言,都具有重大意义。阿卜耶伊之所以成为两国争论的焦点,一个重要原因是油藏丰富。阿卜耶伊地区土地肥沃,拥有丰富的石油资源。据估计,2004年,阿卜耶伊的石油储量约占苏丹年产石油量的25%。[1] 阿卜耶伊地区的有争议的四个油田是班布油田(Bamboo)、哈季利季2B油田(Heglig 2B)、南托玛(Toma South)油田和统一1B油田(Unity 1B)。尽管阿卜耶伊地区的石油产量不断下滑,但是石油管道的存在却使其重要性不减当日。1区、5区的塔尔·加特依赖于穿过阿卜耶伊的大尼罗河石油作业公司的石油管道,[2] 该石油管道直通红海的原油出口码头。无论其石油产量如何,阿卜耶伊的重要性都因其管道设施而持续存在。[3]

2003年6月,在阿卜耶伊的阿哥科(Agok)召开了全恩哥科丁卡人大会,会议做出如下规定:"阿卜耶伊的恩哥科丁卡人坚持:我们是苏丹南方的一部分,要求根据重新统一的历史仪式,立即将阿卜耶伊的土地和人民归于加扎勒河。此次会议将由加扎勒河的精神领袖主持进行。全面委托苏丹人民解放运动/军作为我们民族、

---

[1] Lauren Ploch Blanchard, *Sudan and South Sudan: Current Issues for Congress and U. S. Policy*, CRS Report for Congress, Oct. 5, 2012, p. 11.

[2] Fatal Transaction and European Coalition on Oil in Sudan, *Sudan, Whose Oil? Sudan's Oil Industry Facts and Analysis*, April 2008, p. 36, http://www.paxvoorvrede.nl/media/files/sudans-whose-oil.pdf.

[3] 姜恒昆、周军:《苏丹南北关系中的阿卜耶伊问题》,《西亚非洲》2011年第7期。

地区及国际舞台正义事业的合法代表,将代表我们同喀土穆政府进行谈判。"[1] 2004 年 5 月 26 日,关于《阿卜耶伊冲突的解决方案》在肯尼亚的纳巴沙(Nabasha)签署。

2005 年 1 月喀土穆政府与苏丹人民解放运动达成《全面和平协议》。《全面和平协议》中的《阿卜耶伊冲突协议》第 1 条第 3 款规定:"过渡期结束时,与南方公报同时进行的是阿卜耶伊的单独公投。不论南方公投结果如何,阿卜耶伊的单独公投将为其居民提供以下选择:a. 阿卜耶伊在北方享有特殊地位;b. 阿卜耶伊成为加扎勒河的一部分。"[2] 根据《阿卜耶伊冲突决议》第 3 条第 1 款无偏见财富分配宣言条款,阿卜耶伊地区的石油净收益将做如下分配:50% 归民族政府(National Government),42% 归南方政府(the Government of Soutern Sudan),2% 归加扎勒河地区,2% 归西科尔多凡地区,2% 归当地的恩哥科丁卡人,2% 归当地的米赛里亚阿拉伯人。[3] 2004 年 5 月 26 日,喀土穆政府与苏丹人民解放运动在肯尼亚的奈瓦沙(Naivasha)签署了《阿卜耶伊冲突决议》。然而,此后阿卜耶伊问题一直没有得到解决。

2006 年 1 月底,南科尔多凡副州长率领 60 名警察闯入阿卜耶伊镇,在大清真寺宣布:阿卜耶伊将永远是南科尔多凡的一部分。苏丹人民解放运动视此举为有意挑衅,是为中止《阿卜耶伊宣言》找借口。苏丹人民解放运动做出公开声明,表示不执行阿卜耶伊边界委员会报告,警察才撤离。2007 年 1 月,在沙特朝圣时,苏丹总统巴希尔在发表演讲时称:阿卜耶伊边界委员会的报告已经越过了委任地,因为他们没有找到 1905 年的边界图。巴希尔称,他的政

---

[1] Akol Miyen Kuol, *Sudan: Understanding the Oil-Rich Region of Abyei*, Made in the USA, San Bernardino, 2014, p. 40.

[2] *The Comprehensive Peace Agreement Between The Government of The Republic of The Sudan and The Sudan People's Liberation Movement/Sudan People's Liberation Army*, pp. 65 – 66. http://www.unmis.unmissions.org/Portals/UNMIS/Documents/.../cpa-en.pdf.

[3] Ibid., p. 67.

府将不会接受专家决议。① 国家大会党和民族联合政府通过批评《阿卜耶伊宣言》而拒不执行该宣言的各项条款。

2008年5月，苏丹武装部队将阿卜耶伊镇夷为平地，杀死了89名恩哥科丁卡人，导致5万人流离失所。② 此前和此后，喀土穆政府实行了秘密吞并政策，鼓励米赛里亚人定居在以前丁卡人的土地，并阻止以前的恩哥科丁卡人返回家园。国家大会党对阿卜耶伊边界委员会划分边界不满的一个重要原因是边界内的一些发展项目——尼亚马（Nyama）的农业计划、梅拉姆（Meiram）的火车站，班布油田及哈季利季油田等，这些都在阿卜耶伊地区。③ 而喀土穆政府拒绝接受阿卜耶伊边界委员会报告的一个重要原因是不愿意失去石油收入：报告将班布油田及哈季利季油田划入阿卜耶伊地区，而在苏丹政府看来，这两大油田不在该地区，即阿卜耶伊的边界应比阿卜耶伊边界委员会的报告小。（关于海牙国际法庭提议的边界，非盟提议的边界，阿卜耶伊边界委员会提议的边界及苏丹人民解放运动提议的边界请参考图3—2。）可以看到，苏丹人民解放运动提议的边界比阿卜耶伊边界委员会提议的边界大得多。签署《全面和平协议》时，有关阿卜耶伊公投的决定也有这样的说明：在紧急情况下，总统应该启动和平与协调进程。这样，阿卜耶伊地区的人民才能够和平、和谐地相处。④

苏丹政府建议将阿卜耶伊地区问题提交给国际海牙法庭，以确定其边界。苏丹人民解放运动同意苏丹政府的这一做法。2009年7月22日，海牙永久仲裁法庭发布裁决，确定了9个恩哥科丁卡酋

---

① Douglas H. Johnson, "Why Abyei Matters, The Breaking Point of Sudan's Comprehensive Peace Agreement?" *African Affairs*, Vol. 107, No. 426, Jan. 2008.

② Akol Miyen Kuol, *Sudan: Understanding the Oil-Rich Region of Abyei*, Made in the USA, San Bernardino, CA, 2014, p. 20.

③ Douglas H. Johnson, "Why Abyei Matters, The Breaking Point of Sudan's Comprehensive Peace Agreement"? *African Affairs*, Vol. 107, No. 426, Jan. 2008.

④ Akol Miyen Kuol, *Sudan: Understanding the Oil-Rich Region of Abyei*, Made in the USA, San Bernardino, CA, 2014, p. 40.

长领地的边界,并将阿卜耶伊的面积缩小至10564平方公里。海牙永久仲裁法庭建议,自裁决公布之日3个月内划分阿卜耶伊的边界,但是,参与划分边界的工程师们却受到来自武装米赛里亚阿拉伯人的死亡威胁。最终,边界划分工作停止。海牙永久仲裁法庭给予米赛里亚阿拉伯人11000—12000平方英里的土地,国家大会党和苏丹政府拒绝执行裁决。① 2011年5月,即南苏丹宣布独立前两个月,苏丹武装部队联合武装民兵入侵阿卜耶伊,并将其并入苏丹。此次入侵导致100多名恩哥科丁卡人死亡,11万人离开家园。②

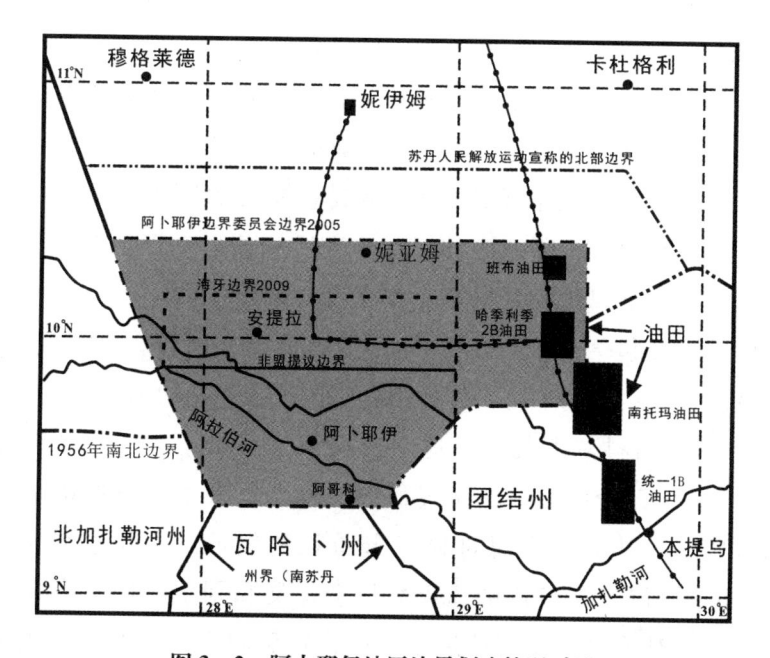

图3—2 阿卜耶伊地区边界划分情况对比

资料来源:Mathew Leriche and Matthew Arnold, *South Sudan: From Revolution to Independence*, Oxford: Oxford University, 2012, p. 10。

恩哥科丁卡人现在有两个法律文件,《阿卜耶伊宣言》和《阿

---

① Akol Miyen Kuol, *Sudan: Understanding the Oil-Rich Region of Abyei*, Made in the USA, San Bernardino, 2014, CA, p. 21.

② Ibid., p. 21.

卜耶伊边界委员会报告》。国家大会党不愿意执行《阿卜耶伊宣言》，苏丹人民解放运动则无力执行《阿卜耶伊宣言》。苏丹政府和苏丹人民解放运动在阿卜耶伊问题上很难达成一致。《阿卜耶伊宣言》包括行政管理、石油财富分配及保证恩哥科丁卡人和米赛里亚人继续使用牧场的条款。然而，《阿卜耶伊宣言》不是由双方起草的，是由美国特使参议员杰克·丹弗斯（Jack Danforth）起草后，呈交给双方的。丹弗斯此举是为了打破谈判僵局。喀土穆政府不想失去油藏的控制，然而大部分油田位于恩哥科丁卡人宣称的阿卜耶伊土地之内或周围。与此相关的是，喀土穆政府坚持任何决定都不能将任何领土归入南方，除了1956年独立日（1月1日）南方诸省的领土外。苏丹人民解放军则认为，恩哥科丁卡人是自己选区的选民，这很重要；而且他们认为，《亚的斯亚贝巴协议》机制解决阿卜耶伊冲突的失败是导致1983年战争爆发的原因之一，换句话说，这是陈年旧事。除此之外，苏丹人民解放运动还认为，在西尼罗河地区，喀土穆正在开采真正属于南方的石油。[1]

在美国人起草的报告中，1905年很重要，因为2003年1月流产的会议显示：恩哥科丁卡人的领土原来是加扎勒河省的一部分，于1905年划给科尔多凡省。这个日期后来也被写入美国人起草的《阿卜耶伊宣言》中。在此次宣言中，特别定义了阿卜耶伊是1905年划给科尔多凡的9个恩哥科丁卡酋长的领地。确切边界则留给《全面和平协议》签订后的边界委员会定义和划定。1905年对双方意义重大：对苏丹人民解放运动来说，宣称阿卜耶伊是南方的一部分是有根有据的；对喀土穆政府来说，他们确信，划给科尔多凡的土地少于苏丹人民解放运动宣称的土地。[2] 2005年7月14日，阿卜耶伊报告出炉后，就被立即呈交给总统，但是加朗的意外身亡使国家大会党对此漠不关心，阿卜耶伊问题也因此仍处于困境之中。

---

[1] Douglas H. Johnson, "Why Abyei Matters, The Breaking Point of Sudan's Comprehensive Peace Agreement?" *African Affairs*, Vol. 107, No. 426, Jan. 2008.

[2] Ibid..

阿卜耶伊民众一直在等待两个总统的命令：第一个是承认阿卜耶伊边界委员会（The Abyei Boundary Commission）专家的报告；第二个是建立阿卜耶伊政府。国家大会党使阿卜耶伊问题复杂化。阿卜耶伊边界委员会被授权划分边界，它将哈季利季油田和班布油田划入了阿卜伊耶地区。北方反对阿卜耶伊边界委员会的做法，因为它将原属北方的很大一部分收入来源地置入了有争议的领土。

后来此事被提交给了海牙的常设仲裁法院进行裁决。2009年，常设仲裁法院重新定义了阿卜耶伊地区，将哈季利季油田和班布油田划出阿卜耶伊，使其归苏丹所有。阿卜耶伊地区的全民公投原定于2011年1月举行，由于对选民资格出现争议，最终公投一事一直拖了下来。阿卜耶伊的公投是一个两难的困境，正如一名外国观察者所总结的："如果不让米赛里亚人参与公投，他们就会战斗；如果让他们投票，恩哥科丁卡人就会拿起武器战斗。"[1] 虽然阿卜耶伊的边界划分及最终地位一直未定，但时至今日，哈季利季油田和班布油田仍属于苏丹南科尔多凡州。[2]

阿卜耶伊的公投本应该与南苏丹公投同时进行，但是，由于双方对边界的争议及选民资格的争议，投票被推迟了。2011年5月，苏丹武装部队和苏丹人民解放军交火，之后，苏丹武装部队占领了阿卜耶伊地区，此举导致10万人流离失所，很多人逃到南苏丹。恩哥科丁卡人指责喀土穆安排几万米赛里亚人在阿卜耶伊定居，并为其提供武器，使其在当地制造不稳定因素。《全面和平协议》执行期间，喀土穆则指责苏丹人民解放军在阿卜耶伊部署军队，武装当地人。[3]

据报道，2011年5月，一支大约由5000人组成的苏丹武装部

---

[1] Matthew LeRiche and Matthew Arnold, *South Sudan: From Revolution to Independence*, Oxford: Oxford University Press, 2012, p. 193.

[2] *Sudan and South Sudan*, U. S. Energy Information Administration, Sept. 5, 2013.

[3] Lauren Ploch Blanchard, *Sudan and South Sudan: Current Issues for Congress and U. S. Policy*, CRS Report for Congress, Oct. 5, 2012, p. 11.

队控制了阿卜耶伊地区。起因是南苏丹武装部队，即苏丹人民解放军伏击了苏丹武装部队并且杀死了 22 人。北方部队对阿卜耶伊地区发动了包括炮轰、空中轰炸及坦克袭击等的进攻。最初报道显示有万人逃离该地区，南苏丹政府则宣称，这是"战争行为"。联合国派出代表进行干涉。南苏丹之后宣称，将从阿卜耶伊撤出部队。

在国际社会的努力下，2011 年 6 月 20 日双方达成了《阿卜耶伊地区行政安全临时安排协议》。根据协议安排，双方决定撤出各自部队，以实现该地区的非军事化。2011 年 6 月，联合国安理会 1990 号决议决定组建联合国阿卜耶伊临时安全部队（UN Interim Security Force for Abyei, UNISFA），这支部队主要由埃塞俄比亚军队组成。同年年底，安理会授权阿卜耶伊临时安全部队同苏丹、南苏丹共同监管边界地区。[1]

联合国阿卜耶伊临时安全部队由陆军中将特迪西·魏里德·提斯法伊（Tadesse Werede Tesfay）率领的埃塞俄比亚部队（4200 人）组成。阿卜耶伊地区被交由两国政府联合指定的人选进行管理，并由非盟机构（African Union Facilitation）成立的联合委员会进行监督。2011 年 7 月 15 日，南苏丹共和国宣布独立后 6 天，维和部队进入南苏丹。无论是苏丹政府，还是南苏丹政府都宣布对阿卜耶伊的所有权，埃塞俄比亚部队则试图阻止任何一方通过武力占领阿卜耶伊地区。[2]

阿卜耶伊地区归属问题的悬而未决，极有可能成为引发两国战争的火药桶。按照《全面和平协议》的安排，阿卜耶伊的全民公投应当和南苏丹人的公投同时举行，但是，由于在谁有权参与投票这一问题上，苏丹和南苏丹两国无法达成一致，因此，阿卜耶伊地区的全民公投最终被推迟。米赛里亚人担心，一旦阿卜耶伊被划给南

---

[1] Lauren Ploch Blanchard, *Sudan and South Sudan: Current Issues for Congress and U. S. Policy*, CRS Report for Congress, Oct. 5, 2012, p. 11.

[2] Issam AW Mohamed: *Oil and War, Cooperation and Development in the Two Sudanese Nations Crisis of a Nation*, Made in the USA, San Bernardino, CA, 2014, p. 85.

方，他们就不能在该地区放牧了，那么，他们几个世纪以来的生活就会受到影响。喀土穆政府乘机煽风点火，鼓励米赛里亚人参与阿卜耶伊的全民公投。这样一来，苏丹人民解放运动支持恩哥科丁卡人，米赛里亚人则受到苏丹政府的支持。恩哥科丁卡人和米塞里亚人的争夺涉及领土和水资源。由于牲畜量的扩大、水源的减少、牧场的缩小，再加上战争引起的仇恨，恩哥科丁卡人和米赛里亚人之间时常会发生冲突。

阿卜耶伊现在由国际监管委员会和联合集成部队（Joint Integrated Units）共同治理。联合集成部队由苏丹武装部队和南苏丹的苏丹人民解放军组成。阿卜耶伊地区还有其他的武装力量。过去战争年代控制着阿卜耶伊地区的旧苏丹武装部队第 31 旅，现在仍然在该地区。除此之外，由亲政府的民兵中校托马斯·泰尔（Thomas Tiel）领导的南苏丹独立运动也在该地区。第二支民兵被称作"沙哈马"（Al-Shahamah），由米赛里亚阿拉伯部落成员组成。所有这些力量都驻扎在阿卜耶伊镇，沙哈马则驻扎在阿卜耶伊北边的森林中。[1]

苏丹武装部队不允许国际监管人员在北阿卜耶伊巡查，却让其在南阿卜耶伊巡查，因为南阿卜耶伊在苏丹人民解放军的控制之下。据恩哥科平民叙述，监管者不被允许进入北阿卜耶伊，因为那些地方是油田，苏丹政府将阿拉伯家庭安置在此，声称他们是开采石油的石油公司员工。[2] 阿卜耶伊市场由阿拉伯商人控制，据恩哥科平民的叙述，这些商人全副武装，让他们感到十分不安全。[3]

2012 年 3 月，苏丹、南苏丹的边界冲突升级。先是苏丹飞机轰炸了纳尔油田（EL Nar），后来又袭击了属于大尼罗河石油作业公司的统一油田的石油设备。这些石油设备位于本提乌镇的茹库那

---

[1] Akol Miyen Kuol, *Sudan: Understanding the Oil-Rich Region of Abyei*, Made in the USA, San Bernardino, CA, 2014, p.32.

[2] Ibid..

[3] Ibid..

（Rubkona），这个地方就是1984年2月苏丹南方叛军杀害雪佛龙公司石油工人的地方。① 南苏丹不甘示弱，2012年4月初，南苏丹部队直接挺进石油重镇哈季利季这个有争议地区，并且声称，苏丹正在将哈季利季作为跨边境袭击的基地。② 哈季利季位于阿卜耶伊有争议地区以东100公里。南苏丹派出几千名士兵参加战斗，最终夺回了哈季利季油田。但是，在国际社会压力下，南苏丹部队撤出哈季利季油田。但是，苏丹石油部长阿瓦德·贾兹（Awad Al-Jaz）宣称南苏丹部队破坏了油田主要的电力系统和基础设施。

2012年4月，两国在边境产油区几乎擦枪走火。苏丹军方发言人萨瓦米·哈拉德上校（Col. Sawarmy Khaled）告诉恩土曼电台，南苏丹部队在过去的24小时内对哈季利季镇发动了两次袭击。哈季利季在过去两周以来，一直是两国争夺的焦点。2009年，海牙的常设仲裁法院将哈季利季划给苏丹的南科尔多凡州，南苏丹对此一直有异议，认为应该将哈季利季划给南苏丹的团结州。③

4月20日，苏丹总统巴希尔威胁称，其将发动战争，"发誓使用武力给南苏丹最后一个教训"。同一天，南苏丹宣布撤出部队，但是，双方都坚持哈季利季油田是自己的。报告显示哈季利季油田及其他边境的战斗在继续。④ 两国之间的冲突一直在升级，尽管南苏丹宣称它在尽量避免战争。

2005年颁布的《南苏丹临时宪法》，对南苏丹领土作出如下规定："南苏丹领土包括以前南方三省，即加扎勒河省、赤道省和上尼罗河省的所有领土和地区，边界就是1956年1月1日的边界。"

---

① Luke Patey, *The New Kings of Crude, China, India, and the Global Struggle for Oil in Sudan and South Sudan*, London: Hurst & Company, 2014, p. 235.

② "Sudan Troops Advance on Heglig Oil Field", BBC News, 13 Apr. 2012, http://www.bbc.com/news/world-africa-17707977.

③ Michael Onyiego and Mohamed Saeed, *South Sudan Troops Move into Disputed Oil Town*, Apr. 11, 2012, http://www.news.yahoo.com/south-sudan-troops-move-disputed-oil-town.

④ Caroline Francis, Pratheepan Madasamy, Sharif Sokkary and Sokunpanha You, *China and the Sudan-South Sudan Oil Fee Impasse, Implications of Chinese Foreign Aid, Diplomacy, and Military Relations*, p. 4, http://www.sites.fordschool.umich.edu/china.../China-and-the-Sudan_ Sout.

同样的，临时宪法对阿卜耶伊做出如下规定："自1956年1月1日起，北苏丹和南苏丹的边界是不可侵犯的，而且受限于国家临时宪法阿卜耶伊公投第18条第3款之规定。"[①] 正如阿卜耶伊边界委员会报告所陈述的："专家强调定义及划分的边界不应成为米赛里亚人和恩哥科丁卡人交流的障碍，决议对双方传统的放牧模式没有影响，这种模式持续了很多年，直至武装冲突打破了这种模式。"[②] 所以，任何改变领土的举动就是打破既有的模式，突破已有的边界，必将产生动乱。

2012年，维和部队驻扎在阿卜耶伊，结束了两国的军事对峙状态。但是，阿卜耶伊的大部分居民仍然无家可归，阿卜耶伊问题的解决仍然遥不可及。南苏丹继续呼吁通过阿卜耶伊的全民公投来解决阿卜耶伊问题，《全面和平协议》也是这样规定的。南苏丹坚持选民资格应该是所有的恩哥科丁卡人及"在阿卜耶伊地区连续居住三年以上并有住处的"个人，而且是2005年1月9日前不少于三年。苏丹提议由两国总统决定阿卜耶伊的最终地位，并且提议分割该地区。[③]

阿卜耶伊地区的恩哥科丁卡人一直试图加入南苏丹共和国。他们的这种要求一方面源于同南苏丹共和国的历史、地理、文化联系；另一方面源于对喀土穆政府的痛苦记忆。然而，从苏丹、南苏丹两个国家族群冲突的历史来看，加入南苏丹并不意味着生活水平的提高或者生活状况的改善。苏丹、南苏丹这两个国家争夺阿卜耶伊的根本目的是该地区丰富的石油资源和具有战略意义的石油管道，几乎没有哪一个国家是为阿卜耶伊地区民众的权益考虑的。就苏丹而言，苏丹人民解放军与喀土穆进行的长达22年的内战证明

---

① Akol Miyen Kuol, *Sudan: Understanding the Oil-Rich Region of Abyei*, Made in the USA, San Bernardino, CA, 2014, p.36.

② Ibid., p.43.

③ Lauren Ploch Blanchard, *Sudan and South Sudan: Current Issues for Congress and U. S. Policy*, CRS Report for Congress, Oct. 5, 2012, p.35.

国家无力正确处理民族冲突。2011年,南苏丹脱离苏丹独立更证明苏丹民族国家构建的失败。所以,恩哥科丁卡人希望阿卜耶伊地区回归南苏丹也情有可原。现在的阿卜耶伊由联合国部署的临时安全部队保持和平,这显然不是长久之计。为了避免冲突,按照国际法要求实现领土变更以解决阿卜耶伊的最终地位是和平解决两国冲突的不二选择。

(二)石油运输费与过境费之争

苏丹已经建立了与石油业配套的石油出口设施,其中包括炼油厂、苏丹港的出口码头和三条主要的石油管道(参见图3—3、表3—1)。苏丹南北分立前,主要的油田位于南方,炼油厂、港口、管道却位于北方;苏丹南北分立后,南苏丹获得了绝大部分的油田,石油基础设施却位于北方。这对苏丹而言意味着丧失了一大部分石油收入,但其却可以通过征收南苏丹石油的运输费和过境费实现石油收入的补偿;南苏丹虽然获得了大部分石油产地,但是必须借助母国的石油设备才能实现石油出口。双方形成一种互相依赖又互相制衡的关系。

表3—1　　　　　　　　　苏丹的石油管道

起点	终点	长度(英里)	造价(10亿美元)
统一、哈季利季、凯康(Kaikang)油田(1/2/4区)	苏丹港	994	1.2
迈卢特盆地(3/7区)	苏丹港	870	1.2
塔尔·加特和马拉油田(5A区)	苏丹港	110	
富拉油田(6区)	喀土穆炼油厂	460	0.4
喀土穆炼油有限公司	苏丹港	500	

资料来源:Fatal Transaction and European Coalition on Oil in Sudan, *Sudan, Whose Oil? Sudan's Oil Industry Facts and Analysis*, p. 20, Apr. 2008, http://www.paxvoorvrede.nl/media/files/sudans-whose-oil.pdf。

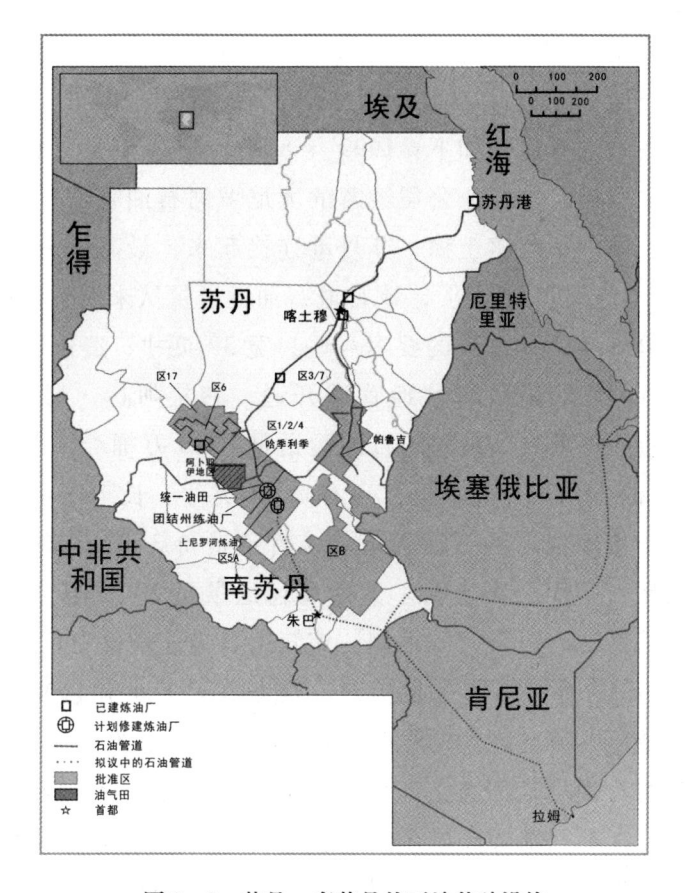

图 3—3 苏丹、南苏丹的石油基础设施

资料来源：*Sudan and South Sudan*, U. S. Energy Information Administration, Sept. 5, 2013。

苏丹有三个炼油厂。据《油气杂志》的介绍，这三大炼油厂的总炼油能力是每天 12.2 万桶，分别位于喀土穆、苏丹港和欧拜伊德。① 喀土穆炼油厂即前文提及的喀土穆炼油有限公司，位于喀土穆北部 70 公里处，2000 年投入使用，日炼油能力五万桶，2006 年，炼油能力达 10 万桶。② 苏丹政府和中国石油天然气集团公司各

---

① Dr. Addis Ababa Othow Akongdit, *Impact of Political Stability on Economic Development: Case of South Sudan*, Bloomington: Authorhouse, 2013, p.174.

② Ibid..

为该炼油厂提供了一半的资金。苏丹港炼油厂是苏丹最小的炼油厂，日炼油量是 2.17 万桶。① 目前，南苏丹的石油基础设施仅限于石油开采设施。

苏丹的石油管道网如下：1999 年 8 月，宽 28 英寸，长 1610 千米的由大尼罗河石油作业公司经营的大尼罗河石油管道开通。该管道将哈季利季油田与喀土穆、苏丹港连接起来，最高石油运送量是 45 万桶/天。但是，事实上，该管道石油运送量从来没有超过 30 万桶/天。② 2005 年，比预计的要迟一些，宽 32 英寸、造价 12 亿美元由 Petrodar 运营的迈卢特盆地管道开通，它从阿达·雅尔（Adar Yale）直通苏丹港。其最初的石油运送量是 18 万桶/天，最高运送量是 50 万桶/天。③ 除此之外，还有宽 24 英寸、长 760 千米的从 6 区直通喀土穆炼油厂的石油管道。该管道造价 3.52 亿美元，由中国石油天然气集团公司运营。其最高运送量是 20 万桶/天。但是，由于喀土穆炼油有限公司的限制，该管道日输油量仅为 6 万桶。④

2009 年 10 月，南苏丹自治政府准备在瓦哈卜州（Warap）建立阿昆炼油厂，以处理 5A 区的石油。新炼油厂也将为尼罗河西岸的七个州的石油生产服务。工程预计造价 20 亿美元，但是必须有财政保证。南苏丹能源和矿产部部长认为，阿昆炼油厂不太可能建成，因为其选址的经济意义不大。11 月，南苏丹能源和矿产部部长丁·阿库欧哥（Ding Akuong）发表声明，南苏丹分立后，将继续使用苏丹港的炼油厂。⑤

南苏丹的石油主要通过分别由大尼罗河石油作业公司和 Petro-

---

① ECOS (European Coalition on Oil in Sudan), *Sudan's Oil Industry on the Eve of the Referendum*, Dec. 2010, p. 13, http：//www. ecosonline. org/reports/2010/Sudans_ oil_ industry_ on_ the _ eve_ of_ the_ referendum. pdf, 2014 – 11 – 04.

② Dr. Addis Ababa Othow Akongdit, *Impact of Political Stability on Economic Development：Case of South Sudan*, Bloomington：Authorhouse, 2013, p. 172.

③ Ibid. .

④ Issam AW Mohamed：*Oil and War, Cooperation and Development in the Two Sudanese Nations Crisis of a Nation*, Made in the USA, San Bernardino, CA, 2014, p. 128.

⑤ Ibid. , p. 130.

dar 经营的两条石油管道运送至红海苏丹港的出口码头。公投前，对于修建替代性石油管道，即通过肯尼亚出口石油曾有过诸多讨论。然而，这需要花三年的时间设计、修建，甚至可能更长，而且谁为此项目提供资金还不明确。在国际石油及天然气管道史上，讨论所占的比例远远超过真正的实践，然而，单凭政治意愿并不能修建石油管道，它需要石油及强制性的商业投资协议。[①] 让南苏丹建立自己的石油管道并不现实，制约因素有二。其一，苏丹现有的石油管道是由在其境内开发石油的国际石油公司修建的，南苏丹欲修建至肯尼亚或埃塞俄比亚、吉布提的石油管道，但缺乏足够的资金支持。对于石油收入是政府主要收入的南苏丹政府来说，拿出一部分资金用于修建石油管道将使政府财政捉襟见肘。其二，如上所述，南苏丹石油产量在下降，B 区、5B 区及 Ea 区至今为止没有发现新的油藏。在这种情况下，修建新的石油管道没有多大意义。因此，对南苏丹共和国来说，最有经济价值且最有效的途径仍然是与苏丹合作，利用苏丹的石油管道来实现石油出口。

苏丹和南苏丹两国石油谈判的关键是如何对苏丹进行补偿，以弥补因丧失石油收入对其经济造成的负面影响，同时还要保证南苏丹的石油生产，这对苏丹的经济发展也很重要。苏丹和南苏丹对石油管道使用费、过境费等问题分歧严重。南苏丹独立后，喀土穆政府要求对每桶石油征收 32—36 美元的费用，包括拟议的过境费、中央处理费、海运码头费。南苏丹却只提供每桶少于 1 美元的费用，并且声称这比国际标准还多。喀土穆声称，南苏丹在石油管道、炼油厂和出口码头等设施上没有任何投资，而且也不是协议的合作方，因此，基于那些协议的任何成本计算均是无稽之谈。[②] 双

[①] Jill Shankleman, *Oil and State Building in South Sudan*, *New Country*, *Old Industry*, Special Report 282, United States Institute of Peace, Jul. 2011. http://www.usip.org/sites/default/files/Oil_and_State_Building_South_Sudan.pdf.

[②] ICG (International Crisis Group), *China's New Courtship in South Sudan*, Africa Report N°. 186 – 4 Apr. 2012, p. 27, http://www.crisisgroup.org/en/regions/africa/horn-of-africa/south-sudan/186-chinas-new-courtship-in-south-sudan.aspx.

方在过境费等问题上分歧严重，很难达成一致。

就在双方僵持不下时，非盟提议南苏丹共和国为苏丹支付11亿美元的过境费，有效时间直到2014年年底。然而，2011年下半年双方仍没有对过境费、石油收入分配、阿卜耶伊地区归属及其他有争议的边界问题达成任何协议。当谈判毫无进展时，2011年11月30日，南苏丹石油官员称，喀土穆将停在苏丹港的属于南苏丹的60万桶原油延迟发货，而后卖给了中国的中国国际石油化工联合有限责任（UNIPEC）。第二批属于南苏丹的100万桶原油南苏丹准备卖给总部位于日内瓦的贸易商维托尔（Vitol）也被延迟至12月3号。喀土穆的石油部部长声明，只有达成协议南苏丹才能实现石油出口，北方官员后来证实，这些石油已经被喀土穆政府没收，以补偿自7月以来南苏丹分文未付的诸种费用。[1] 由于在石油过境费上出现僵持，2011年12月，喀土穆开始将南苏丹尼罗河混合原油转移至喀土穆和欧拜伊德炼油厂。

次年1月，朱巴指责喀土穆扣留了南苏丹开往外国的油轮，并转移了南苏丹价值8亿美元的石油。在苏丹安全部队的要求下，石油运营商被迫将属于南苏丹的两艘货轮石油卸载并转移至喀土穆的油轮上，另一艘货轮石油被转至苏丹炼油厂。喀土穆声称，这样做是因为朱巴欠喀土穆的石油出口费，[2] 而这些石油正准备经过苏丹出口。此前，南苏丹报告说自己几个月来并没有获得石油收入。苏丹承认转移了南苏丹石油并宣称，南苏丹应该支付10亿美元未支付的过境费。这个数字是喀土穆基于谈判中的费率要求的。

2012年2月中旬，一艘油轮抵达日本海岸，却无法卸载60万桶的尼罗河混合原油，因为南苏丹宣称这些石油是北方偷走的。此

---

[1] ICG（International Crisis Group），*China's New Courtship in South Sudan*，Africa Report N° 186 – 4 Apr. 2012，p. 28，http：//www.crisisgroup.org/en/regions/africa/horn-of-africa/south-sudan/186-chinas-new-courtship-in-south-sudan.aspx.

[2] Ibid.，p. 29.

事最后闹上法庭。两周后，法庭允许该油轮在日本卸货。① 石油生产关闭前，南苏丹宣称，北苏丹已经将190万桶达尔混合原油注入三艘油轮中。大部分原油依然在苏丹海岸，但是，其中一部分原油已经驶往新加坡。②

朱巴的决策者们认为，喀土穆政府的所作所为相当于非法没收南苏丹价值8.15亿美元的石油财富。因此，南苏丹政府宁愿国家财富埋入地下，直到同苏丹达成长久协议或有其他可供选择的出口机制。③ 非盟的建议是，由朱巴付给喀土穆26亿—54亿美元的转让费（可以谈判），并立即以原油形式支付；另外，南苏丹还需支付给喀土穆3亿美元过境费，因为南苏丹需要用苏丹的管道等基础设施；对喀土穆没收石油的偿还问题推迟谈判，欠款问题的谈判也随之推迟。④ 南苏丹认为这一要价太高，谈判没有达成协议。1月底，南苏丹完全关闭石油生产。另外，由于缺乏资金，人民生活受到很大的影响。南苏丹共和国很有可能与北方擦枪走火，也会影响外来投资者的信心。2012年1月前，南苏丹政府财政收入的90%来自石油销售，为了减少石油停产带来的负面影响，南苏丹部长会议通过采取紧缩财政政策来扩大非石油收入，包括征收收入税、货物税、商业利润税等。

2012年1月，南苏丹石油生产关闭以后，两国都采取了财政紧缩措施。但是，两国仍然面临着很大的困难，且处于濒临破产的境地。联合国安理会表示，倘若两国在8月2号之前不能达成协议，则均将面临制裁。2012年7月22日，为打破僵局，南苏丹起草了

---

① Dr. Addis Ababa Othow Akongdit, *Impact of Political Stability on Economic Development: Case of South Sudan*, Bloomington: Authorhouse, 2013, p.179.

② Ibid..

③ Issam AW Mohamed: *Oil and War, Cooperation and Development in the Two Sudanese Nations Crisis of a Nation*, Made in the USA, San Bernardino, CA, 2014, p.90.

④ ICG (International Crisis Group), *China's New Courtship in South Sudan*, Africa Report No. 186 – 4 Apr. 2012, p.30, http://www.crisisgroup.org/en/regions/africa/horn-of-africa/south-sudan/186-chinas-new-courtship-in-south-sudan.aspx.

《友好关系与合作协议》。该协议处理了一些重要问题，如边界划分、阿卜耶伊地区归属问题，协议的关键之处是每桶原油 7 美元的运输费及 80 亿美元的财政支持。7 月 25 日，苏丹拒绝了该协议，认为该协议"毫无新意"。苏丹将南苏丹石油的运输费从每桶 36 美元降至 32 美元。南苏丹每天的石油出口量是 23 万桶，每桶价格是 90—100 美元，这样一来，苏丹要求的费用为每年近 27 亿美元，占南苏丹未来预期净收入的 52%。[1] 双方预期价格差距太大，很难弥合。南苏丹提出的每桶 7 美元的运输费是基于苏丹当前内部原油生产的关税，再加上每桶 0.63—0.69 美元利润及过境费。这样，平均每桶石油的运输费是 7.5 美元，每天所需运费约为 170 万美元。[2] 但是，苏丹对此却不予接受。苏丹之所以提出每桶 32 美元的费用是出于其国内预算的迫切需求。

（三）石油生产的关闭

苏丹与南苏丹之间的石油纷争主要表现为对富油区阿卜耶伊的激烈争夺和军事对抗及在石油运输费与过境费问题上僵持不下、互不妥协，而两国石油纷争的高潮则是南苏丹石油生产的关闭。

尽管石油收入占南苏丹财政收入的 98%，但是 2012 年 1 月 20 日，南苏丹共和国政府依然做出了一个史无前例的决定——关闭石油生产。首先是 5A 区的石油生产被关闭，接着是 3/7 区域。在这些区域从事石油开发的国际石油公司证实：水已经被注入 1000 英里长的管道。该管道连接着穆哥莱德盆地的油田和苏丹港的出口码头。之所以注水，是为了防止管道堵塞。[3] 南苏丹政府这样做，没有提前通知任何人，包括美国、挪威和英国的顾问及朱巴的中国官员。

---

[1] ECOS (The European Caolition on Oil in Sudan), *Why Sudan Should Accept South Sudan's Financial Package*, 30 Jul. 2012, p. 1, http://www.ecosonline.org/news.

[2] Ibid..

[3] Dr. Addis Ababa Othow Akongdit, *Impact of Political Stability on Economic Development: Case of South Sudan*, Bloomington: Authorhouse, 2013, p. 177.

针对关闭石油生产，2012年1月25日，南苏丹共和国总统萨尔瓦·基尔在国家立法机关对石油危机的演讲如下：

尊敬的议长和尊敬的国家立法机关人员：

今天，我在这里，在这个庄严的大厅里，对我们国家当前的石油危机做一个简单介绍。危机发展到今天这个地步是让人无法接受的。去年12月6号，苏丹共和国财政部部长通知我方石油部长：根据《2011年石油过境费和服务费法》，从当年12月25日起，所有油轮必须支付每桶32.2美元的过境费方可离开苏丹港。

紧接着，他们扣留了我方4艘油轮，这些油轮准备从苏丹港出发，载有350万桶达尔混合原油。他们甚至还阻止另外4艘油轮停泊在苏丹港，这些油轮已经装载了280万桶尼罗河混合原油和达尔混合原油，但是却无法到达买主手中。到目前为止，这8艘油轮仍处在苏丹政府的控制之下，总价值为6.3亿美元。

除此之外，他们还没收了另外的价值1.85亿美元的石油。自12月以来，苏丹政府共掠夺我方石油财富总价值为8.15亿美元。此外，他们还完成了管道接通的修建工作，这样一来，他们每天可以转移12万桶南苏丹原油至喀土穆炼油有限公司，而且是长期的。这些石油是我们日产石油量的75%。

阁下，转移南苏丹石油已经给我们的财政收入带来了严重的影响，因为石油收入对我国的安全和人民的幸福非常重要。此时，我们无法保证流经苏丹共和国的石油是否能抵达预定目的地，我们无法忍受属于南苏丹共和国的资产被转移。

因此，在1月20日召开的2012年部长理事会上，我们一致决定立刻停止南苏丹所有的石油生产，南苏丹共和国的石油不再由苏丹共和国管道运输。

政府正着手处理这件事情。然而，我们注意到，没有你们的支持，我们无法处理这件事情。我们现在已经到了这种地步，尝试完各种方法后——包括上周派特使到肯尼亚、乌干达和埃塞俄比亚——我们已经筋疲力尽。这些国家的总统同巴希尔接触，要求巴希尔不要在南苏丹石油问题上采取单方面举动。

巴希尔的回答是他不会停止转移石油，直到我方同意支付每桶32.2美元昂贵的费用，这完全高于国际标准，我们不愿意开这个先例。

现在，没有了石油收入，其长期影响还无从知晓。但是，为了保证政府的正常运作及为我国人民提供服务，我们需要寻找其他资金来源。

我已经指示财政部部长起草了关于税收和分配的应急计划，这样可以加快非石油收入的增长速度。当然，我们也会优先考虑当前收入的分配，以使我们当前收入的使用最大化，财政部也会想办法利用其他渠道筹集资金。基于当前的现金储备，剩余多少能够保证政府将来运作取决于削减哪一种预算。

阁下，我们公民的安全、健康是我们工作的重中之重。无论需要采取什么样的紧缩措施，我们都有信心能够继续履行国家安全和公民幸福这些关键义务。

而且我们会继续竭尽所能解决同苏丹的僵局，以恢复南苏丹原油出口。我们正在同非盟及其他伙伴密切讨论，以期达成对双方公平的协议。

但是，至今为止，苏丹政府仍拒绝谈判。考虑到我们过去在巴希尔总统统治下的历史，我们意识到我们必须为没有石油收入做准备。这一情形可能持续很长时间，但是，我愿意向南苏丹人民保证，我们将会采取所有措施使损失降至最小。

阁下，危机来临的时刻我们还面临着来自内部的挑战，特别是最近发生在琼莱州的冲突。用耐心和毅力处理这种冲突是我们的集体责任。这就是所有的南苏丹人需要用一个声音说话的时刻，应避免煽动言论，进一步恶化局势。

出于这个原因，我呼吁这里所有人支持部长理事会的决定，关闭石油生产，并寻找其他途径管理政府项目。毫无疑问，在座各位已经非常严肃地、认真地考虑了所有选择，请立即做出最符合南苏丹共和国利益的决定！

作为南苏丹人，我们会忍受苦难。我们的国家是建立在弹性、警觉和自豪基础之上的，通过纪律，我有信心，我们年轻的国家会变得更强大、更团结。

谢谢你们！上帝保佑你们和所有人！[1]

基尔在演讲中阐述了关闭石油生产是政府采取的无奈之举，是为了防止属于南苏丹共和国的资产落入苏丹手中。基尔总统在演讲中表明丧失石油收入将给国家和人民带来的影响，但是，政府会竭尽全力解决问题。最后，基尔呼吁南苏丹人团结一致，共克时艰。苏丹总统巴希尔称，南苏丹此举"目的是削弱并分裂苏丹，其背后受到敌视苏丹势力的指使，他们认为这种做法将使苏丹持续衰竭，其实南苏丹也会因此衰竭"。[2]

在不到一个月的时间里，南苏丹关闭了3/7区，1区和5A区的石油生产。[3]尽管南苏丹境内的3/7区和5A区的石油生产关闭了，且大尼罗河石油作业公司南苏丹生产也已被关闭，但是，根据苏丹国家石油公司的报告，苏丹境内的6区仍在生产石油，每天是5.2万桶。2月中旬，大尼罗河石油作业公司位于苏丹境内的油田日产石油超过5万桶。这样，当南苏丹石油生产为零时，苏丹却每

---

[1] *Statement by H. E. Salva Kiir Mayardit, President of the Republic of South Sudan to the National Legislature on the Current Oil Crises*, Government of the Republic of South Sudan, 23 Jan. 2012, http://www.sudantribune.com/spip.php? iframe&page = imprimable&id_ article = 41381.

[2] 刘宝莱：《南苏丹："独立红利"兑现了吗》，《世界知识》2012年第6期。

[3] *Sudan and South Sudan*, U. S. Energy Information Administration, Sept. 5, 2013.

天生产石油 10 万桶。[①]

　　石油停产后，在非盟斡旋下，苏丹、南苏丹代表在埃塞俄比亚首都亚的斯亚贝巴进行了数次谈判。历经几个月的谈判僵局，两国终于在 2012 年 8 月就石油过境费达成临时协议。双方同意从哈季利季油田至苏丹港以每桶 8.4 美元的价格运输达尔混合原油，以每桶 6.5 美元的价格经过 Petrodar 管道运送 3/7 区域的达尔混合原油。另外，还需额外支付每桶 2.6 美元的处理费和过境费。这样，这两种石油的运输价格分别是每桶 11 美元和每桶 9.1 美元。两国同意南苏丹在未来 3 年半的时间里支付邻国 30.28 亿美元的援助，以弥补其丧失石油收入的损失。[②]

　　2012 年 9 月 3 日，喀土穆、朱巴谈判代表团返回埃塞俄比亚首都亚的斯亚贝巴进行谈判。9 月 27 日，双方对南苏丹独立后问题，如石油收入的分配、边界划分、安全问题、财政贸易等问题达成了一系列协议。南苏丹和苏丹达成协议很难，但是执行协议更难，对双方而言，今后工作的关键是如何履行协议。南苏丹共和国政府和苏丹共和国政府关于石油及相关经济问题的协议全文见文末附录。

三　石油谈判

　　对南苏丹共和国而言，最迫切的任务是解决同南苏丹共和国的石油纷争，以期为发展创造和平、稳定的国际环境。苏丹、南苏丹在非盟总部亚的斯亚贝巴对于南苏丹独立后的诸多问题，特别是石油过境费问题举行了谈判，然而，双方分歧很大，没有达成任何协议。双方谈判议题如下：（1）石油过境费。（2）对苏丹所窃取的石油的处理方案。（3）苏丹的外债（苏丹希望南苏丹共和国分担其 3800 万美元的外债，朱巴拒绝分担任何外债）。（4）阿卜耶伊和

---

　　① Dr. Addis Ababa Othow Akongdit, *Impact of Political Stability on Economic Development: Case of South Sudan*, Bloomington: Authorhouse, 2013, p. 177.
　　② *Sudan and South Sudan*, U. S. Energy Information Administration, Sept. 5, 2013.

边界的划分问题。①

自2012年以来，南苏丹单方面决定关闭石油生产，不再使用苏丹的管道、炼油厂、出口码头出口石油；而苏丹则决定关闭边界，对向南苏丹走私物品的国民格杀勿论。两国关系迅速恶化。4月，哈季利季危机的爆发使两国关系几乎破裂。②南苏丹石油停产后，燃料短缺不断显现，直接影响了贸易，民众生活成本上升。资金的短缺迫使南苏丹不得不借债度日。6月，南苏丹从卡塔尔获得1亿美元的贷款，用于进口食物、燃料、医药及建筑材料，但是这些贷款将在2012年年底用尽。朱巴跟国际银行谈判以获得另外2亿美元的贷款。国际货币基金组织9月宣布南苏丹是适宜贷款的国家。但是，由于南苏丹的腐败问题，西方国家不愿意为朱巴政府提供直接的财政援助。③

母国苏丹由于南方的独立而面临着危机，而新生的南苏丹共和国则由于主动关闭石油生产面临危机。苏丹面临的危机是不可抗的，后者是可抗的。但是，两个国家面临的危机都是由于石油引起的，这不仅彰显了石油对两国的重要意义，而且暴露出两国经济的致命弱点——对石油的过分依赖。

尽管2012年石油产量下降，苏丹仍然希望通过开发新的油田和提高现有油田的石油回收率来增加产出。苏丹对其境内油田发布招标，临海区域也包括在内。除此之外，根据《中东经济观察》，2012年，苏丹同挪威签署协议，将苏丹现有油田的回收率从23%提高至47%。《中东经济观察》认为，这可能是一个长期战略，可

---

① Issam AW Mohamed: *Oil and War, Cooperation and Development in the Two Sudanese Nations Crisis of a Nation*, Made in the USA, San Bernardino, CA, 2014, p.130.

② Saferworld, *Oil, Security and Community Engagement, A Collection Essays on China's Growing role in South Sudan*, Aug. 2013, p.9, http://www.saferworld.org.uk/.../oil-security-and-community-engage.

③ Lauren Ploch Blanchard, *Sudan and South Sudan: Current Issues for Congress and U.S. Policy*, CRS Report for Congress, Oct. 5, 2012, p.35.

能要花一段时间石油产量才能有明显提高。① 2012 年，苏丹和南苏丹爆发军事冲突导致了石油生产的停止，这对中央处理设备也造成了一定的破坏，2 区的哈季利季油田几个月以来一直受到苏丹和南苏丹军事冲突的影响。苏丹 6 区生产的富拉混合原油，主要在国内冶炼，供国内消费，自然其产量也在下降。2012 年年底，苏丹又开发了两个新的油田：6 区的哈迪达油田（Hadida）和 17 区的巴拉萨亚油田（Barasaya）。这两大油田的日产量在 2013 年年底有望分别达到 20000 桶和 10000—15000 桶之间。②

2012 年 9 月，苏丹共和国总统和南苏丹共和国总统签署了合作协议。10 月 16 日、17 日该协议分别由两国议会通过。合作协议旨在处理双方未解决的问题，实现两国政治经济的持续稳定。内容包括《安全安排协议》、《国民地位协议》、《边界问题协议》（包括边界划分）、《贸易及贸易相关问题协议》、《中央银行合作框架协议》、《推进后服务支出的框架协议》（The Framework Agreement to Facilitate Payment of Post-Service Benefits）、《经济问题协议》、《经济事务协议》、《石油及相关经济事务的协议》、《合作协议》。③

2012 年的合作协议对石油及相关问题做出如下安排：对苏丹、南苏丹而言，石油是关键资源。在《石油协议》的安排下，两国将充分合作以确保南苏丹石油生产的恢复，并且由苏丹提供运输、处理服务。协议特别指出：双方一致认为，石油的处理、运输及过境费反映了两国的特殊关系。协议保证南苏丹石油将抵达国际市场，这不仅有益于南苏丹经济也将最终有益于苏丹。协议还包括这样的条款：确保苏丹共和国免受南北分立或石油收入丧失引起的经济动荡。④ 由此可以看出，两国不仅认识到石油对

---

① *Sudan and South Sudan*, U. S. Energy Information Administration, Sept. 5, 2013.
② Ibid..
③ Issam AW Mohamed: *Oil and War, Cooperation and Development in the Two Sudanese Nations Crisis of a Nation*, Made in the USA, San Bernardino, CA, 2014, pp. 155 – 159.
④ Ibid., p. 158.

各自发展的重要性，而且愿意相互合作，双方都认识到两国之间的特殊关系。南苏丹的石油在国际市场上出售不仅有益于南苏丹，而且有益于苏丹。在石油问题上，任何过激的做法不仅有损于当事国，而且会给邻国带来重大影响。

南苏丹脱胎于苏丹，两国合作领域广阔。南苏丹共和国的五个州——西加扎勒河州、北加扎勒河州、瓦哈卜州、团结州、上尼罗河州与苏丹的五个州——西达尔富尔州、西科尔多凡州、南科尔多凡州、白尼罗河州、青尼罗河州接壤。两国在边界开发、农业合作等领域合作前景广阔。历史已经证明，资源的纠纷会引起战争，但是战争不仅不能解决矛盾，反而会增添许多新的矛盾。因此，无论是对南苏丹而言还是对苏丹而言，相互合作寻求石油纷争的解决之道就是"双赢"。

在苏丹和南苏丹签署合作协议 7 个月后，即 2013 年 4 月 12 日，苏丹总统巴希尔历史性地访问了南苏丹。巴希尔在会谈后表示，两国同意消除阻碍两国贸易和人员往来的所有障碍，南苏丹将恢复石油开采，并通过苏丹出口原油。① 5 天后，南苏丹出口的第一批原油抵达苏丹，然而，苏丹境内的叛军——苏丹人民解放军北方派仍然比较活跃。苏丹指责苏丹人民解放军北方派从南苏丹获得援助。6月 9 日，在南苏丹石油生产恢复两个月后，苏丹总统巴希尔宣布，将在 2 个月后关闭南苏丹石油过境管道，以报复南苏丹对其境内叛军的支持。为维护来之不易的和谈成果，中国政府非洲事务特别代表钟建华、非盟苏丹事务高级别小组负责人、南非前总统姆贝基等参与斡旋。苏丹同意推迟两周关闭石油管道。② 在大部分情况下，苏丹声称要关闭南苏丹的石油出口管道可能只是一种说辞。石油利益将苏丹和南苏丹这两个国家紧密地联系在一起。南苏丹石油生产

---

① 李东超：《苏丹总统访问南苏丹——中国公司迎来新机遇》，《第一财经日报》2013 年 4 月 15 日第 A07 版。

② 吴文斌：《苏丹推迟两周关闭南苏丹石油管道》，《人民日报》2013 年 7 月 28 日第 003 版。

能否顺利进行直接影响到苏丹的利益。2013年12月南苏丹爆发了内部冲突,冲突主要发生在产油区。产油区的冲突不仅导致南苏丹石油停产,而且令苏丹蒙受了巨大的经济损失。2014年1月6日,苏丹总统巴希尔对南苏丹进行了几个小时的访问,共同协商油田保护事宜。为了争夺石油资源,苏丹和南苏丹经过军事对抗、石油生产关闭、威胁关闭石油管道等一系列事件,最终认识到合作是共赢之本。

第四章

苏丹与南苏丹之间石油纷争的影响

第一节 对苏丹的影响

随着南方的独立,《全面和平协议》中的《财富分配协议》终止。协议终止后,苏丹和南苏丹对石油收入分配和石油过境费、处理费无法达成一致的意见。南苏丹认为,苏丹对每桶石油的过境费、运输费要价过高,双方谈判停滞不前。

首先,苏丹和南苏丹之间石油纷争的直接后果是两个国家的石油产量严重下降。2012年,南、北苏丹油气总产量为560万吨,比2011年下降了73.7%。其中北苏丹石油产量为410万吨,比2011年下降了30.9%;南苏丹石油产量为150万吨,比2011年下降了90.6%。[①] 这给两国带来了严重的影响。石油生产的下降直接导致了政府收入的减少。

其次,鉴于双方对石油的严重依赖,石油收入的减少严重影响了双方的经济发展,最终影响了政治稳定。苏丹、南苏丹关系的持续紧张使双方都付出了很大的代价。2012年,南苏丹关闭石油生产后,该国几乎没有任何石油收入,政府也就丧失了98%的财政收

[①] 申延平、梅丹、王倩、罗玲、任思达、高阳:《南北苏丹油气资源格局及我国应对分离局势对策》,《国土资源科技管理》2014年第5期。

入。苏丹则丧失了30%的由南苏丹支付的石油收入,也丧失了80%的外汇收入。[1] 南方独立的直接后果是苏丹石油收入锐减,外汇收入也因此大幅下降。由此引起的连锁反应是进口食物成本增加,通货膨胀加剧。例如,通货膨胀率,以前仅为个位数;2012年上半年,苏丹的通货膨胀率是30%,南苏丹的是25%。同一时期,汇率也有所变化,以前不到3苏丹镑可以兑换1美元,不到3南苏丹镑也可以兑换1美元,但是,后来变为6苏丹镑兑换1美元,5南苏丹镑兑换1美元。[2] 苏丹与南苏丹的石油纷争恶化了苏丹的经济形势,导致食品价格上涨,失业率上升。经济形势的恶化最终引发了政治动荡。2012年6月23日,首都喀土穆大学生抗议物价高涨的集会升级为暴乱,大学生甚至喊出了"人们渴望低物价"及"我们要推翻政府"的口号。[3] 南方独立后,巴希尔总统承受了很大的压力。苏丹民众普遍认为,巴希尔总统应当为丢掉南方负责。2012年,苏丹和南苏丹在阿卜耶伊地区的冲突进一步恶化了两国的经济形势。

再次,石油纷争引发的边界冲突导致苏丹和南苏丹分别支持对方的反对派,这不仅影响经济发展,最终还影响了彼此的稳定。努巴山区和青尼罗河州的苏丹人民解放运动的当地领导人和其他北方领导人组成了新的政党——苏丹人民解放运动北方派(Sudan People's Liberation Movement-North),他们的目标是推翻国家大会党的统治,建立一个民主国家。时至今日,南苏丹执政党苏丹人民解放运动与苏丹人民解放运动北方派的关系依然很模糊。2011年7月9日,它们正式成为两个独立的组织,但是由于彼此间的历史联系和亲密关系,两者间联系紧密。南方独立前,苏丹人民解放运动北

---

[1] Saferworld, *Oil, Security and Community Engagement, a Collection Essays on China's Growing Role in South Sudan*, Aug. 2013, p.9, http://www.saferworld.org.uk/.../oil-security-and-community-engage, 2014-11-07.

[2] Ibid..

[3] 姚桂梅:《南苏丹独立对苏丹经济的影响》,《亚非纵横》2012年第6期。

方派的高官曾是苏丹人民解放运动的领导。苏丹人民解放运动北方派的总书记亚西尔·阿尔曼（Yasir Arman）在2010年的国家选举中曾是苏丹人民解放运动的总统候选人。但是，朱巴政府否认同叛军之间的任何正式联系。

苏丹南北分立前，南科尔多凡州和青尼罗河州的武装力量是苏丹人民解放军的第9旅和第10旅。许多专家认为朱巴不可能再指挥控制这些部队。然而，小部队调查（the Small Army Survey），一家总部在日内瓦的独立研究机构声称，有证据表明，苏丹人民解放军北方派从苏丹人民解放军处获得军事支持。尽管没有证据证实南苏丹对苏丹武装部队其他武装组织的支持，但是，多个报告表明，这些组织在南苏丹有避风港。尽管苏丹、南苏丹发表声明表示不支持、不窝藏叛乱分子，[1]但如果小部队调查报告属实的话，南苏丹对苏丹境内叛乱分子的支持将会严重影响其与母国的关系。更恶劣的是，苏丹将该问题与石油出口挂钩。苏丹坚称：只有双方达成安全安排，说明南苏丹对苏丹叛军的支持，才能达成其他协议，包括石油出口。[2]

最后，苏丹与南苏丹之间的石油纷争导致苏丹的投资环境更加不利。苏丹在南方分立后，采取了多项措施以吸引外国投资者投资本国油田。但是，苏丹与南苏丹的石油纷争及苏丹石油开发的历史令外国投资者望而却步。

苏丹在石油开发中的一个无法回避的事实是，战争就像一个挥之不去的阴影，始终笼罩着苏丹。如前所述，由于先验地认为油田周围的居民是南方叛军苏丹人民解放运动的天然支持者，因此，在石油开发的过程中，苏丹武装部队联合阿拉伯民兵对油田周围的丁卡人、努维尔人实行驱逐政策。丁卡人和努维尔人为此流离失所，不少人沦为难民，因此，丁卡人和努维尔人大量破坏石油设备，以

---

[1] Lauren Ploch Blanchard, *Sudan and South Sudan: Current Issues for Congress and U. S. Policy*, CRS Report for Congress, Oct. 5, 2012, p. 16.
[2] Ibid. .

发泄对喀土穆政府的不满。2005年1月1日，结束南北战争的《全面和平协议》签订后，当地人并没有停止对石油生产的破坏活动。在那里，人们对石油战争记忆犹新，许多人认为石油公司是与南方利益背道而驰的北方国家大会党的同盟，而石油公司在当地某些草率的行为也导致了人们对石油业的憎恨。2008年，大尼罗河石油作业公司向南方自治政府和民族联合政府报告，上半年群众骚乱导致生产停滞所带来的损失是1070万美元。这笔损失是该公司在社区项目投资的两倍多。在民族统一政府和南方自治政府的日历上，"停工"一直高居榜首。[①] 苏丹的石油行业缺乏社会基础，深受群众故意破坏和停工之害，这样增加了石油业的投资风险，也使投资环境更加不利。[②]

2011年11月至2012年2月，苏丹和南苏丹在亚的斯亚贝巴进行了三轮谈判，试图就石油及过渡期财政安排达成协议。双方除了对石油及相关问题进行谈判外，还就债务问题、安全问题、边界问题、阿卜耶伊争端进行了谈判。但是，由于对很多问题无法达成一致意见，谈判最终破裂，南苏丹关闭了石油生产。南苏丹关闭石油生产是针对母国苏丹偷油而采取的一种惩罚性措施，它对南苏丹的影响更大，危害更突出。

第二节　对南苏丹的影响

不言而喻，南苏丹关闭石油生产给两国均带来了很大的负面影响。两国石油产量的下降导致政府收入锐减，民众生活成本上升，社会不稳定因素增加。对于石油收入占财政收入98%的南苏丹共和

[①] ECOS (European Coalition on Oil in Sudan), *Sudan's Oil Industry on the Eve of the Referendum*, Dec. 2010, pp. 20 – 21, http：//www.ecosonline.org/reports/2010/Sudans_ oil_ industry_ on_ the_ eve_ of_ the_ referendum.pdf.

[②] ECOS (European Coalition on Oil in Sudan), *Post-Referendum Arrangements for Sudan's Oil Industry, How to Separate Siamese Twins*, Dec. 2010, p. 5, http：//www.Ecosonline.org/.../Post_ Referendum_ Arrangements_ for_ S.

国而言影响更大。

2012年1月,南苏丹关闭石油生产后,两国都面临着财政紧缩和通货膨胀。短时间内,这也影响了两国投资者的投资信心。中国继续呼吁双方克制和对话。谈判的官员请中国石油公司领导督促总统巴希尔不要再扣押南苏丹的油轮,希望此举可以促使朱巴达成临时协议。但是,达成这种期望的机会非常渺茫,因为释放被偷的石油可能只是达成协议的第一步;在没有保证的情况下,喀土穆有可能再次转移朱巴的石油。[1] 南苏丹政府更加依赖石油收入,而一旦没有了北方的石油管道、炼油厂、出口码头、转包工、人力资源及国际石油公司的合作,南苏丹政府就没有了石油收入,政府有可能会崩溃。[2] 年轻的南苏丹共和国本来就危机重重,与母国苏丹的石油纷争更加剧了本国危机,其为报复母国所采取的关闭石油生产的举措给自身更是带来了极其恶劣的影响。具体而言,南苏丹关闭石油生产后对其自身的影响如下:

1. 食物短缺

联合国人道主义事务协调办公室发出警告:随着石油生产的关闭及随之而来的政府财政紧缩措施,南苏丹共和国的食物安全形势将日益恶化,更糟糕的情况有可能出现。世界粮食署警告:由于雨季及同北方的紧张关系将南苏丹列入三级应急响应状态。这可能会导致2012年南苏丹共和国大约缺乏47万吨的食物,比2011年上涨了60%,这意味着470万南苏丹人2012年将面临食品短缺,100万南苏丹人将面临严重的食品短缺。[3]

---

[1] ICG (International Crisis Group), *China's New Courtship in South Sudan*, Africa Report No. 186 - 4, Apr. 2012, p. 29, http://www.crisisgroup.org/en/regions/africa/horn-of-africa/south-sudan/186-chinas-new-courtship-in-south-sudan.aspx.

[2] ECOS (European Coalition on Oil in Sudan), *Post-Referendum Arrangements for Sudan's Oil Industry, How to Separate Siamese Twins*, Dec. 2010, p. 5, http://www.Ecosonline.org/.../Post_ Referendum_ Arrangements_ for_ S.

[3] Issam AW Mohamed: *Oil and War, Cooperation and Development in the Two Sudanese Nations Crisis of a Nation*, Made in the USA, San Bernardino, CA, 2014, pp. 92 - 93.

2. 公务员、军人裁员或降薪

由于政府可支配资金减少，公务员可能面临着被裁员或减薪的处境，军人也将面临着同样的处境。这在一定程度上导致社会不稳定。

3. 外汇减少

南苏丹银行依靠持有大量外汇储备保证南苏丹镑的稳定和价值，而原油销售为南苏丹银行每月提供99%的外汇收入。石油生产的关闭意味着南苏丹外汇供给降低了99%，几乎没有其他外汇收入进入南苏丹银行的账户。南苏丹银行不得不动用其所有外汇储备以维持货币的稳定。[1] 鉴于南苏丹每月需要耗费大量美元从邻国进口商品，南苏丹政府面临着保持进口稳定及价格稳定的挑战。

4. 项目发展受阻

硬通货的缺乏意味着中央政府和国家不能提供基本的服务；石油停产意味着石油收入的减少，政府各种发展项目受阻。南苏丹共和国副总统里克·马查尔2012年1月承认政府不得不冻结发展项目，时间是30个月。[2]

5. 通货膨胀、国际收支差额和其他宏观经济问题

源于石油出口的硬通货的缺乏可能导致宏观经济的反弹。南苏丹政府试图履行国内的财政义务，特别是支付薪水，为此中央银行可能会印刷更多的纸币；而这又可能导致南苏丹经济的血崩和通货膨胀。同样，一旦南苏丹没有足够的硬通货从国外进口货物，国际收支差额危机也将发生。[3]

南苏丹与母国苏丹的石油纷争导致投资环境的恶化，不仅外籍劳工和外国企业家撤离，也影响外国投资者对其的信心。苏丹和南苏丹之间的石油纷争不仅对南苏丹带来严重的影响，其更严重的后

---

[1] Dr. Addis Ababa Othow Akongdit, *Impact of Political Stability on Economic Development: Case of South Sudan*, Bloomington: Authorhouse, 2013, p. 143.

[2] Ibid., p. 93.

[3] Ibid., p. 144.

果是影响中国对其的援助。南苏丹独立后,向中国申请了一系列的发展援助:2011 年,南苏丹财政部长向中国申请了 2 亿元人民币的援助(3150 万美元);李源潮访问南苏丹期间,宣布由商务部给予南苏丹另外 2 亿元人民币的援助,等待到款;中国进出口银行也将为南苏丹提供 2 亿元人民币的优惠利率贷款。① 除了商务部和中国进出口银行的贷款外,第三种形式是大量的基础设施贷款,用于保证未来的石油储备,双方目前正在讨论之中,两国签订了理解备忘录,中国进出口银行准备为此提供便利。此外,南苏丹的高级代表还向中国提供了需要资助的基础设施项目,据报道,中国官员对此表示欢迎。这些基础设施项目包括修建发电厂、道路、医院和大学等。然而,2012 年南苏丹关闭石油生产的做法及连续的石油出口危机,如果这些问题不及时解决,将给中国对其的援助带来负面影响。②

2012 年 1 月,石油生产的关闭对南苏丹共和国的巨大影响表明,南苏丹共和国和母国苏丹是相互依存的。南苏丹共和国关闭石油生产尽管在短时间内可以惩罚苏丹,但从长远来看,对其自身的影响更大,也更为恶劣。不借助苏丹的石油管道、码头、港口,南苏丹根本无法实现石油的出口。在石油问题上,南苏丹和苏丹是一荣俱荣、一损俱损的,相互合作才是两个国家石油纷争的解决之道。

---

① ICG (International Crisis Group), *China's Courtship in Southern Sudan*, Africa Report No. 186 – 4 Apr. 2012, p. 10, http: //www. crisisgroup. org/en/regions/africa/horn-of-africa/south-sudan/186-chinas-new-courtship-in-south-sudan. aspx.

② ICG (International Crisis Group), *China's Courtship in Southern Sudan*, Africa Report No. 186 – 4 Apr. 2012, p. 11, http: //www. crisisgroup. org/en/regions/africa/horn-of-africa/south-sudan/186-chinas-new-courtship-in-south-sudan. aspx.

第 五 章

苏丹与南苏丹之间的石油纷争对中国的影响

第一节　中国与苏丹、南苏丹的石油合作

2011年，伴随着南方独立，苏丹和南苏丹之间的石油纷争演变为国际问题，即由民众与政府的对立演变为两国之间激烈的石油争夺战。这不仅对苏丹、南苏丹造成了严重的影响，而且令苏丹石油业的合作者——中国也深受其害。

一　中国与苏丹的石油合作

1959年2月，中国与苏丹建交。苏丹是非洲最早与中国建交的国家之一，两国友谊已经跨越了半个多世纪。中国和苏丹均是发展中国家，经济各有优势，互补性强。20世纪90年代，改革开放经过十几年的发展，中国国内生产的石油再也无法满足自身发展的需要，中国日益增长的能源需求迫使中国在海外寻找石油；与此同时，中国石油天然气集团公司伴随着国企改革的大潮也把眼光投向海外。1995年，巴希尔总统访华时，曾提出中方石油公司在苏丹开发石油的建设性意见，中方积极回应。同年，在相关领导指示下，中国石油天然气集团公司在喀土穆开设办事处，开始参加苏丹石油的投标和勘探工作。1995年9月，中国石油天然气集团公司与苏丹政府签订穆格莱盆地6区石油合作开发协议，拉开了中国和苏丹石

油合作的序幕。①

1997年6月1日，中国石油天然气集团公司获得了在苏丹南部1/2/4区的石油勘探权。在极其艰苦的条件下，中方完成了炼油厂及石油管道的建设工作。1997年6月1日，由中国石油天然气集团公司、马来西亚国家石油公司、加拿大阿拉基斯及苏丹国家石油公司合作建成"大尼罗河石油作业公司"，其中中方控股40%。随后两年里，中国石油天然气集团公司在石油勘探，管道铺设和炼油等方面投入大量人力、物力、财力，派出近1000多位专业技术人员、现代化管理人员和施工人员在苏丹工作。截至2003年1月底，中石油在苏丹1/2/4区项目的初期技术投资已经全部收回，目前每年收入近4亿美元；在6区、3/7区域累计发现的石油地质储量分别为6.95亿桶、30亿桶。②之后，中石油在苏丹进一步扩大投资，进行炼油厂的扩建和输油管道的建设。

喀土穆炼油有限公司是由中国石油天然气集团公司和苏丹能源和矿业部各以50%的股份合资建设的现代化炼油厂，是苏丹最大的石油加工企业，更是中国和苏丹10年石油合作的硕果。1998年，中国石油天然气集团公司的建筑商——中石油工程建设公司建设了长达1500公里的大尼罗河石油作业公司输油管道，通过该管道原油可以从1区、2区直达红海。10年来，中国企业同苏丹合作，携手努力，帮助苏丹建立起了一套比较完备的石油工业体系，使其由原油进口国一跃成为原油出口国，为当地创造了大量就业机会，为苏丹培养了6000多名掌握现代炼油技术的管理和技术人员，带动了苏丹经济近年来保持8%以上的年增长率，促进了当地经济社会的发展。③

---

① 《中国石油在苏丹》，见中国石油网站，http://www.cnpc.com.cn/cnpc/Sudan/country_index.shtml.

② 周吉平：《中国石油天然气集团"走出去"的事件和经验》，《世界经济研究》2004年第3期.

③ 邵杰、钱彤：《加强互利合作促进自主发展——记胡锦涛主席考察苏丹喀土穆炼油有限公司》，2007年2月3日，http://www.news.163.com/07/0203/23/36EMKCDM000120GU.html，2014-12-01.

自 1999 年 9 月苏丹石油出口以来，中国石油天然气集团公司已经从大尼罗河石油作业公司石油租借地获得了 6 亿美元的收入。2000 年，苏丹石油产量占中国石油天然气集团公司海外产量的 2/3。[1] 中国石油天然气集团公司对苏丹原油的依赖持续加强，2001 年 1 月至 6 月，中国从苏丹进口了 269 万桶石油，跟去年相比，上升了 38%。[2]

2003 年 7 月，苏丹宣布在白尼罗河以东 3/7 区发现了世界级大油田，即帕鲁吉油田（Paloic）。中国石油天然气集团公司宣布，迈卢特盆地的帕鲁吉油田的发现是 2003 年最大的科学技术成就，其储量为 30 多亿桶，可采储量是 4.61 亿桶——仅可恢复储量就可以和大尼罗河石油作业公司在哈季利季油田和统一油田的储量相提并论。

目前，中国石油公司在苏丹拥有 1/2/4 区、3/7 区、6 区和 15 区四个上游投资项目，并投资建设了喀土穆炼油有限公司、喀土穆石油化工厂、石化贸易三个下游项目，以及 1/2/4 区、3/7 区和 6 区的原油外输管道。[3] 中国已经成为苏丹石油业的主要合作伙伴。与其他亚洲国家相比，1999—2008 年，中国在苏丹石油部门投资的重要性可以通过其在石油租借地（6%—95%）、石油总投资（47.3%）、石油上游投资（43.8%）、石油下游投资（56.99%）、石油管道（47.6%）、炼油厂（50%）、石油化学产品（95%）、炼油和石油化工（51%）、石油营销、工业与制造业（12.5%）所占的份额表现出来[4]（参见表 5—1）。

---

[1] Human Rights Watch, *Sudan*, *Oil and Human Rights*, Brussels, London, New York, Washington, D. C., 2003, p. 620.

[2] Ibid..

[3] 中国石油在苏丹，见中国石油网站，http://www.cnpc.com.cn/cnpc/Sudan/country_index.shtml。

[4] Samia Mohamed Nour, *Technological Change and Skill Development in Sudan*, Berlin, Heidelberg: Springer, 2013, p. 23.

表 5—1　　中国在苏丹石油租借地的份额及石油部门的投资

	项目	中国的石油公司	中国的份额（%）
（1）石油租借地	大尼罗河石油作业公司（GNPOC）	CNPC	40.0
	Petrodar 石油开发公司	CNPC	41.0
	Petrodar 石油开发公司	SINOPEC	6.0
	中国石油天然气集团公司苏丹国际（GNPCIS）	CNPC	95.0
	公司集团（Group of Companies）	PETROENEGY	40.0
	红海石油公司	PETROENEGY	35.0
（2）石油投资	（a）上游行业投资	CNPC 和 SINOPEC	43.8
	（b）下游行业投资	CNPC 和 SINOPEC	56.9
	上游和下游行业平均总投资	CNPC 和 SINOPEC	47.3
	（c）石油管道投资	CNPC 和 SINOPEC	47.6
	（d）炼油厂投资	CNPC	50.0
	（e）石化投资	CNPC	95.0
	（f）炼油厂和石油化工投资	CNPC	51.0
	（g）石油市场、石油业及生产投资	KANDOC PETROCHEMICAL	12.5

注：CNPC 为中国石油天然气集团公司、SINOPEC 为中国石油化工集团公司

资料来源：苏丹能源和矿产部 2008，转引自，Samia Mohamed Nour, *Technological Change and Skill Development in Sudan*, Berlin, Heidelberg: Springer, 2013, p.24。

苏丹成为中国主要的石油供应国。1999—2011 年，中国从苏丹进口石油占其总进口量的 5.5%，苏丹成为中国的第六大石油供应商。[1] 作为一个资源丰富的友好国家，中国不仅仅认为苏丹是中国石油海外供应的基地，苏丹更是支持中国公司海外扩展的舞台。[2] 中国与苏丹的石油合作带来了双边贸易的迅速发展。根据苏丹中央银行 2000—2010 年的数据，在苏丹的对外出口中，中国所占比例从

---

[1] Luke Patey, *The New Kings of Crude, China, India, and the Global Struggle for Oil in Sudan and South Sudan*, London: Hurst & Company, 2014, p.118.

[2] 云宗国：《苏丹石油开发项目前景广阔》，《世界经济合作》1999 年第 5 期。

44%上升至80%;中国在苏丹总进口量中的份额从6%上升至30%;在苏丹石油出口中,中国所占份额从58.87%上升至87.7%。[1]

1999—2010年,苏丹对中国的主要出口产品是石油(99.4%),非石油出口只占其中很小的一部分(0.6%)。中国是苏丹最大的石油出口国(80.07%),苏丹对其他国家的石油出口只占其出口量的19.93%。[2] 中国对苏丹的石油投资促使其加大对苏丹的发展援助、贷款和赠款。譬如,1999—2009年,中国对苏丹的贷款和赠款从7%上升至76%。这段时期,中国对苏丹的贷款和赠款也一直在上升[3](参见表5—2)。

现在,中国在苏丹逐步建立了集生产、炼油、运输、销售于一体的、完整的石油工业体系,苏丹成为中国海外石油开发的重要基地。中石油在苏丹的投资是中国在海外最大规模、最完整的石油投资,覆盖了勘探、采油、输油管、炼油厂和港口等各领域。苏丹被认为是中国石油海外供应的长期基地:它不仅有助于新兴的中国公司实现自己的全球野心,而且有助于其进入邻近的非洲和中东地区市场。[4] 可以说,中石油在苏丹的石油项目是新时期中非合作的典范,也成为中国石油公司进军其他非洲产油国的名片。

鉴于中国对苏丹石油的巨大贡献,苏丹总统巴希尔说:"苏丹政府和人民非常感谢中国,非常感谢中国石油天然气集团公司(中石油)。如果没有中国,没有中石油的真诚帮助,苏丹的石油工业就没有今天的规模。中石油不仅给我们带来了石油,也给我们带来了和平。"这是苏丹总统巴希尔对中石油为两国合作所做贡献的赞

---

[1] Samia Mohamed Nour, *Technological Change and Skill Development in Sudan*, Berlin, Heidelberg: Springer, 2013, p. 25.

[2] Ibid..

[3] Samia Satti Osman Mohamed Nour, "Assessment of the Impact of Oil: Opportunities and Challenges for Economic Development in Sudan", *African Review of Economics and Finance*, Vol. 2, No. 2, Jun. 2011.

[4] Daniel Large & Luke Patery, "Sudan Looks East", in: Daniel Large & Luke A. Patery edited, *Sudan Looks East, China, India & the Politics of Asian Alternatives*, Suffolk James Currey, 2011, p. 10.

表 5—2　苏丹对中国石油出口的趋势、份额及中国对苏丹的贷款和赠款

	1999	2000	2001	2002	2003	2004	2005	2006	2007	2008	2009	2010[a]	(2000—2010)[b]
中国份额（%）	—	58.87	72.78	85.03	84.99	80.64	80.86	82.30	86.16	78.85	82.63	87.7	80.07
石油出口（%）	0.07	44.12	59.00	65.74	69.31	66.89	71.04	74.87	81.95	75.02	75.77	81.42	69.56
总贷款和赠款（%）	17.00	—	—	7.00	8.00	7.00	76.00	24.00	73.00	3.35	27.44	—	—
平均贷款和赠款（%）(1999—2007)	24.00	24.00	28.00	33.00	38.00	45.00	58.00	49.00	73.00				
(2007—2009)[c]										38.00	35.00	—	—

资料来源：(1) 摘自苏丹对外贸易部和苏丹中央银行年度对外贸易统计摘要各期 (1999—2000 年)；2006 年：第 20、38 页；2005 年：第 20、39 页；2002 年：第 9、24 页；2000 年：第 9、24 页。

(2) 摘自苏丹中央银行年度报告 (1999—2007 年)，国际合作部与财政和国民经济部[a]2010.01—2010.03。[b]2000—2010 年平均数。[c]为了计算 1999—2007 年中国对苏丹总贷款和赠款的平均份额，因为 1999—2009 年这 11 年间，2007 年中国对苏丹与发展援助最多，2007—2009 年中国对苏丹的贷款和赠款，将 2007 年作为基准年。

转引自 Samia Satti Osman Mohamed Nour, "Assessment of the Impact of Oil: Opportunities and Chanlleges for Economic Development in Sudan", *African Review of Economics and Finance*, Vol. 2, No. 2, Jun. 2011。

誉。① 中国同苏丹的联系不仅仅是石油上的，而且是地理上的和能源战略上的。石油将这两个发展中国家紧密地联系在一起。

二 中国与南苏丹的石油合作

2005年1月，在结束内战的《全面和平协议》签订以前，中国政府与苏丹人民解放运动几乎没有什么联系。一方面，中国在对外事务中奉行不干涉内政的原则；另一方面，喀土穆政府也限制中国与当时的南方叛军联系。苏丹石油开发中政府的过激做法及中国在苏丹石油开发中发挥的不可替代的作用，这些令广大南方人对中国人并不友好。南方独立后，中国在该国的石油投资也遭遇困境。"南方人的苦难是中国人造成的"，一名苏丹人民解放运动的指挥官在内战结束时这样说，"跟中国公司签订的协议必须终止"。②

北京同苏丹人民解放运动的第一次官方联系始于2005年3月，当时，苏丹人民解放运动的高级代表团访问北京，讨论可能的"经济合作"。③ 2007年2月，中国国家主席胡锦涛在喀土穆会晤了南方自治区领导人。5个月后，苏丹第一副总统兼南方自治区主席萨尔瓦·基尔对中国进行了国事访问。这次访问意义重大，传递了两大关键信息：苏丹石油业的地理现状（大部分中国公司的石油租借地在南方）及与《全面和平协议》有关的南苏丹实行自决权的条款。④ 基尔向北京保证，根据《全面和平协议》的条款，石油投资

---

① 马海兵、李志强：《中国带给我们石油与和平》，光明日报喀土穆2月1日电，2007年。

② Peter S. Goodman, *China Invests Heavily in Sudan's Oil Industry*, Washington Post, 23 Dec. 2004, pg. A01.

③ Daniel Large, "China's Sudan Engagement: Changing Northern and Southern Political Trajectories in Peace and War", *The China Quarterly*, Vol. 199, Sept. 2009.

④ Daniel Large, *Between the CPA and Southern Independence: China's Post-Conflict Engagement in Sudan*, Occasional Paper No. 115, South African Institute of International Affairs, Apr. 2012, p. 15, http://www.saiia.org.za/occasional-papers/between-the-cpa-and-southern-independence-chinas-post-conflict-engagement-in-sudan.

是安全的，即使 2011 年南苏丹独立后，石油投资仍然是安全的，而且，此时中国对南苏丹的投资是有远见的。① 此后，中国开始加强与朱巴的联系，以确保南方独立后，中国石油天然气集团公司在南苏丹的投资不受影响。

2008 年 9 月，中国在朱巴设立领事馆。它的建立旨在向外部世界发出"积极信号"：中国意欲在改善南方人的生活和推进苏丹南北和平进程上做更多的工作。②《全面和平协议》签订后，中国表明将支持南、北双方全面履行《全面和平协议》，为此，中国将同美国合作。2011 年 1 月南苏丹举行公投前半年的时间里，中国政府非洲事务特别代表刘贵今同美国驻苏丹特使普林斯顿·莱曼至少会晤了五次。③ 2011 年 1 月，南方公投顺利进行。中国表示支持南方公投，向南苏丹公投委员会提供了 50 万美元的捐款，并且派遣了观察员。④

2011 年 7 月 9 日，南苏丹宣布独立时，胡锦涛主席的特别代表姜伟新参加了独立仪式。姜伟新同南苏丹官员签署联合公报承认了南苏丹共和国，双方建交，并且将中国驻朱巴领事馆升为大使馆。8 月，外交部部长杨洁篪访问南苏丹共和国，双边关系发展迅速。2011 年 10 月，苏丹人民解放运动总书记帕根·阿姆（Pagan Amum）访问北京，同中共中央政治局常委李长春会晤。阿姆称中

---

① Rose Bradbury, "Sudan, the Hollow State: What Challenges to Chinese Policy?", *Journal of Politics & International Studies*, Vol. 8, Winter 2012/13.

② Daniel Large, *Between the CPA and Southern Independence: China's Post-Conflict Engagement in Sudan*, Occasional paper No. 115, South African Institute of International Affairs, Apr. 2012, p. 15, http://www.saiia.org.za/occasional-papers/between-the-cpa-and-southern-independence-chinas-post-conflict-engagement-in-sudan, 2014 - 10 - 27.

③ Saferworld, *Oil, Security and Community Engagement, a Collection Essays on China's Growing Role in South Sudan*, Aug. 2013, p. 8, http://www.saferworld.org.uk/.../oil-security-and-community-engage.

④ Daniel Large, *Between the CPA and Southern Independence: China's Post-Conflict Engagement in Sudan*, South African Institute of International Affairs, Apr. 2012, p. 11, http://www.saiia.org.za/occasional-papers/between-the-cpa-and-southern-independence-chinas-post-conflict-engagement-in-sudan.

国是"战略伙伴",并且承诺保护中国在南苏丹的石油利益。①11月22日,双方签订两国贸易、经济和技术协定,并成立双边经贸联委会。

苏丹南北分立后,中国仍然是母国苏丹和南苏丹石油行业主要的合作伙伴。考虑到中国经营的油田主要位于南苏丹及有机会获得新的石油租借地,石油在北京与朱巴关系中占据首要位置。②南苏丹独立后,由于该国石油工业技术人才的缺乏,南苏丹石油产量有所下降。国际能源机构估计,在南苏丹关闭石油生产前,即2011年12月,苏丹每天生产石油11万桶,南苏丹每天生产26万桶,这与2011年上半年相比,明显有所下降,当时,苏丹没有分裂,日产石油45万桶。③产量下降的部分原因是南苏丹缺乏训练有素的石油工作人员。中国正在启动焊工培训课程,以帮助南苏丹人民掌握石油业相关知识和技术,因为这个刚刚诞生的国家石油行业的潜力很大。④

南苏丹独立后,大尼罗河石油作业公司原属于苏丹国家石油公司(Sudapet)的股份被划给南苏丹国家石油公司——国家石油天然气公司(Nilepet)。2011年年底,由朱巴和中国牵头的石油公司就以前与喀土穆签署的石油合同进行谈判。这些合同需要过户到南苏丹,因为南苏丹已经独立,已经取得了石油控制权。中国石油天然气集团公司及其他国际合作伙伴,如马来西亚国家石油公司等期望谈判框架继续集中于以往的勘探与产量分成安排。朱巴已经向中国表示将保障中国石油部门利益,谈判的立场是"延续条款,而不

---

① Luke Patey, *The New Kings of Crude, China, India, and the Global Struggle for Oil in Sudan and South Sudan*, London: Hurst & Company, 2014, p. 223.

② ICG (International Crisis Group), *China's New Courtship in South Sudan*, Africa Report No. 186 - 4, Apr. 2012, p. 20, http://www.crisisgroup.org/en/regions/africa/horn-of-africa/south-sudan/186-chinas-new-courtship-in-south-sudan.aspx.

③ Luke Patey, *The New Kings of Crude, China, India, and the Global Struggle for Oil in Sudan and South Sudan*, London: Hurst & Company, 2014, p. 224.

④ *China Trains Petroleum-related Workers in South Sudan*, People's Daily online, 12 Jul. 2011, http://english.peopledaily.com.cn/90001/90778/90861/7437164.html.

是合同",因为仅仅是延续条款是无法接受的,它相当于否认了南苏丹独立的现实及其对石油部门的所有权。[①] 与此同时,南苏丹政府要求对现有合同有关环境、社会及当地就业条款做一些修改,并增加了一则新条款,即第19款:在石油生产关闭的情况下,南苏丹政府既不承担责任,对石油公司也没有补偿义务。[②] 中国石油天然气集团公司虽然对此不满,但是,最后仍不得不做出妥协。2012年1月13日,中共中央政治局常委李源潮率领高级代表团访问南苏丹,并且出席了以中国为首的石油公司同南苏丹新合同的签字仪式。

在朱巴方面的坚持下,中国石油天然气集团公司在朱巴设立办公室。初设时,办公室有10名工作人员为公司提供服务,不久,人数又上升至15人。中国石油天然气集团公司的一系列附属机构如负责勘探、工程、建设和钻井的公司也纷纷转移至南苏丹,尽管他们在石油停产后无所事事。[③]

第二节 苏丹与南苏丹之间的石油纷争对中国的具体影响

如前所述,苏丹南北分立后,南苏丹获得了大部分石油产地,但是,石油管道、炼油厂和出口码头却位于苏丹。中国的利益因而被分割在两个国家,如在位于苏丹的喀土穆炼油有限公司,中国石油天然气集团公司占50%的股份;生产石油的1/2/4区由大尼罗河公司开采,中国股份占40%,而这三大区横跨两国边境。两国的边境危机影响了石油的生产。无论如何,

---

[①] ICG (International Crisis Group), *China's New Courtship in South Sudan*, Africa Report No. 186 – 4, Apr. 2012, p. 22, http://www.crisisgroup.org/en/regions/africa/horn-of-africa/south-sudan/186-chinas-new-courtship-in-south-sudan.aspx.

[②] Ibid., p. 23.

[③] Ibid., p. 24.

中国同这两个国家都无法摆脱干系。鉴于中国越来越多的全球选择及苏丹、南苏丹相对平平的石油储量,从苏丹、南苏丹进口的石油将不再在中国的全球能源战略中占据重要位置。但是,中国在苏丹及南苏丹的石油生产及开发中进行了大量投资,这意味着中短期内,对中国及国有企业巨头中国石油天然气集团公司而言,苏丹和南苏丹仍然很重要。① 苏丹分裂后,两国石油纷争对中国的影响如下。

一 中国石油公司的生产受到影响

苏丹南北分立后,不仅中国在苏丹的投资被分到两个不同的国家,两国之间的重重矛盾也给中国石油公司带来了巨大的压力。2011年,当苏丹、南苏丹由于石油过境费的争议处于胶着状态时,中国政府和中国石油天然气集团公司积极介入,希望双方冷静,合理解决争端。为避免危机,中国石油天然气集团公司及其他国际合作伙伴提议:为喀土穆提供6亿美元的原油,以保证南苏丹不关闭石油生产,其中国际石油公司负责1/4,南苏丹负责3/4的原油。② 中国外交部长杨洁篪在2012年的非盟峰会上曾呼吁基尔总统重新考虑此建议,但是,最终基尔总统仍然坚持自己的立场,关闭了南苏丹共和国的石油生产。南苏丹共和国关闭石油生产后对中国石油公司的生产、安全带来了严重影响。

南苏丹关闭石油生产后,中国石油公司非常不安。对此,南苏丹的一位谈判官员引用一则非洲谚语说:"当两头大象打架时,草怎么能幸免呢?"③ 听到关闭石油生产的消息,中国驻苏丹大使罗小

---

① ICG (International Crisis Group), *China's New Courtship in South Sudan*, Africa Report No. 186-4, Apr. 2012, p. 21, http://www.crisisgroup.org/en/regions/africa/horn-of-africa/south-sudan/186-chinas-new-courtship-in-south-sudan.aspx.

② Ibid., p. 30.

③ Ibid..

光，罕见地公开进行表态，称此举是"非常严重和不合理的。"[1] 石油生产关闭后，南苏丹石油部长史蒂芬·迪海厄·达乌（Stephen Dhieu Dau）宣布驱逐 Petrodar 石油公司中国总裁刘英才，并指责刘协助喀土穆没收南苏丹石油。

2012 年 1 月南苏丹政府全面关停境内油田，中石油在南苏丹的各类作业被迫全部停止。1/2/4 区中南苏丹境内油田全部停产，3/7 区的项目也已全部关停。中国石油天然气集团公司及其他国际合作伙伴对南苏丹不顾一切关闭石油生产的行为表示非常震惊。因为南苏丹关闭石油生产的这一做法，是在对油井及基础设施产生的损害没有进行任何预备性研究的情况下进行的。将来南苏丹的石油产量有可能下降，因为有些油井关闭以后，经济上不具有再次被开发的可行性。此外，南苏丹政府对南苏丹石油开辟流经肯尼亚或者其他第三国的石油管道也没有任何可行性研究。[2] 石油生产的关闭更是对中国石油公司造成严重影响：南苏丹关闭石油生产使中国牵头的几十亿美元的石油项目陷入瘫痪。[3]

中国石油公司的石油项目大部分位于 6 区、1/2/4 区以及 3/7 区。其中 6 区在北苏丹境内；3/7 区在南苏丹境内；1/2/4 区为南北分界线所分割，大部分归南苏丹所有，仅北部一小块地区属于北苏丹，因此该区争议和冲突不断。位于 2 区北部的哈季利季油田，日产原油 6 万桶，年产量达 300 万吨，是这个区域最大的油田，成为南、北双方争夺的焦点。[4] 2012 年 4 月，双方为哈季利季油田的归属问题发生了军事冲突，致使其石油生产设备受到严重损毁。中

---

[1] ICG (International Crisis Group), *China's New Courtship in South Sudan*, Africa Report No. 186 – 4, Apr. 2012, p. 30, http://www.crisisgroup.org/en/regions/africa/horn-of-africa/south-sudan/186-chinas-new-courtship-in-south-sudan.aspx.

[2] Luke Patey, *The New Kings of Crude*, *China*, *India*, *and the Global Struggle for Oil in Sudan and South Sudan*, London: Hurst & Company, 2014, p. 231.

[3] Ibid., p. 15.

[4] 李光敏：《中石油苏丹困局》，凤凰周刊，2012 年 05 月 16 日，http://news.ifeng.com/shendu/fhzk/detail_ 2012_ 05/16/14567828_ 0.shtml。

国石油天然气勘探开发公司分管苏丹事务的总工程师陈曙东称："具体损失报告还没出来，前方正在做评估。"中国石油天然气勘探开发公司高级顾问童晓光则估计："要恢复这些受损的石油设施，至少需要 2 年时间。"①

据童晓光透露，中石油在原苏丹的全部油田在 2009 年原油产量最高峰时，日产量曾达到 49.5 万桶，2010 年和 2011 年略有下降，不到 48 万桶，全年产量为 2400 万吨左右。受双方战争破坏及南苏丹全面停产石油的影响，中石油在原苏丹的油田，仅北苏丹境内的 6 区仍在维持生产，年产约 200 万吨，其他在 1/2/4 区、3/7 区的石油项目则全部停产。②苏丹与南苏丹之间的石油纷争导致苏丹对中国石油出口锐减。2011—2012 年，苏丹对中国的石油出口量下降了 80.07%。2012 年，苏丹对中国的石油出口量仅有 251 吨，在中国石油进口总量中的占比下降到 0.9%。③

2012 年 1 月，苏丹、南苏丹重启谈判时，中国石油公司代表也被邀请参加会议。在会议上，中国石油公司代表孙先声（Sun Xiansheng）表示谈判僵局将带来许多技术问题，如订单冲突导致时间表没有规律及低效率，跨境转移工作人员和物资的困难，南方人手不足等。谈判僵局也意味着停泊在苏丹港的油轮无法出发，早已过了预定的装载日期。④双方石油谈判僵局也将影响石油的销售。

2011 年前，中国石油天然气集团公司在南方开采石油时，由政府派兵或由民兵组织提供保护。南苏丹独立后，中石油、印度弗德希有限公司和马来西亚国家石油公司成为南苏丹石油的主要

---

① 李光敏：《中石油苏丹困局》，凤凰周刊，2012 年 05 月 16 日，http://news.ifeng.com/shendu/fhzk/detail_ 2012_ 05/16/14567828_ 0. shtml。

② 同上。

③ 田春荣：《2012 年中国石油天然气进出口状况分析》，《国际石油经济》2013 年第 3 期。

④ ICG (International Crisis Group), *China's New Courtship in South Sudan*, Africa Report No. 186 - 4, Apr 2012, p. 29, http://www.crisisgroup.org/en/regions/africa/horn-of-africa/south-sudan/186-chinas-new-courtship-in-south-sudan.aspx.

开发者。尽管有好几家石油公司同时在从事南苏丹石油的开发，但是中国对危险的感触最深，对冲突的体会也最深。南苏丹一直无法忘记第二次内战期间北京对喀土穆政治、经济军事上的支持。[1]

显然，南苏丹对中国公司及员工的负面评价会影响他们同当地人的关系，甚至有可能导致冲突。而影响中国在南苏丹进行商业活动的主要安全问题是武装抢劫、偷盗以及卷入非国家的军事力量冲突。风险主要来自缺乏基础设施的农村地区，那些地区没有紧急服务也没有手机可用。其中一条尚未普及的应对措施就是为中国公司雇用私人安保公司，为其在南苏丹首都朱巴的驻地及油田提供保护（尽管这只是有限的解决方案）。[2]

另外，当地人不切实际的期望往往给中国公司带来很大压力。当地人往往期望从中国公司投资的项目中获益，比如获得工作机会、公共服务及补偿等。但是，由于一系列原因，如他们能力有限、缺乏技术，这样的期望往往不能被满足。根据被采访者的说法，即便是用意很好的公司也无法满足他们所有的期望。期望一旦无法满足，他们就很愤怒，会疏远公司，甚至会导致暴力冲突。[3]另一家公司声称，2011年，一名当地人死于工伤，由于公司与死者家属在补偿问题上无法达成一致，为避免遭受袭击，公司不得不将工作人员撤回至联合国维和部队驻地。即便如此，联合国维和部队驻地还是被包围了数天。[4] 雇用当地人还有一个麻烦就是他们经常要求加薪，一旦要求无法满足，往往会导致争议和法律诉讼，也会遭到当地劳务部门的大量罚款。中国公司在南苏丹共和国的石油生产活动面临着多重风险。

---

[1] Saferworld, *Oil, Security and Communiy Engagement, a Collection Essays on China's Growing role in South Sudan*, Aug. 2013, p. 23, http://www.saferworld.org.uk/.../oil-security-and-communiy-engage.

[2] Ibid., p. 22.

[3] Ibid., pp. 18 – 19.

[4] Ibid., p. 18.

二　中国石油公司的安全形势恶化

如前所述，20世纪90年代，中国石油天然气集团公司与马来西亚、印度等石油公司组成大尼罗河石油作业公司以开发苏丹石油。由于苏丹石油开发正处于第二次南北内战时期，为了保证石油生产的顺利进行，苏丹政府派出安全部队对石油公司的生产提供保护，保证其免受南方叛军的袭击。另外，在开发石油的过程中，政府对油田周围居民实行武装清洗、驱赶和烧毁房屋的政策。这加剧了政府与当地人的紧张关系，也使当地人对参与开发的石油公司充满敌意，认为这些石油公司是苏丹政府的帮凶。

在许多南方人眼里，中国石油天然气集团公司的名声并不好。中国同巴希尔政权保持的友好关系，对达尔富尔危机的迟钝反应等都加重了南方人对中国石油公司的仇视心理。[1] 2001年1月25日晚上，中国石油天然气集团公司的一个勘探队遭到叛军袭击。南方叛军苏丹人民解放运动一直对苏丹的中国人心存不满。叛军领导人约翰·加朗认为，所有的石油公司都是应当被打击的"合理目标"，并且说，"他们是为伊斯兰政权工作的商人"。[2]

内战结束后，南方人对中国人的愤怒并没有消除。许多南方人认为，北京一直支持独裁政权，不仅协助喀土穆政府劫掠、剥削南方，而且协助喀土穆维护了中心—边缘这一使南方人备受欺压的统治管理模式。[3] 由于石油行业的扩张，南苏丹的丁卡人、努维尔人等在《全面和平协议》签订以后仍然遭受苦难；生活在南苏丹边境

---

[1] Saferworld, *Oil, Security and Communiy Engagement*, a Collection Essays on China's Growing role in South Sudan, Aug. 2013, p. 12, http://www.saferworld.org.uk/.../oil-security-and-communiy-engage.

[2] John Garang, "Oil Firms Are Targets", BBC News, 17 June 2001, http://news.bbc.co.uk/2/hi/africa/1393481.stm.

[3] ICG (International Crisis Group), *China's New Courtship in South Sudan*, Africa Report No. 186-4, Apr. 2012, p. 3, http://www.crisisgroup.org/en/regions/africa/horn-of-africa/south-sudan/186-chinas-new-courtship-in-south-sudan.aspx.

北部的米赛里亚阿拉伯人对苏丹政府的不满也悄然升起。中国石油工人发现，自己已经成为因反对开发石油而引发的暴力事件所针对的主要目标。[1] 中国石油公司的安全形势恶化。

尽管中国公司已经帮助南苏丹修建了道路、医院和诊所，但是大部分南苏丹人仍然抱怨中国企业，指责中国人：

1. 抢走了工作机会——很多南苏丹人提倡中国公司应该雇用和训练本地人，这样不仅有利于改善当地人的生活水平，而且对国家的发展也是有利的。

2. 不愿意同当地人交流，让他们感到低人一等。

3. 未能提供有效的人权保护，指责中国公司忽略人权。

4. 导致环境污染，开采石油时只关心生产，没有环保意识。

5. 只同政府交易——一些非政府组织领导人称，中国公司仅同一些政府高官保持良好关系，不关心社区发展，也从不与普通群众及社会组织联系。[2] 中国石油公司在南苏丹从事石油开发所处的环境极为不利。

2005年《全面和平协议》签订以后，在中国石油天然气集团公司的作业区内，各种事件层出不穷，如偷盗、强占公司的设备和车辆、武装绑架和杀害等。2007年至2009年，据中国石油天然气集团公司报告，共发生500起紧急事件。[3] 2008年10月，9名中国石油工人在南科尔多凡靠近阿卜耶伊地区被绑架（阿卜耶伊是苏丹和南苏丹争夺的焦点），随后，5名石油工人被杀害。参与绑架的指挥官声称，他们隶属"正义与公平运动"（Justice and Equality Movement），在倒戈前一直站在中央政府一边反对苏丹人民解放运动。这名指挥官认为，当地没有从石油财富中获益，而且一直处于

---

[1] Luke Patey, *The New Kings of Crude, China, India, and the Global Struggle for Oil in Sudan and South Sudan*, London: Hurst & Company, 2014, p.190.

[2] Saferworld, *Oil, Security and Community Engagement*, a Collection Essays on China's Growing Role in South Sudan, p.33, http://www.saferworld.org.uk/.../oil-security-and-community-engage.

[3] 韩树举、王洪涛、张军、贺经旭：《中国石油天然气集团公司海外项目防恐安全管理探索与实践》，《中国安全生产科学技术》2009年增刊。

欠发达状态，他断言："中国从军事上支持喀土穆政府，而且导致我们地区的边缘化。这是我们同喀土穆之间的事。"① 很多南苏丹人对中国公司的看法受中国与苏丹关系的影响，他们认为，中国公司帮助苏丹发展，其代价是南苏丹的不发达。这种情况不是由语言差异造成的，当冲突爆发时，中国公司处于不利地位。②

当地人由于对政府、对官员的不满，直接将矛头指向中国石油天然气集团公司。在产油州，一般而言，政府收入的增加有利于当地的繁荣，但实际上，它却会导致更大的政治竞争。严重的腐败及政治庇护意味着竞争州一级的职位通常会导致冲突。团结州州长塔班·登（Taban Deng）自2005年以来一直在职，被指控偏袒努维尔人，操纵选举。结果，一些叛军组织应运而生，其中一些组织以中国公民为目标（因为只要挫败了中国的投资，苏丹政府的收入就会减少）。③ 2008年，在1/2/4区，9名中国石油公司的员工被绑架。

近年来，中国石油公司着力于承担社会责任，力图改变自身形象。中国石油天然气集团公司的代表告诉"安全世界"（Saferworld）④ 的研究者，中国现在提高了对南苏丹的技术转让，并进行假期培训项目。例如，中国石油公司已经资助了数名南苏丹学生到中国石油大学（北京）学习，并捐献了70万美元在朱巴大学建立计算机实验室。根据公司代表的说法，为中国石油天然气集团公司石油项目工作的当地人的比例已超过95%。除此之外，中国石油公司还在当地建立了医疗设施，捐献了1600万美元建立污水处理厂，

---

① Daniel Large, "China's Sudan Engagement: Changing Northern and Southern Political Trajectories in Peace and War", *The China Quarterly*, Vol. 199, Sept. 2009.

② Saferworld, *Oil, Security and Community Engagement, a Collection Essays on China's Growing Role in South Sudan*, Aug. 2013, p. 17, http://www.saferworld.org.uk/.../oil-security-and-community-engage.

③ Ibid., p. 14.

④ "安全世界"是一个独立的国际组织，致力于阻止暴力，构筑安全的生活，足迹遍布东非、欧洲、中亚、中东、北非、南亚和东南亚等。

第五章　苏丹与南苏丹之间的石油纷争对中国的影响　/　199

并资助了朱巴机场建设。①

2012年4月，南苏丹总统基尔访华，受到中国国家主席胡锦涛的接见。基尔希望中国能够为修建新的石油管道提供财政支持，中国对此持保留意见。在此次访问期间，中国副总理李克强会见了基尔，李要求基尔加强保障中国工人、公司在南苏丹的安全；妥善处理石油合作及确保中南石油合作的稳定性和持续性；努力拓展农业、基础设施、文教卫生等方面的合作。②

鉴于中国石油公司在苏丹、南苏丹的投资，中国政府进行了积极的调停。2012年3月，中国新的非洲特使钟建华首次访问苏丹、南苏丹，就石油问题与两国进行交涉。在包括中国在内的国际社会积极推动下，南、北苏丹于9月就石油利益分配等问题达成了协议，南苏丹石油于2013年4月开始复产。③ 鉴于两国恶劣的国内安全环境，中国在苏丹、南苏丹的石油生产仍然面临着很大的安全威胁。

2013年12月15日，南苏丹陷入丁卡人和努维尔人的部族冲突中；23日，战火蔓延至产油区。鉴于南苏丹的紧张局势，中石油随即从南苏丹上尼罗河州撤出工人304名。2014年1月23日，南苏丹政府与反政府武装签署了停火协议，但是，2月18日，双方冲突再起。南苏丹的战乱一直无法得到妥善的解决，双方互不妥协。4月初，南苏丹3/7区油田所在地上尼罗河州因武装冲突形势骤然紧张。5月20号，中石油再次从3/7区"帕鲁吉油田"撤出404人，仅派16人留守。④ 现在油田基本处于停产状态，这对中国石油

---

① Saferworld, *Oil, Security and Community Engagement, a Collection Essays on China's Growing Role in South Sudan*, Aug. 2013, pp. 12 - 13, http：//www.saferworld.org.uk/.../oil-security-and-community-engage.

② 《李克强会见南苏丹总统基尔》，2012年04月25日，http：//www.chinanews.com/gn/2012/04 - 25/3846284.shtml。

③ 《中国同苏丹的关系》，见中华人民共和国外交部网站，http：//www.fmprc.gov.cn/mfa_chn/gjhdq_603914/gj_603916/fz_605026/1206_606236/sbgx_606240/，2015 - 07 - 08。

④ 李占彬：《战火中紧急撤离——南苏丹37区油田现场非关键岗位中方人员撤离纪实》，《中国石油报》2015年6月29日第001版。

公司造成的损失是无法评估的。

三 中国石油公司在苏丹、南苏丹的困局

1995年，中国石油天然气集团公司进入苏丹。经过十几年的开发，中国已经在苏丹建立起一套集生产、炼油、运输、销售于一体的生产体系。正是以石油为龙头，中国和苏丹之间形成了电力、水利、路桥、港口、电讯、农业、工业、服务业、贸易等各行各业广泛合作的良好局面。苏丹已经成为我国在非洲重要的贸易伙伴和投资伙伴，中国是苏丹第一大贸易伙伴，也是第一大投资来源国。[1]

中国已经在苏丹形成了自己的海外利益区。中石油苏丹项目是中国石油公司实行"走出去"战略的优秀典范。与进口原油相比，"走出去"的收获是中国能源企业有条件控制石油生产的上游和中游的整个过程（勘探、发掘、运输、加工），减少支付给国际石油贸易中间商的交易成本。同时，"走出去"还有利于带动石油开采设备的出口，创造就业机会。[2]

苏丹南、北分治后，苏丹丧失了75%的石油产地。苏丹与南苏丹之间的石油纷争影响中国从苏丹进口石油。2012年，因其与南苏丹之间的运费纠纷，原油出口陷入长达数月的瘫痪，导致中国来自苏丹的原油进口在2012年4月停顿，直到8月才恢复。[3] 苏丹南、北分治后，中国石油公司的利益分布在这两个国家。苏丹、南苏丹都试图使中石油服从于自己的利益，中国被裹挟在两者中间，处境极为尴尬。2013年12月，南苏丹共和国局势持续紧张，中石油决定停止在当地的相关作业，将一些工人转移至喀土穆。目前，还有一些中国工人留守当地，这些人将最大限度地维持油田生产。[4] 中

---

[1] 王南:《对中国—苏丹经贸合作的再思考》,《阿拉伯世界研究》2012年第6期。
[2] 李树清:《开展国际经济合作分享海外石油资源》,《国际经济合作》1996年第11期。
[3] 田春荣:《2012年中国石油和天然气进出口状况分析》,《国际石油经济》2013年第3期。
[4] 申延平、梅丹、王倩、罗玲、任思达、高阳:《南北苏丹油气资源格局及我国应对分离局势对策》,《国土资源科技管理》2014年第5期。

石油在南苏丹陷入了极其窘迫的境地：欲停产而又不能，欲撤出又苦于其前期的大量投资。

中国巨大的能源需求迫使中国在海外寻找石油。2011年，中国是世界上第五大石油生产国，日产石油400万桶。但是，中国的石油消费从1980年以来却上升了5倍多，日消费石油达到970万桶，仅次于世界上石油消费大国美国每天1880万桶的消费量。[①] 2010年，中国的能源消费上升了11.2%，中国超过美国成为世界上最大的能源消费国。[②] 中国进口石油主要来源地是中东，其次是非洲。除了安哥拉、尼日利亚外，苏丹是中国在非洲的第三大石油进口国。中国石油"走出去"已是大势所趋。随着中国石油企业在海外的发展，如何规避风险，最大限度地保护自身利益成为一个迫切课题。中石油在苏丹、南苏丹遭遇的困境只是中国石油公司海外困境的一个缩影。

苏丹和南苏丹两国对阿卜耶伊的争夺，在石油运输费、过境费上的分歧，特别是南苏丹关闭石油生产的做法，这些都对中国石油公司的利益造成了巨大的损失。这无不预示着中国对苏丹投资政治经济预警机制的缺失。正是这种缺失，导致中国石油公司没有规避投资风险，自身不得不承受巨大损失。

另外，在赞叹中石油在苏丹开发成功的同时，一个不能忽视的前提是"中石油在苏丹获得成功的重要政治基础是中国长期向苏丹提供经济援助[③]"。这就意味着中国石油公司在苏丹的命运实际上是与中国政府对苏丹的援助挂钩的。中国政府对苏丹的援助不仅包括贷款、赠款，还包括推迟苏丹偿还中国债务的期限。2012年2月，中国与苏丹达成协议，同意苏丹推迟5年偿还中国债务。对此，苏

---

① Luke Patey, *The New Kings of Crude, China, India, and the Global Struggle for Oil in Sudan and South Sudan*, London: Hurst & Company, 2014, p.87.

② BP（British Petroleum）, *Statistic Review of World Energy*, p.2, 2011. BP 是世界上最大的石油和石油化工集团之一，Statistic Review of World Energy 是其每年出版的世界能源报告。

③ 查道炯：《相互依赖与中国的石油供应安全》，《世界经济与政治》2005年第6期。

丹财政部长马哈茂德表示："我们已成功地说服中国允许我们推迟5年时间偿还债务。我们告诉他们的是，以前我们是用石油的收入来偿还债务，如今这份收入来源没有了。"①

2012年2月28日，苏丹外长卡尔提在北京表示，希望中资公司进一步增加在苏丹油气领域的投资，以应对苏丹原油份额下降的局面。他说，苏丹能源和矿产部已经制定了新规则，将邀请包括中石油在内的各国石油公司参与新油田区块的开发。他还表示，苏丹金矿资源得天独厚，在石油资源减少的情况下，矿产将在未来的中国和苏丹的经贸合作中发挥重要作用。② 苏丹也邀请中国石油公司在苏丹进行新的区块开发，以期找到新的油田，来应对苏丹原油产量下降的局面。但是，苏丹国内的局势非常不稳定：达尔富尔地区危机仍然没有解决；青尼罗河州和南科尔多凡州仍然动荡。南方独立后，苏丹陷入巨大的经济危机之中。由于在石油产地、边界划分等问题上与南苏丹仍然存在许多矛盾，中国与苏丹的合作仍然具有很大的不稳定性、不确定性。

苏丹南、北分立后，新生的南苏丹共和国拥有了母国75%的石油产地。然而，新生的南苏丹共和国并不太平，部族冲突、武装冲突不断，因此中石油在南苏丹的石油开采活动实际上是在炮火中进行的。"每次武装冲突，率先受波及的可能就是油田和管道"，一位中石油的员工谈到南苏丹形势时曾这样说道。③ 中石油在南苏丹的生产陷入窘境。首先是国际油价的低迷使公司的收入锐减，中国石油天然气集团公司也亏损严重。更加糟糕的是，面对全球性油价的低迷，中石油在南苏丹仍然不得不进行石油生产。因为南苏丹政府不允许油田停产，"他们的理念很简单，那就是以前你们在这里赚

---

① 《传苏丹将推迟偿还中国债务》，《参考消息》2012年2月20日第4版。
② 庄雪雅、林雪丹：《苏丹将进一步加强同中国的经贸合作》，人民网北京2月28日电，2012年2月28日。
③ 严凯：《中石油南苏丹困局》，《中国企业家》2016年第10期。

了很多钱,现在理应维持生产"。① 一方面,南苏丹共和国的部族冲突使反政府武装与政府军在油田争夺的过程中增加了石油的开采成本,也使中国石油工人的人身安全受到影响。另一方面,中国石油天然气集团公司需要补贴苏丹政府每桶 24 美元的灌输费,再加上处理费和环保费,"三费"加起来,按照目前的油价,中石油每卖一桶油都在亏损。②

中石油苏丹项目曾经被认为是中国企业实行"走出去"战略的一个成功样本,是中国与苏丹两个发展中国家相互合作的优秀典范,也是南南合作的成功样本。自 1999 年苏丹石油实现出口以来,中国石油天然气集团公司获得了大量石油收入。2005 年,结束南北内战的《全面和平协议》签订后,中国开始着手与南方地区政府开展石油合作。一个必须指出的事实是,中国石油公司是在南北内战的背景下开采苏丹石油的,随着石油收入带来的政府财政收入的增长,喀土穆政府购买了更多的武器,这进一步恶化了南北内战。中石油现在在苏丹、南苏丹的困局显示其苏丹石油投资政治经济预警机制的严重缺位。2005 年《全面和平协议》中的《财富分配协议》规定石油收入由民族联合政府与南方地区政府对半分成,而且 6 年后允许南方人进行全民公投决定自己的命运。

2005 年对中国石油公司来说是关键的一年,也是制定预警机制的最佳机会。既然南方独立不可逆转,中国石油公司做两手准备是规避风险的最佳途径:其一,倘若南方公投选择留在北方,苏丹仍然是统一的,那么中国石油公司在苏丹的利益基本上不会受到什么影响,生产仍可以继续进行;其二,倘若 2011 年南方公投选择独立,中国石油公司相应的选择应该是设法使损失降至最低,卖掉其在苏丹的资产,这在苏丹石油开发史上已是惯例。美国的雪佛龙公司和加拿大的阿拉基斯公司都曾有过这样的先例。现在,中国石油

---

① 严凯:《中石油南苏丹困局》,《中国企业家》2016 年第 10 期。
② 同上。

公司，特别是中石油在苏丹和南苏丹陷入如此困局，显然，中石油相关人员在苏丹的预警机制做的不够，也暴露出其对苏丹南北历史、宗教及民族文化冲突知识的缺乏。

鉴于苏丹南北长达近半个世纪时断时续的内战，鉴于美国对苏丹内战的干预，南方人公投选择独立即使没有付诸实践，也已在预料之中。这反映出中石油在海外开发石油过程中对所在国历史、文化、民族知识的严重不足。中石油在苏丹和南苏丹的困局反映出中国公司在走向海外时，不仅需要补充所在国知识，同时国内科研院所的研究成果应当为中国企业的海外拓展服务。而中石油在南苏丹困局的更大的启示在于，中国企业在走向海外的过程中，不仅要加强对所在国政治、经济、文化的了解，还要做好政治经济预警机制，以保护自身利益，将风险降至最低。

另外，中石油在苏丹、南苏丹的困局给世人的另一个启示是中国外交原则与外交理念的转变。苏丹南北分立前，在中国与苏丹的石油合作中，受益的是北方人，南方人受到排斥。很多工作岗位都是由喀土穆决定的，既便是一些临时的、低水平的工作也由喀土穆定夺，结果是许多北苏丹人和外国人被雇用，南方人很少获得工作机会。[①] 产油区民众因此对喀土穆政府充满了仇恨。另外，为了确保石油开采的顺利进行，苏丹武装部队为中石油提供了保护。中石油员工的生活非常封闭，基本不与当地人联系。喀土穆政府与产油区民众的紧张关系被转嫁至中石油，不仅中石油员工是不安全的，而且当地人对中石油这家公司也充满了仇恨。中石油在苏丹的遭遇实际上是苏丹国内矛盾的延伸。这就意味着中国自身的外交政策需要做一些调整。

自中石油进入苏丹以来，中国政府一直坚持不干涉他国内政的原则。对于苏丹石油开发中南方糟糕的人权状况，中国政府没有对

---

① Luke Patey, *The New Kings of Crude, China, India, and the Global Struggle for Oil in Sudan and South Sudan*, London: Hurst & Company, 2014, p.190.

喀土穆施加任何外交压力。中国外交部一位前部长曾这样总结中国对苏丹态度："商业就是商业，我们尽量把政治和商业分开……苏丹的问题是其内部事务，我们的立场是不施加压力。"① 苏丹能源和矿业部部长阿瓦德·阿赫默德·贾兹（Awad Ahmed Jaz）称赞中国伙伴坚持贸易问题，"中国人非常好"，他说，"他们不过问与政治相关的事。事情进展顺利，他们是急于做生意的非常勤劳的工人，而不过问政治"。② 然而，有时很难把政治和商业分开，外交往往是内政的延续。中国不干涉内政的原则为中石油进入苏丹提供了机会，但是也影响了中石油在苏丹的利益。

当国家与国家之间的合作相当密切，且其中一个国家的内部事务已经成为国际关注的焦点时，这时仍然坚持不干涉他国内政的原则并不是合乎时宜的决策，因为它不仅会让中国在国际社会上处于不利的地位，也会损害中国自身的利益。苏丹的石油开发给产油区民众丁卡人、努维尔人带来了沉重的灾难，他们被驱逐、清除。当喀土穆政府的暴行暴露时，中国坚持不干涉他国内政的原则将中石油置于危险的境地，而且在国际社会也处于极为不利的境地。中国政府的做法虽然赢得了喀土穆政府，但是却失去了当地人的支持。不仅苏丹人民解放军对中石油充满敌意，对待当地人也同样如此。从长远来看，这意味着更大的不稳定和威胁。中国在苏丹已经形成了海外利益区，苏丹政局的任何变化都有可能严重危害中国在苏丹的利益。

2005年1月9日，苏丹共和国第一副总统奥斯曼·穆罕默德·塔哈（H. E. Osman Mohamed Taha）代表苏丹共和国与苏丹人民解放运动/军主席约翰·加朗代表苏丹人民解放运动/军签署了《全面和平协议》。见证苏丹政府与苏丹人民解放运动/军签署了《全面和

---

① Peter Brookes, "Empowering Evil", Apr. 9, 2007, New York Post, http: //nypost.com/2007/04/09/empowering-evil/.

② Peter S. Goodman, "China Invests Heavily in Sudan's Oil Industry", *Washington Post Foreign Service*, Thursday Dec. 23, 2004, pg. A01.

平协议》的代表来自以下国家及组织：肯尼亚、乌干达、埃及、意大利、荷兰、挪威、英国和北爱尔兰联合王国、美国、非盟、欧盟、伊加特、阿盟和联合国，其中美国政府代表是国务卿科林·鲍威尔。世界主要国家与国际组织，如美国、英国、联合国、欧盟、阿盟、非盟都参与了2005年苏丹《全面和平协议》的签订，唯独中国缺席。中国已经在苏丹形成了巨大的海外利益区，甚至在一定意义上可以说，苏丹是中国的利益攸关区。然而，20世纪初有关苏丹南北问题的谈判中中国竟然缺席，这不得不引起世人的思考。尽管这可以从不干涉他国内政的角度得到合理解释，但是，当世界大国与国际组织正在讨论中国有着巨大利益的苏丹问题时，中国置身事外显然并不是保护自身利益的有效途径，有时候，积极参与更能够保护自身利益。苏丹南、北分治后，中国石油公司在苏丹及南苏丹遭遇的困境正是中国缺席的结果。不仅如此，在苏丹与南苏丹之间的石油纷争中，每一方都试图使中国偏向自己，中国政府也不得不在苏丹、南苏丹两个国家之间实行平衡战略，避免与双方同时交恶。

2013年12月15日，南苏丹共和国由于总统基尔与副总统马沙尔之间的权力之争引发丁卡人与努维尔人之间的部族冲突，冲突蔓延至产油州。此后，政府军与反政府武装打打停停，南苏丹陷入内乱之中。为保证安全，中石油先后于2013年12月25日和2015年5月20日从南苏丹上尼罗河州油田撤出工人。在"5·20"紧急撤离中，仅16名员工留守。南苏丹现在成为"高风险地区"，中石油在该国的命运前途未卜，当然，其中的损失也是无法估量的。

第 六 章

苏丹与南苏丹之间石油纷争的解决途径

第一节 苏丹与南苏丹之间的石油纷争与国际法

苏丹和南苏丹之间石油纷争的根本原因是2011年1月南方人通过全民公投选择成为一个独立国家,从而使国内石油纷争演变为一个国际问题。苏丹和南苏丹之间的石油纷争涉及阿卜耶伊归属、石油运输费以及过境费之争。无论是阿卜耶伊的归属还是石油运输费与过境费问题,从本质上看,均是领土主权之争。阿卜耶伊地区含有丰富的石油,两国对石油资源均有很强的依赖性,因此,该地区注定是个"烫手的山芋"。南苏丹需要借助苏丹的石油管道、码头才能实现出口,这也涉及领土主权问题。

按照国际法的解释,国家是建立在主权之上的,而主权是以领土为依据的。实际上,国家对其领土行使专属权力的原则被视为传统国际法的一个根本原则。[①] 这就意味着国家领土的不可侵犯性和排他性。现代国际法除承认添附和自愿割让等传统的领土取得与变更方式的合法性之外,还承认通过全民投票的方式恢复领土主权是

---

① [英]马尔科姆·N.肖:《国际法》,白桂梅、高健军、朱利江、李永胜、梁晓晖译,北京大学出版社2011年版,第384—385页。

领土变更的新方式。① 全民投票又称为"全民公决",是指由某一领土上的居民充分自主地参加投票,以决定领土的归属的方式。② 全民投票的合法性建立在参加投票的居民的意志得到充分自由的表达的基础之上,否则,国际社会不应承认由此产生的领土变更的合法性。③ 苏丹与南苏丹之间石油纷争的症结是阿卜耶伊争端。如前所述,阿卜耶伊地区本来属于苏丹南方;1909 年,英国殖民者将其划入北方;1956 年,苏丹独立时阿卜耶伊属于苏丹北方的科尔多凡省;2011 年 7 月 9 日,南方成为一个独立国家时,边界即为 1956 年南方三省边界。从这个角度出发,阿卜耶伊地区自然属于苏丹,然而,阿卜耶伊地区历史上属于南方,当地主要居民丁卡人也渴望回到南方,而且阿卜耶伊的石油储量及石油管道使其具有重要的战略意义。历史因素与现实因素的相互叠加致使该问题错综复杂,解决起来异常艰难。

2005 年的《全面和平协议》第四章为《阿卜耶伊冲突协议》。该协议由"阿卜耶伊协议总则""行政结构""财政资源""公众参与""地理边界的确定""居民""安全安排""阿卜耶伊边界委员会"和"协调程序"九个部分组成。对于阿卜耶伊的最终地位,第 1 条第 3 款是这样规定的:"阿卜耶伊的居民公投应当与南方的公投同时举行。不论南方公投结果如何,阿卜耶伊居民公投的选择如下:a. 阿卜耶伊在北方享有特殊的行政地位;b. 阿卜耶伊是加扎勒河的一部分。"④ 阿卜耶伊的边界由总统机构指定成立的阿卜耶伊边界委员会进行定义和划定。协议承认阿卜耶伊地区就是 1905 年划给科尔多凡省的九个恩哥科丁卡酋长领地,阿卜耶伊的居民就

---

① 周忠海主编:《国际法》,中国政法大学出版社 2007 年版,第 188 页,转引自谢立忱《当代中东国家边界与领土争端研究》,中国社会科学出版社 2015 年版,第 18 页。

② 同上。

③ 谢立忱:《当代中东国家边界与领土争端研究》,中国社会科学出版社 2015 年版,第 19 页。

④ *The Comprehensive Peace Agreement Between The Government of The Republic of The Sudan and The Sudan People's Liberation Movement/Sudan People's Liberation Army*, pp. 65 – 66, http://www.unmis.unmissions.org/Portals/UNMIS/Documents/.../cpa-en.pdf.

是居住在此地的恩哥科丁卡人及其他苏丹人,居住的标准由阿卜耶伊边界委员会确定。①

尽管《全面和平协议》对阿卜耶伊地区的居地、划界有详细的规定,但是苏丹、南苏丹则各执一词:苏丹坚持南苏丹共和国的边界是1956年母国苏丹独立时南方三省的边界,从这个角度讲,阿卜耶伊自然属于苏丹;而阿卜耶伊的历史文化联系则在南苏丹。基于南、北方的历史宿怨,阿卜耶伊地区的人们渴望回归南苏丹;但是经常来此放牧的米赛里亚人则坚决反对这一做法。两国对阿卜耶伊的争夺裹挟着民族、部族矛盾及利益的分割,这使阿卜耶伊的归属问题解决起来异常艰难。阿卜耶伊最终地位,国际仲裁法院可以做出裁决,国际法也允许领土变更,然而,国际法中的领土所有权更多是相对的,而非绝对的。这样,当法院在决定一片土地属于哪个诉讼当事国时,它将考虑所有相关主张,并将土地判给相对而言提出了更好(或最好)的法律主张的国家。② 但是,问题的关键是国际仲裁法院做出裁决后,两国是否均会接受该裁决并遵照执行。

此外,全民公投也是一条解决途径,国际法也承认全民公投是实现领土变更的方式。因此,从长远来看,阿卜耶伊进行全民公投是实现苏丹与南苏丹长久和平的选择。而争端中的石油运输费、过境费、处理费则可以通过谈判解决。

第二节　两国石油纷争的解决途径

一　相互合作

新生的南苏丹共和国面临着政治、经济与安全的重重挑战,其

---

① *The Comprehensive Peace Agreement Between The Government of The Republic of The Sudan and The Sudan People's Liberation Movement/Sudan People's Liberation Army*, p. 68, http://www.unmis.unmissions.org/Portals/UNMIS/Documents/...cpa-en.pdf.

② [英]马尔科姆·N. 肖:《国际法》,白桂梅、高健军、朱利江、李永胜、梁晓晖译,北京大学出版社2011年版,第387页。

中，部族冲突尤为严重，而与母国的石油纷争则进一步加剧了南苏丹共和国的危机。尽管南苏丹试图修建新的石油管道，但是综合现实与未来因素，修建新管道的意义不大。再加上国内反政府力量的存在，寻求与母国的合作才是南苏丹共和国的发展之道。

（一）南苏丹共和国遭遇的困境

1. 部族冲突：如影随形

南苏丹共和国的主要居民为黑人，人口大约有1060万人，大约由60多个不同的部族、部落组成。其中的主要部族是丁卡人，人口超过150万人；努维尔人是第二大部族，人口大约有100万人；之后是努巴人（Nuba）、巴里人（Bari）和阿赞德人（Aande）。希卢克人（Shilluk）在白尼罗河的影响很大，他们的语言和丁卡语、努维尔语很接近。[1] 南苏丹每一个部族都有自己独特的认同，包括独特的语言、文化及宗教习惯。这些部族中最有影响的是丁卡人、努维尔人、希卢克人等。

作为南苏丹最大的部族，丁卡人主要居住在加扎勒河、上尼罗河、琼莱地区及南科尔多凡与苏丹接壤地区。丁卡人过着半农半牧的生活：雨季时，种植小米和其他谷物；干旱时，饲养牛。尼罗河的季节性泛滥就是他们迁移的信号——河水泛滥时，他们会从河边迁移至高地。丁卡人是仅有一神论者，信仰唯一的超级神灵——纳禾伊阿拉克（Nhialac），仅有不到10%的人信仰基督教。丁卡人政治上没有中央权威，但是会通过相互联系的家族网络获得影响力。这种影响力，再加上其人口规模，使丁卡人成为南苏丹政治上最有势力的部族。[2] 南苏丹共和国现任总统萨尔瓦·基尔是丁卡人。基尔的前任——曾任苏丹人民解放运动/军总指挥，与喀土穆政府签署《全面和平协议》，之后担任南苏丹自治区主席的约翰·加朗也是丁卡人。

---

[1] Dorothy Kavanaugh, *Sudan and Southern Sudan*, Broomall: Mason Crest, 2013, p.54.
[2] Sophie & Max Lovell-Hoare, *South Sudan*, Bradt Travel Guides Ltd, UK, the Globe Pequot Press Inc., USA, 2013, p.16.

努维尔人是东非最大的部族之一,他们不仅生活在南苏丹共和国,在埃塞俄比亚也有分布。努维尔人是游牧民,牛在努维尔人的日常生活中拥有至高无上的地位,努维尔人的文化、宗教、日常生活均与牛密切相关。牛对丁卡人也同样如此。无论是对丁卡人还是对努维尔人而言,牛不仅是食物和其他产品的来源,而且是财产,是荣誉。牛不仅被用来支付彩礼,而且被用于抵偿杀人罪及其他罪行。[1] 希卢克人是仅次于丁卡人和努维尔人的第三大部族,主要生活在尼罗河边及马拉卡勒地区。大多数南苏丹人信仰万物有灵,少数人信仰基督教。在南苏丹共和国的政坛上,最重要的力量是丁卡人和努维尔人。

如前所述,1983 年,约翰·加朗成立苏丹人民解放运动/军的目标是建立统一的、世俗的、民主的苏丹。然而,苏丹人民解放运动/军高层对建立统一的苏丹意见并不一致。另一高官努维尔人里克·马查尔主张南方独立。苏丹人民解放运动高层的分裂不久就激起南方两个最大的部族丁卡人和努维尔人之间全面的军事对抗:丁卡人和努维尔人之间的冲突直到 1999 年才有所缓和。加朗领导的丁卡族与马查尔领导的努维尔族之间的战斗导致 30 万人死亡。[2]

2000 年,马查尔离开南苏丹防御部队,成立苏丹人民民主阵线(Sudan People's Democratic Front)。南苏丹防御部队由马提普任参谋长。两年后,马查尔率领苏丹人民民主阵线重新加入苏丹人民解放运动/军。2005 年,南苏丹自治政府成立后,马查尔任南苏丹自治区第一副主席。2011 年,南苏丹独立后,马查尔成为南苏丹共和国第一副总统。

2013 年 7 月,南苏丹副总统里克·马查尔和苏丹人民解放运动总书记帕根·阿姆(Pagan Amum)站出来公开谴责总统基尔。马查

---

[1] Human Rights Watch, *Sudan, Oil and Human Rights*, Brussels, London, New York, Washington, D. C., 2003, pp. 114 – 115.

[2] Luke Patey, *The New Kings of Crude, China, India, and the Global Struggle for Oil in Sudan and South Sudan*, London: Hurst & Company, 2014, p. 60.

尔试图挑战基尔苏丹人民解放运动主席一职，并且准备参加2015年南苏丹总统选举。"为了避免威权主义和独裁，最好改变。"马查尔说。① 基尔迅速行动，先是解除了马查尔以前的盟友团结州州长塔班·登的职位，旋即解除了马查尔副总统一职，然后解散了整个内阁，帕根·阿姆也被解除了总书记一职。高层的权力斗争仍在继续。

2013年12月15日，基尔指控军中忠于里克·马查尔的士兵试图发动政变，当天晚上，基尔的政府军与马查尔的支持者在首都朱巴交火。据报道，基尔的指控是没有证据的。实际情况是在苏丹人民解放运动的民族解放理事会（National Liberation Council）上，反对派领导人马查尔等以缺乏和平民主氛围讨论文件为由，投票抵制12月15日的大会。基尔总统随即命令苏丹人民解放军少将马芮尔·采诺恩（Marial Ciennoung），即总统卫队（老虎队）指挥官离开会场，返回营房，解除卫队所有士兵武装，丁卡人却被要求重新武装。马芮尔——总统卫队的副指挥，努维尔人——开始质疑该命令。当周围的军官觉察到这种混乱时，战斗爆发了，努维尔人也重新武装了自己，总统卫队的丁卡人和努维尔人爆发了战斗。冲突从星期天晚上持续到星期一下午。当苏丹人民解放运动中的丁卡人开始袭击朱巴的努维尔人时，出现了平民伤亡的情况。②

2013年12月15日，总统基尔指控马查尔试图发动政变最终引发两大部族混战。战火迅速蔓延至琼莱州、上尼罗河州、团结州。刚刚诞生不久的国家由此陷入两大部族屠杀的深渊。朱巴、博尔、本提乌和马拉卡勒均发生了大屠杀。

12月15日至19日，有500人惨遭杀害，就因为他们是努维尔人。许多丁卡人，如博尔地区的丁卡人，也遭受了财产损失和叛军报复。根据联合国提供的数字，仅仅朱巴就有2.8万人被困在难民

---

① Luke Patey, *The New Kings of Crude, China, India, and the Global Struggle for Oil in Sudan and South Sudan*, London: Hurst & Company, 2014, p. 248.
② Augustino Lucano, "A History of South Sudan Militarization", *South Sudan News Agency: SS-NA*, Saturday, Mar. 18, 2014.

营，其中许多是努维尔妇女和儿童。① 冲突爆发一个月后，南苏丹共和国出现了严重的人道主义危机。2014 年 1 月 15 日，联合国官员声称，南苏丹大约有 413000 人逃离家园，大约有 65000 人在联合国的基地寻求庇护。② 这些人中既有努维尔人，也有丁卡人。这些人的生活条件恶劣，迫切需要水和食物，还面临着传染病的威胁。

新生的南苏丹共和国不仅存在着丁卡人与努维尔人之间的冲突，其他部族之间也矛盾重重。2011 年 12 月，琼莱州的卢欧努维尔人（Luo Nuer）和穆尔勒人（Murle）由于对水和牧场的争夺而爆发了激烈战斗，南苏丹的军队和警察无力阻止这场冲突。自 2011 年年底至次年 2 月，冲突致使 14 万人逃离家园。③ 部族之间由于对水源、牧场、渔权的争夺经常发生冲突。

不少南方人认为丁卡人正在效仿杰拉巴人，想要成为南苏丹共和国新的统治者。他们已经用扩张主义、排他主义、沙文主义和自我致富的哲学代替了苏丹人民解放运动的中心思想。丁卡人在每一方面都在效仿杰拉巴人，以便在南苏丹获得绝对的权力和财富，这些在日常生活中都有所表现，而且也是国家统治的基础。④ 譬如，冲突爆发前，苏丹人民解放运动政治局共有 25 名成员：主席为基尔，包括总统在内的丁卡人是 11 名；副主席是马查尔，包括他在内努维尔人是 2 名，其余 12 人来自其他族体。总统顾问团成员 14 人，丁卡人 6 名，努维尔人 3 名，其余 5 人来自希卢克等族体。⑤

---

① *South Sudan Needs Peace and Dialogue without President Kirr to Move forward*, South Sudan News Agency: SSNA, Friday, Apr. 11, 2014.

② Laura Smith-Spark, *South Sudan Fighting Fuels Surge in Numbers Fleeing Homes*, Jan. 15, 2014, http://www.cnn.com/2014/01/15/world/africa/south-sudan-conflict/.

③ Dr. Addis Ababa Othow Akongdit, *Impact of Political Stability on Economic Development: Case of South Sudan*, Bloomington: Authorhouse, 2013, p. 203.

④ *Federalism in South Sudan: Why Dinkacrats Aren't in Approval!* South Sudan News Agency: SSNA, Saturday, Apr. 12, 2014.

⑤ Oyet Mathaniel Pierino, *Why President Salva Kiir Must Leave Power: The Inside Story of the Meltdown of President Salva Kiir's Regime and Collapsed*. South Sudan News Agency: SSNA, Tuesday, Mar. 25, 2014.

这引起了其他族体的不满。南苏丹共和国多部族的现实存在，与多年战争的历史叠加，导致这个新生的共和国内部问题突出，这不仅影响新国家稳定，还严重影响了新国家的民族国家构建。

2. 新石油管道：空中楼阁

如前所述，南苏丹的石油需要借助苏丹的石油管道和出口码头才能实现出口。为了减少对母国的依赖，南苏丹希望建立自己的石油管道，借助肯尼亚出口石油。2012年2月，南苏丹总统基尔抵达肯尼亚的拉姆港。在那里，基尔会晤了肯尼亚和埃塞俄比亚领导人，并且同他们签署了《拉姆港南苏丹埃塞俄比亚运输走廊协议》。该协议包括建立地区铁路、公路网络，石油管道和深水泊位，工程总造价为150亿—250亿美元之间。[①] 拉姆港南苏丹埃塞俄比亚运输走廊一旦建成，将会使朱巴摆脱对原苏丹石油出口设施的依赖。然而，该计划面临着许多挑战。

首先，复杂的地形将给石油管道的修建带来许多困难。苏丹现存石油管道大部分位于平坦的沙漠地区，而将要修建的南苏丹石油管道则要穿过地形多样的肯尼亚才能到达拉姆港。由于地形的高低起伏，需要在石油管道沿线建立6个以上的泵送台和加热台，以运送南苏丹高酸性、高凝固性的达尔混合原油。[②] 这无疑是一项非常艰巨的任务。

其次，新管道面临的主要问题是安全问题。南苏丹的石油管道将很容易受到叛军袭击。2012年1月，南苏丹解放军（Southern Sudan Liberation Army）发表声明称："不允许修建新的石油管道。"[③] 南苏丹国内反政府力量的存在对新管道的修建产生重大威胁。

[①] Jaindi Kisero, "Lamu Abuzz with Construction as South Sudan Seeks New Pipeline", *The East African*, 11 Feb. 2011.

[②] Luke Patey, *The New Kings of Crude, China, India, and the Global Struggle for Oil in Sudan and South Sudan*, London: Hurst & Company, 2014, p. 245.

[③] Toby Collins, "South Sudanese Rebels Threaten Proposed Oil Pipeline", *Sudan Tribune*, 27 Jan. 2012.

再次，南苏丹的石油储量的减少使修建新石油管道变得意义不大。南苏丹石油部部长史蒂芬·迪海厄·达乌宣称，南苏丹已探明石油储量是 70 亿桶。实际上，这是为了吸引投资而扩大了统计数字，缺乏确凿证据。南苏丹共和国实际剩余石油储量是 17 亿桶，主要分布在上尼罗河的 3/7 区，到 2020 年，南苏丹的石油将降至 10 万桶/天。① 因此，如果南苏丹无法发现新的油藏，建设新管道的经济意义就不大了。

最后，中国政府的立场也使新石油管道的修建大打折扣。2012 年 4 月，南苏丹总统基尔访华，并受到中国国家主席胡锦涛的接见。基尔希望中国能够为修建新的石油管道提供财政支持，中国对此持保留意见。南苏丹中央银行行长科内利奥·科里奥姆·马伊克（Kornelio Koriom Mayik）说："中国不同意修建新管道，他们说我们已经建好了一个（在北方），你们用就行了。"② 鉴于中国与喀土穆的关系及中国已经在苏丹投资几十亿美元修建了石油管道，中国不会对南苏丹修建石油管道再提供支持。因为这不仅会使已经投资的几十亿美元的设施废置，还会恶化中国与喀土穆的关系，而且，找到管道修建的投资方也比较困难。2010 年 7 月 7 日，苏丹能源与矿业部部长罗登（Luo Deng）博士宣称：修建通过肯尼亚的管道是不经济的，也是昂贵的。③ 除非在肯尼亚找到石油，否则修建自南苏丹至肯尼亚的石油管道的政治意义将大于经济意义。2013 年 3 月，苏丹、南苏丹宣布南苏丹石油将由苏丹管道运输。南苏丹经由肯尼亚出口石油的建议就像一幕闹剧，最终谢幕。

3. 反政府力量：尾大不掉

诞生不久的南苏丹共和国不可忽视的另一大威胁是反政府力量

---

① Luke Patey, *The New Kings of Crude, China, India, and the Global Struggle for Oil in Sudan and South Sudan*, London: Hurst & Company, 2014, p. 246.

② Karina Manson, "South Sudan Faces Finance Crunch", *Financial Times*, 15 May 2012.

③ Issam AW Mohamed: *Oil and War, Cooperation and Development in the Two Sudanese Nations Crisis of a Nation*, Made in the USA, San Bernardino, CA, 2014, p. 130.

的存在。2005年7月30日，南方自治区主席加朗乘坐直升机不幸遇难，苏丹人民解放运动副主席兼南方自治区副主席萨尔瓦·基尔接替加朗职务。2006年1月8日，基尔和南苏丹防御部队领导人马提普签署了《朱巴宣言》。根据《朱巴宣言》，南苏丹防御部队的主力将加入苏丹人民解放军，马提普将成为苏丹人民解放军副参谋长。[①]《朱巴宣言》签订之后，南苏丹防御部队的主力并入苏丹人民解放军，南苏丹防御部队也失去了对团结州的控制，但是，琼莱州、上尼罗河州仍然有一些小分队在活动，这些地方指挥官控制着几百至几千人的部队。过渡期内，苏丹人民解放军不时会与南苏丹防御部队擦枪走火。

2006年4月16日，在位于上尼罗河州东北部的隆阿刍克（Longochuk）县，苏丹人民解放军地方力量袭击了南苏丹防御部队。双方之所以会交火是因为后者试图谋杀前者任命的一名县区专员。8月中旬，由于对西上尼罗河州方阿克县（Fangak）地方长官职位的分配出现分歧，南苏丹防御部队与苏丹人民解放军再次交火。然而，同苏丹人民解放军相比，不论从人力，还是从装备上讲，南苏丹防御部队都处于劣势。

总而言之，将南苏丹防御部队纳入苏丹人民解放军并不顺利，影响南苏丹防御部队和苏丹人民解放军融合的主要障碍仍然是部族差异：苏丹人民解放军一直是由丁卡人领导的，而南苏丹防御部队是由努维尔人领导的。尽管这两大军事组织中有都有不少的丁卡人和努维尔人，然而，每一支武装力量都有自己的部族基础。从南苏丹防御部队听到的最多的是他们反对南方丁卡化的主张，他们认为苏丹人民解放军是一支为丁卡人服务的民兵组织。[②]这两大组织带来的政治暗示是谁将"自然地"领导南方。南苏丹防御部队的许多努维尔人认为，丁卡人是南方最大的部族，因而拥有南方的领导

---

① Matthew B. Arnold, "The South Sudan Defense Force: Patriots, Collaborators or Spoils?" *The Journal of Modern African Studies*, Vol. 45, No. 4, 2007.
② Ibid..

权,这种说法是错误的。因为它将努维尔人排除在外。[1] 另外,努维尔人的居住地大部分是油田,但是他们却没有充分分享石油收入,这是诱发冲突的潜在因素。事实证明,南苏丹防御部队已经不可能对国家造成重大威胁,倒是军中努维尔人和丁卡人由于过去的恩恩怨怨有可能诱发新的冲突。

2006年《朱巴宣言》颁布后,一些武装力量仍然存在。彼特·嘎迪特——马提普在南苏丹防御部队的副手,由于对职位调离不满,公开反叛。依仗家乡的支持和一些老兵的拥护,嘎迪特在团结州的马里肯(Maniken)建立据点。他发表的《马伊姆宣言》表明了反叛的原因,即批评苏丹人民解放运动及制定《过渡宪法》的程序。该组织还质疑了苏丹人民解放运动的治理能力,揭露了其滥用石油收入和导致腐败等行为。[2] 虽然在2011年7月9日独立日的大赦中,嘎迪特放下武器,重获高位,但是他的许多追随者仍然公开反抗南苏丹政府。

团结州、琼莱州和上尼罗河州还有一些叛军,他们要么出于个人野心,要么出于对喀土穆的支持,不承认朱巴统治。他们已经不能给苏丹人民解放运动的统治造成威胁了,但是,他们却是南苏丹共和国的不稳定因素。[3] 部族纷争及反政府力量的存在等就是南苏丹共和国面临的国内威胁。鉴于南苏丹共和国面临的一系列挑战与威胁,其同母国苏丹的石油纷争最好的解决办法是相互合作,战争只会令南苏丹的处境更加恶化,加剧其成为"失败国家"的风险。

(二)苏丹面临的威胁与挑战

2005年加朗领导的苏丹人民解放军与喀土穆政府签署的《全面

---

[1] Matthew B. Arnold, "The South Sudan Defense Force: Patriots, Collaborators or Spoils?" *The Journal of Modern African Studies*, Vol. 45, No. 4, 2007.

[2] Matthew LeRiche and Matthew Arnold, *South Sudan: From Revolution to Independence*, Oxford: Oxford University Press, 2012, p. 161.

[3] ICG, *South Sudan: Compounding Instability in Unity State*, Africa Report, No. 179, 2011, p. 10, http://www.crisisgroup.org/en/regions/africa/horn-of-africa/south-sudan/179-south-sudan-compounding-instability-in-unity-state.aspx.

和平协议》只是解决了南方问题，并没有解决黑人穆斯林的遭遇。从达尔富尔地区、南科尔多凡州到青尼罗河州，阿拉伯人与黑人穆斯林的战斗仍在继续，因为这些地区边缘与中心的矛盾没有得到解决。战争是边缘地区的人们所能采取的最有力的武器，也是最后的武器。战争最终破坏了苏丹民族国家，导致国家分裂，苏丹的现代化遭遇重大挫折。

19世纪，苏丹的政治、经济、军事、社会权力都被掌握在奥斯曼土耳其人手中；经过英国半个世纪的殖民统治，这一权力又落入阿拉伯人手中。南方独立后，苏丹境内的主要反政府力量是苏丹人民解放军北方派，它们主要在青尼罗河和努巴山区活动。在2011年6月南科尔多凡州危机爆发以前，苏丹人民解放军北方派一直提醒巴希尔政府它还控制着一定数量的军队。如2011年3月，苏丹人民解放军北方派的秘书长亚西尔·阿马那（Yasir Aemana）警告巴希尔总统他们在"北苏丹拥有的军事力量达4万人"。[①]

南方独立前后，苏丹其他地区并不太平。2011年6月，随着南科尔多凡州州长选举的进行，苏丹国内局势走到危急关头。国家大会党的候选人艾赫默德·哈伦（Ahmed Haroun）（与被国际刑事法庭指控在达尔富尔地区犯有战争罪及反人类罪的艾赫默德·哈伦是同一人）击败了退伍军人、政治家阿卜德·阿兹伊兹（Abd-el-Azziz），在有争议的情况下"赢得"了选举。阿卜德·阿兹伊兹内战期间一直为南方而战。从《全面和平协议》的逻辑来看，那些非苏丹人民解放军士兵服从喀土穆的领导是必然的。但是，这在政治上是行不通的。喀土穆的决定很简单，宣布阿卜德·阿兹伊兹是叛军，从而扫平他的军队和政治势力。阿卜德·阿兹伊兹的同事马里科·阿哥尔（Malik Agar）的遭遇与其相同。考虑到民众的支持及

---

① SPLM's Northern Sector Calls for Continuation of Economic Sanctions on Khartoum, 26 Mar. 2011, *Sudan Tribune*, http://www.sudantribune.com/SPLM-s-northern-sector-calls-for, 38404, 转引自 Matthew LeRiche and Matthew Arnold, *South Sudan: From Revolution to Independence*, Oxford: Oxford University Press, 2012, p. 194.

参与喀土穆可以接受的谈判，马里科·阿哥尔在这方面可以发挥更有利作用，因而在苏丹人民解放军的投票中，马里科·阿哥尔被选举为青尼罗河州州长。但是 9 月 1 日，喀土穆断然采取行动，给予马里科·阿哥尔毁灭性打击。这与阿卜德·阿兹伊兹在南科尔多凡州的遭遇如出一辙。战争已经遍布全国，从西到东，从乍得边境到埃塞俄比亚边境，喀土穆现在处在自己制造的麻烦中。①

自 2011 年 6 月苏丹武装部队在南科尔多凡州对苏丹人民解放运动/军北方派发动进攻以来，喀土穆和苏丹人民解放运动/军北方派的紧张关系升级。当国家大会党和苏丹人民解放运动/军北方派就南科尔多凡州的暴力进行谈判时，国家大会党的强硬派叫嚣要禁止苏丹人民解放运动/军北方派的活动，最终巴希尔不得不承认它是"苏丹一个合法的政党"。② 苏丹南方公投之后，苏丹人民解放运动北方派呼吁继续"新苏丹项目"，其最终目标是将两国重新统一为世俗、民主的国家。③

阿卜耶伊地区也不太平，苏丹南北分立后，阿卜耶伊成为苏丹与南苏丹共和国谈判过程中最棘手的问题之一，特别是该地区的米赛里亚霍尔姆人在《全面和平协议》签订以后，对喀土穆政府的不满相当强烈。④ 众所周知，第二次内战期间，米赛里亚人站在政府一边同丁卡人和苏丹人民解放军作战，但是，《全面和平协议》签订之后，他们感到被抛弃和背叛了。战争结束之后，许多米赛里亚士兵被解散，但是，经过多年战争，他们同阿卜耶伊地区恩哥科丁卡人的关系相当糟糕。有些米赛里亚人的领导者认为是他们保护了

---

① *A Comprehensive Assessment of U. S. Policy Toward Sudan*, Hearing Before the Subcommittee on Africa, Global Health, and Human Rights of the Committee of Foreign Affairs House of Representatives, One Hundred Twelfth Congress, Oct. 4, 2011.

② Matthew LeRiche and Matthew Arnold, *South Sudan: From Revolution to Independence*, Oxford: Oxford University Press, 2012, p. 197.

③ Ibid., p. 197.

④ Luke Patey, *The New Kings of Crude*, *China*, *India*, *and the Global Struggle for Oil in Sudan and South Sudan*, London: Hurst & Company, 2014, p. 192.

石油公司免受战火影响,这样令全国受益的石油业才有发展的可能,然而他们却从中什么也没有得到。[1] 按照《全面和平协议》的安排,石油收入的2%将划给产油区,但是,当地人既没有工作机会,也没有享受到石油发展带来的好处。南科尔多凡石油份额收入被用来支付政府官员的薪水了,而这些人通常是支持喀土穆国家大会党统治的。[2] 正是由于米赛里亚人对政府开发石油的不满,所以2008年10月18日,他们绑架了9名中国石油工人。绑架头目阿布·胡迈德·艾哈默德·丹奈（Abu Humaid Ahmed Dannay）说:"我们没有什么物质要求。我们要求中国公司立刻撤出该地区,因为他们同政府合作。"[3] 穆哥莱德地区米赛里亚部落酋长姆库塔·巴布·尼么尔（Mukhtar Babu El-Nimer）证实这些绑架者来自他的部落。"他们是米赛里亚人,但是他们是跟哈利尔·伊卜希姆（Khalil Ibrahim）领导的正义与公平运动有联系的米赛里亚人",他说。尼么尔同样也提到反对石油开采:"石油被开采出来了,但是这个地区却没有什么发展,政府没为他们做什么。石油正在被往外抽,但是他们没有看到任何好处。"[4]

达尔富尔地区也不太平,从事石油开发的外国石油公司也成为被绑架或被破坏的目标。2006年11月,达尔富尔叛军联盟打着救国阵线的旗号袭击了中国石油天然气集团公司位于西科尔多凡州和南达尔富尔州交界处的阿布·贾布拉（Abu Jabra）的石油设施。2007年10月,正义与公平运动在袭击中国石油天然气集团公司经

---

[1] International Crisis Group, "Sudan's Southern Kordofan Problem: the Next Darfur", *Africa Report*, No. 145, 2008, pp. 14 – 15, http://www.crisisgroup.org/~/media/Files/africa/horn-of-africa/sudan/Sudans%20Southern%20Kordofan%20Problem%20The%20Next%20Darfur.pdf.

[2] Edward Thomas, *Against the Gathering Storm: Securing Sudan's Comprehensive Peace Agreement*, Catham House, 2009, p. 30, https://www.chathamhouse.org/sites/files/chathamhouse/public/Research/Africa/0109sudan_r.pdf.

[3] "Sudanese Kidnappers Want Chinese Oil Firms Out: Report", AFP, 24 Oct. 2008, http://www.chinapost.com.tw/international/middle-east/2008/10/25/180280/Sudanese-kidnappers.html.

[4] Luke Patey, *The New Kings of Crude, China, India, and the Global Struggle for Oil in Sudan and South Sudan*, London: Hurst & Company, 2014, p. 198.

营的迪夫拉（Defra）油田之后，抓捕了一名埃及石油承包商、一名伊拉克石油承包商和几名苏丹工人。[①] 迪夫拉袭击之后 1 个月，正义与公平运动的领导人哈利尔·伊卜希姆对参加联合国达尔富尔维和部队的 135 名中国工程兵从侧面进行了威胁。"中国到目前为止只为达尔富尔无家可归的人提供 100 万美元的援助，而中国每天要从苏丹抽走 100 桶石油，我们不欢迎他们。"他提到中国维和部队时这样说。[②] 不仅仅是中国石油公司遭遇危险，印度和马来西亚公司也同样面临着安全威胁。东苏丹地区民众也蠢蠢欲动。2006 年，《东苏丹和平协议》签订，成立了东苏丹重建和发展基金会，旨在"结束该地区长期的边缘化"，但是东苏丹并没有从中获得什么红利。

苏丹共和国面临着一系列政治、经济、社会问题，尤其是经济压力，一直是上升趋势。2012 年，苏丹爆发了学生领导的运动。局势不容乐观，政府军除了要同达尔富尔的叛军作战外，南科尔多凡州和青尼罗河州的叛军也给危机重重的国家增加了压力。苏丹进行的花费巨大的战争几乎使政府无力承受。国际货币基金组织估计苏丹 2011 年经济增长率下降了 3.9%，估计 2012 年下降幅度超过 7%。[③] 苏丹在叛乱地区使用武力引起了国际社会的谴责，也影响了苏丹与西方国家，尤其是与美国关系的正常化。

苏丹是世界上第一个承认南苏丹共和国的国家。南苏丹国内的情况极不乐观，这是由南苏丹独立后的部族纷争、对石油的严重依赖，反政府力量的尾大不掉导致的。同母国合作，避免战争是南苏丹发展经济，摆脱贫困的有效途径。苏丹共和国也不容乐观：一个危机重重的国家中诞生了一个新国家，新国家的诞生并没有解决母国的危机，反倒是母国和子国面临着更大的危机和挑战。共生或战

[①] Luke Patey, *The New Kings of Crude, China, India, and the Global Struggle for Oil in Sudan and South Sudan*, London: Hurst & Company, 2014, p.194.

[②] Andrew Heavens, *Darfur Rebels Reject New Chinese Peacekeepers*, Reuters, 25 Nov. 2007, http://www.reuters.com/article/2007/11/25/idUSL24686432#, 2014-11-18.

[③] Lauren Ploch Blanchard, *Sudan and South Sudan: Current Issues for Congress and U. S. Policy*, CRS Report for Congress, Oct. 5, 2012, p.21.

斗是摆在母国苏丹与子国南苏丹共和国之间的重大议题。自 2011 年苏丹南北分立以来，两国谈判鲜有进展。2012 年 9 月，两国对安全和经济合作达成部分协议。为两国长久的发展考虑，苏丹和南苏丹需要履行《全面和平协议》，并且相互信赖、相互合作。只有相互合作，才能共同发展，共同完成民族国家构建，并且为国家的现代化提供良好的国际国内环境。

二　履行《全面和平协议》

《全面和平协议》由《马查科斯宣言》《权力分配协议》《财富分配协议》《阿卜耶伊冲突决议》《南科尔多凡州和青尼罗河州冲突解决协议》《安全安排协议》及两个附录——《永久停火和安全的实施方案及附件》《实施方案及综合实施模型及附件》这 8 部分组成。其中，《阿卜耶伊冲突决议》没有实施。按照《南科尔多凡州和青尼罗河州冲突解决协议》，这两个地区虽然进行了选举，但是民怨沸腾，地区局势仍然动荡。《全面和平协议》为苏丹石油业的管理提供了很好的框架，但是，有些条款没有完全付诸实践。民族联合政府（Government of National Unity）和南方政府（Government of Southern Sudan）应该为制定标准和实现这些措施负责任。其中，最能够为政府赢得支持的是对产油区民众的补偿。《全面和平协议》的第三章《财富分配协议》中的第 4 款第 5 条规定："因石油合同权益遭到侵犯的民众有权获得补偿。通过合理的法律程序及相应机构，石油合同各方有义务对受影响民众进行补偿。"[1]

另外，"补偿"这一概念在努维尔文化中有着极为关键的意义。它关系社会生活的方方面面，从婚姻开始到表达悲伤，甚至包括补偿犯罪。《全面和平协议》要求为那些因石油开采而受到影响的社区提供补偿，但是真正谈到补偿时，政府和石油公司却没有做任何

---

[1] *The Comprehensive Peace Agreement Between the Government of the Republic of the Sudan and the Sudan People's Liberation Movement/Sudan People's Liberation Army*, p. 54, http://www.unmis.unmissions.org/Portals/UNMIS/Documents/.../cpa-en.pdf.

工作。这埋下了不小的隐患：如果南苏丹独立后依然如此的话，产油区将发生暴动。这也就是说，喀土穆政府和石油公司没有获得产油区努维尔人和丁卡人的支持。《全面和平协议》是苏丹和南苏丹实现和平共处的基础，石油公司有义务支持协议的精神。和平是他们开发石油的前提条件，因此，他们应该更期待《全面和平协议》的成功。但是，他们没有，没有一家公司对难民表示同情，也没有一家公司对因石油开采而受影响民众的苦难做出评估。①

《全面和平协议》签订一年多以来，深受贫穷折磨的南方人的生活几乎没什么改善。他们对协议丧失了信心。北上尼罗河州的许多人对该协议几乎一无所知。南方人原本相信，协议承诺了和平，一定会结束与石油相关的虐杀，这样，他们可以安全地返回自己的村子，继续生活。用酋长哲尔·努尔（Chol Nul）的话来说：

> 我们已经听说双方会停火，但是没有见到任何实质性的进展。我希望看到大型的医院、学校和公路。路上没有政府军，人们可以在马拉卡勒和伦克（Renk）之间自由迁徙。《全面和平协议》意味着就业机会，意味着没有饥饿，意味着学校、医院，意味着没有恐惧。联合国部队在前线监督停火。这样，才会有和平。②

喀土穆政府与产油区民众的关系在南方独立后演变为朱巴政府与民众的关系。2013 年，南苏丹共和国独立后两年，富油区团结州发生叛乱。反政府武装和朱巴政府为争夺油田的控制权展开了激烈的较量，由此产生了大量难民。不论是现在的喀土穆政府，还是朱

---

① Fatal Transaction and ECOS (European Coalition on Oil in Sudan), *Sudan, Whose Oil? Sudan's Oil Industry Facts and Analysis*, Apr. 2008, p. 31, http://www.paxvoorvrede.nl/media/files/sudans-whose-oil.pdf.

② ECOS (European Coalition on Oil in Sudan), *Oil Development in Northern Upper Nile, Sudan, A Preliminary Investigated by the European Coalition on Oil in Sudan*, May 2006, p. 25, http://www.ecosonline.org/.../ECOS%20melut%20Report%20final%2.

巴政府，履行《全面和平协议》的补偿原则不仅能够赢得民心，还可以为构建自身合法性提供支持。

苏丹在南方独立后，对其最直接的影响是丧失了大量的石油收入；与此同时，南科尔多凡州、青尼罗河州局势不稳，达尔富尔危机久久得不到解决，阿卜耶伊地区局势紧张。民众对巴希尔政权的不满日益上升。苏丹这些地区的战乱导致大量难民的产生，酿成了人道主义危机，2012年，苏丹需要救助人口超过1000万人（如表6—1所示）。

表6—1　　2012年8—9月苏丹人道主义数据一览（估计数）

项目	数据
苏丹全国需要紧急粮食援助的难民	420万
达尔富尔需要粮食援助的难民	330万
达尔富尔无家可归的难民	170万
2011年返回出生地的达尔富尔人口	178000
南科尔多凡州受冲突严重影响的平民	520000
南科尔多凡州苏丹人民解放运动北方派控制区受影响的平民	350000
青尼罗河州受冲突严重影响的平民	145000
青尼罗河州苏丹人民解放运动北方派控制区受影响的平民	70000
来自南苏丹南科尔多凡州和青尼罗河州的难民	180000
来自南苏丹南科尔多凡州和青尼罗河州埃塞俄比亚的难民	30400
来自乍得的达尔富尔难民	288000
来自埃及的苏丹难民	25000
拥有南苏丹出身，需要帮助返回南苏丹的人口	500000

资料来源：Lauren Ploch Blanchard, *Sudan and South Sudan: Current Issues for Congress and U. S. Policy*, Congressional Research Service, 7-5700, p.36, Oct. 5, 2012。

三　停止代理人战争

无论是苏丹的国家大会党，还是南苏丹的苏丹人民解放运动都支持对方的反政府力量，《全面和平协议》期间如此，南苏丹共和国独立后依然如此。国家大会党经常指责过渡期间苏丹人民解放运动/军支持达尔富尔叛军，收留其领导人，如米尼·米纳维（Minni Minawi）及正义与公开运动的其他高官。2010年11月，苏丹武装部队借打击叛军之名，袭击了苏丹人民解放军。苏丹国防部长阿卜杜勒·拉伊姆·穆罕默德·侯赛因（Abdel Rahim Mohamed Hussein）声称，如果苏丹人民解放运动/军继续支持达尔富尔叛军，苏丹将"第二次选择"干预南方；他警告苏丹人民解放运动/军远离达尔富尔，该地区的叛军将被驱逐。[①] 苏丹境内的苏丹人民解放运动/军北方派有可能是引发苏丹再次分裂的因素。

考虑到苏丹和南苏丹在对方境内的"代理人战争"，在阿卜耶伊的争夺中，双方再次交火的可能性很大。但是，一位敏锐的北方政治家对两国关系做了如下预测："北苏丹有能力解决南苏丹的问题或使南苏丹的问题复杂化。然而不论是南苏丹，还是北苏丹，都有可能使自己成为失败国家。"南苏丹不仅依靠苏丹实现了石油出口，在进出口贸易上也依赖苏丹。喀土穆可以在经济方面给朱巴制造重重困难，如2011年5—6月，喀土穆对南方自治区实行了非正式封锁。喀土穆骚扰货运公司，关闭边境邮政，其意图十分明显，它要证明自己有能力阻拦基本的商品——汽油和食物进入南方。物资短缺给南北边界地区，尤其是团结州和上尼罗河州带来了极大的困难。这限制了到朱巴交通及从朱巴到肯尼亚和乌干达的交通。[②] 南方独立后，苏丹仍然有可能切断其物资供应。目前，苏丹和南苏丹及阿卜耶伊地区有三支联合国部队正在进行维和行动（参见表6—2）。这足以说明，失败国家的阴影仍然笼罩着这两个国家。

[①] Matthew LeRiche and Matthew Arnold, *South Sudan: From Revolution to Independence*, Oxford: Oxford University Press, 2012, p. 200.

[②] Ibid., p. 201.

表 6—2　　　　当前联合国在苏丹、南苏丹的维和行动

行动	成立日期	授权决议	批准力量/当前部署力量	美国确定的捐款金额（万美元）
联合国非盟驻达尔富尔代表团	2007年7月31日，从2007年12月31日起承担非盟驻苏丹代表团职责	2007年的1769号决议、2012年的2063号决议	2007年批准25987人，2012年批准20890人，实际部署21607人	2012年-51817.8 2013年-51233
联合国驻阿卜耶伊临时安全部队	2011年6月27日	2011年的1990号决议、2011年的2024号决议、2012年的2047号决议	批准人数4250人，实际部署人数6633人	2012年-0 2013年-6000
联合国驻南苏丹代表团	2011年7月9日	2011年的1996号决议、2012年的2057号决议	批准人数7900人，实际部署人数6633人	2012年-0 2013-23866.5

资料来源：Lauren Ploch Blanchard, *Sudan and South Sudan: Current Issues for Congress and U.S. Policy*, Congressional Research Service, 7-5700, CRS Report for Congress, Oct. 5, 2012, p.39。

鉴于两国2000公里长的边境线，它们可以在彼此未来的繁荣中发挥独特作用。苏丹总统巴希尔曾概括道："我们需要他们，他们也需要我们。"[①] 不论是苏丹，还是南苏丹，都面临着严重的内部问题。所以，两个国家，和则两利，斗则两伤。和平发展的环境对两国的政治稳定和经济发展都大有裨益。而石油业发展带来的严重问题也需要两国的通力合作才能得到解决。

当我们把目光投向石油业带给苏丹、南苏丹的丰厚利润时，一个常常被众人忽略的问题是石油业对环境造成的破坏。苏丹石油业的发展使非洲最大的湿地——萨德沼泽处于危机之中。苏丹石油发展带来的严重问题除此之外还有：道路的修建所导致的水文的破坏

---

① Matthew LeRiche and Matthew Arnold, *South Sudan: From Revolution to Independence*, Oxford: Oxford University Press, 2012, p.202.

和森林的砍伐；几千个钻坑既没有被清理也没有被复原；因为没有像样的化学及家庭废物处理机构，对采出地层水（produced water）处理不足。[1] 苏丹和南苏丹需要共同合作以解决石油发展带来的相关问题，特别是污染问题。

---

[1] ECOS (European Coalition on Oil in Sudan), *Sudan's Oil Industry after the Referendum*, Conference Report, Dec. 2010, p. 20. http：//www. ecosonline. org/reports/2011/% 5Eindex. html/Oil_conference_ report_ Dec2010. pdf. html.

第七章

民族国家构建及现代化视角下的两国石油纷争

第一节 发展中国家的民族国家构建与现代化

一 发展中国家的民族国家构建

民族国家自西欧发轫以来，便成为一种世界潮流，迅速向世界各地扩散，并且成为世界主要的国际行为体。民族国家在国家形式上摒弃了传统国家松散的"中央—地方"关系，建立起中央集权的政治结构，在民族的区域内，民族国家垄断了合法的暴力手段，对内能够实施有效的控制。这包括了一整套有效的官僚体制、财税体制和国内动员机制等制度的建立。从另一个层面上来看，在民族国家的结构下，国家领土上的居民被同化为一个民族，或者国家有选择地剔除其主体民族之外的民族，这样就使得国内居民能够在民族性质上保持同质性。[1] 这就是民族国家的基本特征，即不仅合法地垄断暴力，而且以同质性的民族为国家合法性的基础。因此，有学者指出："国家在边界明确的主权疆域内行使至高无上的主权，并以国家化的民族主义概念凝聚人心。"[2] 在一定意义上，这可以说是现代民族国家的基本特征。

---

[1] 王波：《现代化与民族国家》，《科学·经济·社会》2015年第1期。
[2] 关凯：《"民族问题"，必须澄清的几个认识》，《读书》2016年第2期。

从文化的表现形式上来看,民族国家体制建设通常是以"国族建构"(nation-building)的面目出现的,其行动目标是构建现代国家的全体成员对国家的忠诚与公民意识,解除所有原来依附在皇帝、领主、宗教领袖及其他传统政治权威上的忠诚感,成为现代意义上的国家公民。[1] 同时,大力推动国家化的公共权威的树立,并通过在国家主权疆域内实行一体化的公共政策——无论是标准化的文化政策,如统一语言的推广与使用、统一的意识形态(社会价值观与形态),还是公民的教育体系,如统一模式的教育制度与教育内容,以及通过国家制度安排实现的社会再分配制度和补偿性法律体系——将自己疆域内的所有居民纳入国家的控制与文化塑造之中,从而促进一个与国家认同相匹配的"国族"的现实形成。[2] 因此,任何一个国家的民族国家构建都包含两方面的内容:不仅要进行国家构建,同时还需要进行民族构建。率先完成民族构建的西方国家,早已完成了现代化,成为发达国家,然而,非洲广大的去殖民化国家却仍在为构建民族国家而努力。

二 发展中国家的现代化

现代民族和民族国家起源于近代欧洲由传统国家向现代国家转型的过程中,并充当了国家现代化的历史承载主体,承担了由传统向现代转型的历史功能。[3] 民族国家本质上为现代化提供了强有力的载体;反过来,国家的现代化又巩固了民族国家。

从历史的进程来看,广义而言,现代化作为一个世界性的历史过程,是指人类社会从工业革命以来所经历的一场剧大的变革,这一变革是以工业化为推动力,导致传统的农业社会向现代工业社会的全球性大转变的过程。它使工业主义渗透到经济、政治、文化、思想等各个领域,引起相应领域深刻的变化;狭义而言,现代化不

---

[1] 关凯:《"民族问题",必须澄清的几个认识》,《读书》2016 年第 2 期。
[2] 同上。
[3] 王波:《现代化与民族国家》,《科学·经济·社会》2015 年第 1 期。

是一个自然的社会演变过程，它是落后国家采取高效率的途径（其中包括可利用的传统因素），通过有计划的经济技术改造和学习世界先进国家，所带来的广泛的社会变革，以迅速赶上先进工业国和适应现代世界环境的发展过程。[①]

现代化主要分为两种——内源性现代化和外源性现代化。顾名思义，由内在因素导致的由"农业大生产力形态转向工业大生产力形态"的剧变被称为"内源性现代化"；主要是由外在因素导致的突破，被称为"外源性现代化"，这是一种传导性剧变，是自上而下或上下结合的急剧变革的过程，后进国家的现代化一般属于这种类型。[②] 作为去殖民化国家，苏丹属于外源性现代化。第三世界发展中国家的前现代社会结构是封闭的、板结的和停滞的，它们的农业生产力水平大多处于更原始的发展阶段。由于在殖民地化过程中所处的位置不同，在现代化的启动阶段，原先的社会结构或只是受到轻度扭曲，或遭到全面扭曲而变形，或大体上仍保持原来的形式。其中很多国家很晚才由殖民地转为独立国，还没有实现真正的民族统一与选择明确的发展道路。[③] 实现民族统一和选择发展道路是苏丹独立后面临的首要任务。

像苏丹这样的第三世界国家面临着民族国家构建和现代化的双重任务。而且这两大任务之间又互相影响、互相制约。作为国家意志的执行机构，政府在其中发挥了无法替代的作用。至于第三世界欠发达国家和地区，由于其市场往往发育不全，资本主义经济因素一般较为薄弱，而国家作为组织经济生活与控制社会的集中权力，多数是强大的。这样，在改变旧的生产关系和促进新生产力的发展的过程中，国家自然地成为推动各种变革的现成的强大组织力量，并在现代化的启动阶段，成为自上而下的改革运动的领导力量。用

---

① 罗荣渠：《现代化新论——中国的现代化之路》，华东师范大学出版社 2012 年版，第 13 页。
② 同上书，"序言"。
③ 同上书，第 144 页。

超经济的手段推动现代经济增长，用高度集中的政治权力促进现代社会分化并平衡多元竞争，这就是第三世界现代化进程中的矛盾现象。[1]

在发展中国家，每个国家公民的身份是先天注定、无法选择的，而政府拥有较强的强制力，其政策正确与否决定了该国的制度安排是否有效率。[2] 1956年1月，苏丹摆脱英国殖民统治独立。作为刚刚独立的发展中国家，苏丹民族国家构建的意义非同小可。对于拥有500多个以上部族的苏丹而言，解除民众对旧的传统政治权威的忠诚，建立全体公民对国家的认同相当重要。从这个意义上说，苏丹必须锻造它自己的"国族"。国家使用通用的语言，国家经济生活制约着全体人民的经济联系及联系的方式，国家的地域特征再加上国家有意识的干预，就使国家有能力把不同的人民共同体包括在一个新的、更大的人民共同体之中。[3] 像苏丹这样一个由英国殖民者拼合而成的国家，政府或者说国家机构在民族国家的构建中具有非同寻常的作用。它们是主导者、决策者、执行者，肩负着实现民族一体化，培养共同的国民意识，塑造同质的国民文化，构建民族共同体的重任。然而在独立后的一段时期内，苏丹的政治经济体制鲜有变动，社会的一体化被等同于阿拉伯化和伊斯兰化。[4] 掌握国家大权的阿拉伯精英在全国推行阿拉伯—伊斯兰化政策。非阿拉伯人对此强烈不满，并为此奋而抗争。苏丹民族构建最大的问题是以"阿拉伯主义认同"作为国家认同，而不是建立一种包纳全民的"苏丹主义认同"。

这样一来，不仅强化了南方人对自身非洲主义认同的认知，而且将阿拉伯人与南方人割裂开来，这与构建统一的"国族"目标背

---

[1] 罗荣渠：《现代化新论——中国的现代化之路》，华东师范大学出版社2012年版，第153页。
[2] 张维迎主编：《改革》，上海人民出版社2013年版，第174页。
[3] 张敦安：《国家在民族形成中的作用探究》，《民族学研究》第8辑，民族出版社1987年版。
[4] 刘辉：《苏丹民族国家构建初探》，《世界民族》2010年第3期。

道而驰。正是这种其他族体所不具备的强制性力量决定了一旦政策出现错误，将给民族国家建设带来难以挽回的损失。在现代化进程和社会变迁的过程中，在族群认同的基础上表达出来的社会不满是导致族群冲突的必要条件，这是伴随着现代化而来的不断增加的族际互动的结果。因为不断增多的关于其他族群的认识强化了人们关于自身族群身份的意识，使他们更为直接地认识到与族群内部成员的相同之处及与外部族群的不同之处。[①]

在现代化进程中，国家又依靠自身特殊力量重点发展了北方，南方依然处于自殖民统治以来边缘化的境地。南方的工业化乏善可陈，只是作为原料产地存在，南方人也没有被纳入统一的国民经济体系中，他们被排除在工业化进程之外。苏丹的民族国家构建是扭曲的，其现代化是跛足的。在扭曲的民族国家构建与跛足的现代化的相互作用下，南方成为最大的受害者，也是最落后的地区。苏丹的民族国家构建遭遇重大失败，现代化严重受挫。

任何一个国家，在民族国家的构建中，既要塑造统一的"公民性认同"，还需要尊重各族体的族群认同，以最终实现统一与多元的平衡。同时，在国家现代化进程中，应实行均衡的发展战略。自国家独立以来，南方与中央政府的分歧主要集中于三个方面，即政治上的分权、经济上的资源共享及意识形态上的同质与异质之争。这三个矛盾没有被合理地解决，导致苏丹南北分立，最终南方选择另立国家。美国驻南苏丹特使普林斯顿·莱曼（Princeton Lyman）曾这样概括："在现有体制内，苏丹无法处理达尔富尔、南科尔多凡、青尼罗河、东部及其他地区的危机。这种体制没有提供更大的政治参与空间，无法满足更多的财富分配需求，也未能提供更大的机会及更大的民主。试图利用军事手段镇压这些需求只能导致更多的冲突，这些冲突反过来又会导致新的侵犯人权的现象发生。正是

---

① 关凯：《"民族问题"：必须澄清的几个认识》，《读书》2016年第2期。

这种恶性循环阻碍了苏丹的新生。"① 苏丹的民族国家构建发生了严重的扭曲，国家的现代化是跛足的现代化。跛足的现代化又侵蚀了现实中的民族国家，加深了族体冲突或者加剧了民族危机。苏丹成为一个危机重重的国家。

第二节　苏丹与南苏丹之间的石油纷争与民族国家构建及现代化

一　苏丹的民族国家构建*

像苏丹这样只是在法律上拥有国家地位的国家是非常脆弱的，它缺乏韦伯传统国家理论中的制度特征和领土控制，包括有能力（倾向）满足公民基本的社会经济需求及确保国家安全。② 如前所述，"苏丹"过去只是一个地理名词，只是由于英国的殖民统治，才使其由一个地理名词转变为一个现代意义上的国家。基于南、北苏丹在民族、文化、宗教及地理上的差异，英国在苏丹实行分而治之的政策。20世纪50年代，在英国人撤出苏丹前，将南、北苏丹两个迥然不同的实体合并为一个国家。1956年1月，苏丹独立，从此披上了国家主权的外衣，开始了民族国家构建的进程。然而，苏丹民族国家的构建始终伴随着民族冲突，主要表现为北方阿拉伯人与南方黑人之间的战斗，其中精英之间的冲突最为激烈。

"精英"可以被理解为一个社会或国家受过教育的一小部分阶层。大多数情况下，他们拥有政治、经济权力，因而在这个国家也有一定的影响力。苏丹的"阿拉伯精英"指苏丹北部的受教育阶层。他们在1956年苏丹独立时从英国殖民者手中接过政治、军事

---

① Lauren Ploch Blanchard, *Sudan and South Sudan: Current Issues for Congress and U. S. Policy*, CRS Report for Congress, Oct. 5, 2012, p. 3.

* 关于苏丹民族国家构建参见刘辉《苏丹民族国家构建》，《世界民族》2010年第3期。

② Rose Bradbury, "Sudan, the Hollow State: What Challenges to Chinese Policy?" *Journal of Politics & International Studies*, Vol. 8, Winter 2012/13.

和经济权力，继续统治苏丹。"非洲精英"指南方受教育阶层，自殖民统治时期起，他们大多在传教士学校接受教育，后来在临国或海外以难民身份接受教育。[1] 苏丹的统治集团主要由喀土穆周围的两大部落组成：贾里因部落（Ja'aliyyin，总统奥马尔巴希尔的部落）在传统上一直控制着贸易和商业；沙其亚部落（Shaiqiyya）在历史上一直控制着武装部队。[2] 这些精英无一例外地来自一个很小的区域，那里的人们无一例外地宣称自己是阿拉伯人的后裔，说阿拉伯语，信仰伊斯兰教。[3] 正是这些人决定了日后苏丹的政治经济走向。

正如阿赫默德·伊卜希姆·迪拉伊戈（Ahmed Ibrahim Diraige）所言：

> 苏丹独立后所发生的事情就是那些从殖民者手中继承政治权力的人拒绝承认苏丹的多样性，也不愿意尊重这种多样性。相反，他们只承认阿拉伯—伊斯兰文化，拒绝承认非阿拉伯和非穆斯林文化。他们也拒绝接受政府的分权体制，哪怕这种分权能够更好地容纳苏丹的多样性。[4]

因此，苏丹独立后当局一直将苏丹定义为一个阿拉伯国家，追求阿拉伯主义，并且无视南方及其他地区的宗教、文化的多样性，强制推行阿拉伯化和伊斯兰化政策。

苏丹主要被两种认同所撕裂——阿拉伯主义认同和非洲主义认

---

[1] Melha Rout Biel, "The Role of African & Arab Elites in Building a New Sudan", In: Elke Grawert edited, *After the Comprehensive Peace Agreement in Sudan*, Suffolk: James Currey, 2010, p. 32.

[2] Matthew LeRiche and Matthew Arnold, *South Sudan: From Revolution to Independence*, Oxford: Oxford University Press, 2012, p. 33.

[3] Ibid., p. 33.

[4] Ahmed Ibrahim Diraige, "Unity in Diversity, Is It Possible in Sudan?" In: Facing Genocide: The Nuba of Sudan, London: African Rights, 1995, 转引自 Melha Rout Biel, "The Role of African & Arab Elites in Building a New Sudan", In: *Elke Grawert edited*, After the Comprehensive Peace Agreement in Sudan, *Suffolk: James Currey*, 2010, *p.* 34.

同。阿拉伯政治精英强调阿拉伯主义认同，试图以阿拉伯主义统一全国，为此在全国推行阿拉伯化和伊斯兰化政策。南方人对此极为不满，绝大多数南方人认为自己是非洲人，苏丹是一个非洲国家。当涉及种族组成（ethnic composition）时，70%的苏丹人是非洲人，25%的苏丹人是阿拉伯人，5%的苏丹人是努比亚出身。① 苏丹的西部、东部和南部面临着同样的问题，他们一直在为消除自身发展、文化、语言及政治上的边缘化而努力。②

1972年，在结束南北第一次内战的《亚的斯亚贝巴协议》签订后，苏丹获得了发展机会。然而，苏丹南方既没有人力资源的开发也没有基础设施的修建。更严重的是，农工业的真正发展使其他生产性部门的发展及基础设施的建设均被忽略。③ 整个20世纪70年代，苏丹石油的开发导致南方地区政府与喀土穆的关系紧张，琼莱运河的修建，南方的政治重组及财政支出导致《亚的斯亚贝巴协议》的破产。

加朗早就认识到南方问题不仅仅是南方的问题。他认为苏丹只有一个"根本性问题"，实际上是"苏丹的问题"；它不限于南方地区或源于南方人。"历届喀土穆政府都试图建立一个坚如磐石的阿拉伯—伊斯兰国家以消除苏丹的多样性。这造成了苏丹的根本问题，并且定义了苏丹的冲突。"④ 不仅仅是南方人受到忽视，达尔富尔的富尔人（Fur）和扎加瓦人（Zaghawa）、东部的贝加人（Beja）、中部的科尔多凡人（Kordofan）等也同样反对政府将苏丹定义为阿拉伯—伊斯兰国家。尽管他们在面临中央强大的压力时不得不接受，但是，他们还是认为自己是非洲人而不是阿拉伯人。

---

① Melha Rout Biel, The Role of African & Arab Elites in Building a New Sudan, in: Elke Grawert edited, *After the Comprehensive Peace Agreement in Sudan*, Suffolk: James Currey, 2010, p. 33.

② Ibid., p. 35.

③ Dr. Addis Ababa Othow Akongdit, *Impact of Political Stability on Economic Development: Case of South Sudan*, Bloomington: Authorhouse, 2013, p. 208.

④ Matthew LeRiche and Matthew Arnold, *South Sudan: From Revolution to Independence*, Oxford: Oxford University Press, 2012, p. 156.

在这种模式下，苏丹民族国家构建遭遇重大困境。在塑造统一国族的过程中，仅仅注重了统一，而忽略了多元，这样的做法招致其他族体的激烈反抗。苏丹人民解放运动的目标是建立一个世俗的、民主的、分权的政府，这样的政府能够创造一种和平、进步及无所不包的政治多元主义。① 苏丹人民解放运动的目标与喀土穆的目标无法协调，观念的冲突无法弥合，最终只能靠战争来解决。

1983 年，苏丹第二次内战爆发；2005 年，南北双方签署《全面和平协议》结束第二次内战。第二次内战期间，石油一直是战争的主题。自 1999 年苏丹石油实现出口以来，伴随着苏丹石油的开发、生产、运输，苏丹人民解放军与喀土穆政府展开了拉锯战。石油也受到战争影响。苏丹的石油业是在战争中发展起来的：战争的一方是掌握军队、警察等暴力机构的国家；另一方是被政府定义为反政府武装的反抗中央政府的苏丹人民解放运动。

苏丹大部分石油位于南方，产油区的人民被先验地认为支持苏丹人民解放军，这一推断导致产油区的南方人惨遭政府清洗。在 2002 年 3—4 月的联合国人权委员会大会上，联合国苏丹人权特别报告员称"自 2001 年以来，人权状况没有得到改善"，他继续说："石油勘探与冲突紧密联系在一起……主要是对资源和权力的争夺。石油已经恶化了冲突，这使人权状况更加糟糕。"他说他已经得到消息，石油勘探将继续导致大量人口无家可归。② 战争的最后几年，油田成为政府军和苏丹人民解放军战斗的主战场。短时间内，喀土穆政府的这种做法可以使石油公司安全地开采石油，政府也获得了可观的石油收入。但是，从长远来看，这种杀鸡取卵的做法不仅严重损害了当地人的利益，而且引发了当地人对政府及石油公司的仇恨。政府这样做实际上是将油田地区的居民视为自己的敌人。南方人，尤其是油田周围的丁卡人和努维尔人因为石油开发对政府充满

---

① Matthew LeRiche and Matthew Arnold, *South Sudan: From Revolution to Independence*, Oxford: Oxford University Press, 2012, p. 33.

② Jemera Rone, "Oil & War", Review of African Economy, Vol. 30, No. 97, Sept. 2003.

了仇视。一旦时机成熟,当油田周围居民有条件决定自身命运时,他们必将抛弃喀土穆政府。

石油对苏丹来说是一把双刃剑。从积极方面讲,毫无疑问,石油的经济、商业及社会价值是巨大的。石油的冶炼、生产、石油化工等不仅提供了就业机会,而且提供了训练熟练劳工的机会,提高了国家偿还外债的能力,缓解了财政赤字。[①] 但是,石油也给苏丹带来很多负面影响。从民族国家构建的角度来看,政府在石油开发中进行的强制移民、清洗、驱逐等政策有悖于统一民族的构建,这是与构建统一国族的目标背道而驰的。

产油区的当地人对石油充满了仇恨。据报道,在 7 区南部,政府和军事力量已经使索伯特河(Sobat)军事化了。国际观察家告诉苏丹石油欧洲联盟(European Coalition on Oil in Sudan):2005 年上半年在索伯特河至少建立了 9 个政府要塞。"是市政厅,社区中心诸如此类的东西吗?显然不是!"瑞弗·约翰·阿本·登(Rev John Aben Deng)在进行田野调查时说,每个人都在谴责石油。"为什么政府在索伯特建立要塞?为了占领产油区,为了保护产油区及石油公司的安全。因为这个地区的人们反对开采石油。"[②]

毫无疑问,自实现石油出口以来,大量石油以美元的形式涌入苏丹。但是,欠发达、腐败及内战却一直如影随形。除了南方自治政府分得一部分石油美元外,大量石油美元被政府投资于喀土穆及尼罗河腹地的基础设施建设及服务业上。2009 年,联合国开发署称,苏丹北方 60%—75% 的人口生活在贫困线以下,南方 90% 的人口生活在贫困线以下,农村地区更加严重。[③] 发现石油以后,虽

[①] Cleophas Lado, "Political Economy of the Oil Industry in the Sudan Problem or Resource in Development", Erdkunde, Bd. 56, H. 2, 2002.

[②] ECOS (European Coalition on Oil in Sudan), *Oil Development in Northern Upper Nile, Sudan, A Preliminary Investigation by the European Coalition on Oil in Sudan*, May 2006, p. 17, http://www.ecosonline.org/.../ECOS%20melut%20Report%20final%2.

[③] Luke Patey, *The New Kings of Crude, China, India, and the Global Struggle for Oil in Sudan and South Sudan*, London Hurst & Company, 2014, p. 187.

然苏丹经济得到快速发展，但是，2011年苏丹的外债却达414亿美元。① 与此同时，国家大会党官员们却用石油美元来巩固自身权力和自己发财致富。② 2005年至2007年，苏丹年消费的71%被用于国防、安全和警察部门，主要被用于支付薪水，几乎没有什么资金用于扶贫。政府高官、商人、安全人员从石油中获益很多，但是大部分苏丹人没有从中受益。

喀土穆政府没有将石油收入用于南方发展，赢得南方人的民心。大部分油田周围的民众极其贫困，绝大部分产油区居民的生活成本低于1美元。在北上尼罗河州，迈卢特县进行的营养调查数据表明，当地人一直面临着食物短缺的问题。2002年5月，该地区全球急性营养不良率（Global acute malnutrition）占20.5%，2005年4月占28.1%。③ 毫无疑问，石油的出现恶化了南北战争的局势。喀土穆政府的过激做法恶化了其与产油区民众的关系。不仅如此，在过渡时期，南方人往往不被雇用：在南方开采石油时，油田主要招募北方人，南方人受到歧视。苏丹石油部门的绝大部分员工是通过Petroneeds招募的。Petroneeds不仅仅是一个劳动力招募机构，同时也是一个安全公司。据报道，申请石油部门的工作必须有国家服务证明——这是一个在军事部门服务的许可性文件。这样的制度，将南方人尤其是产油区民众置于一个极为不利的地位。④ 许多来自北方的人在哈季利季油田工作或者为石油基础设施服务，当地人却没

---

① International Monetary Fund, *Sudan Country Report*, No. 12/298, p. 30, https://www.imf.org/external/pubs/ft/scr/2012/cr12298.pdf.

② Luke Patey, *The New Kings of Crude, China, India, and the Global Struggle for Oil in Sudan and South Sudan*, London: Hurst & Company, 2014, p. 188.

③ Fatal Transaction and European Coalition on Oil in Sudan, *Sudan, Whose Oil? Sudan's Oil Industry Facts and Analysis*, Apr. 2008, p. 31, http://www.paxvoorvrede.nl/media/files/sudans-whose-oil.pdf.

④ ECOS (European Coalition on Oil in Sudan), *Sudan's Oil Industry on the Eve of the referendum*, December, 2010, p. 22, http://www.ecosonline.org/reports/2010/Sudans_oil_industry_on_the_eve_of_the_referendum.pdf.

有被雇用，也没有从石油中获益。①

2006年1月，当地人被承诺给予工作，但是，汽车却拉来了许多北方人，此举在当地年轻人中引起了愤怒。帕鲁吉一个为石油公司工作却不愿意透露姓名的丁卡人告诉苏丹石油欧洲联盟：Petrodar招募的大部分人是北方人，北方人的薪水很高。南方人干的却是最低级的工作：他们没有受过任何训练，同样的工作也不允许干很长时间以免获得真正的技能，他们经常被重新安排，从一个工作岗位调至另一个工作岗位。②喀土穆政府对南方人充满了不信任。

苏丹民族国家构建存在的一个大问题是政府运用石油美元购买武器，强化军事力量，忽视民族构建，尤其是在开发石油的名义下完全不顾油田周围民众的权利、权益，将国家与南方人，尤其是油田周围的人对立起来。2005年签订的《全面和平协议》中的一些条款和措施为重获人们的信任建立了一个框架，但是，这只是纸上文字。自2005年1月以来，迈卢特盆地的安全形势有所好转，但是没有任何机构对深受石油开发之害的当地人进行补偿。③喀土穆失去了获得南方民心的最佳时机。

此外，苏丹的国家构建严重缺位。1956年英国人撤离苏丹时，为苏丹引进了议会民主制。但议会民主制在苏丹水土不服，苏丹几乎没有议会民主制运行的经济基础和物质条件。议会民主制无法解决国家日益严重的社会危机，随后出现军人干政。此后，苏丹多次出现议会民主制与军人政权的交替。国家大权被教派领导人、部落领导人等旧势力掌握。这些人为维护自身利益，不愿意采取变革社会措施，仍然沿袭了旧的统治模式。苏丹的国家构建是缺位的，它

---

① ECOS (European Coalition on Oil in Sudan), *Documentation on the Impact of Oil on Sudan*, 29 May 2001, p. 11, http://www.ecosonline.org/.../documentationimpactoilsudan.pdf.html.

② ECOS (European Coalition on Oil in Sudan), *Oil Development in Northern Upper Nile, Sudan, A Preliminary investigated by the European Coalition on Oil in Sudan*, May 2006, p. 21, http://www.ecosonline.org/.../ECOS%20melut%20Report%20final%2.

③ Ibid., p. 4.

没有为苏丹的生存发展创立民族基础、文化基础等。苏丹国家构建的缺位与民族构建的错位形成了恶性循环。两者相互影响，相互消耗，南北战争最终撕裂了这个国家。

苏丹现代化的重点是北方，南方被严重忽略。经过几十年的发展，苏丹的现代化乏善可陈，民族国家构建危机重重。喀土穆政府民族国家构建推行阿拉伯伊斯兰主义*，这刺激了南方人的非洲主义认同。工具论认为，在现代社会条件下，尽管族群的血缘、亲属意识以及社会网络仍然是族群成员群体归属的重要依据，但另外一些非原生性的因素却变得更为重要，其中最为关键的变量是社会竞争的需要。因此，现代族群身份的来源，不仅是原生的文化特质与个体的主观意识，还包括个体与群体协同起来对社会资源和身份地位的追逐与竞争。① 苏丹南方人的抵抗运动不仅是对自身边缘化地位的反抗，这种运动表现出来的民族主义诉求也是对国家资源，尤其是石油资源的追逐与竞争。2011年，南方独立后，新生的南苏丹共和国成功实现对石油资源的掌控，然而，内陆性的地理特征使南苏丹不得不与母国苏丹合作才能实现石油收益。

二 南苏丹的民族国家构建

（一）南方：滞后的现代化

从民族国家构建的角度看，南方是喀土穆政府阿拉伯化、伊斯兰化的重点；从现代化的角度看，南方在喀土穆政府视野里是资源的供应地。因此，从民族国家构建和现代化的双重视角分析，南方面临着被动的民族国家构建和滞后的现代化。这种民族国家构建是强制性的，当局强制推行阿拉伯化、伊斯兰化政策招致南方人的激烈反抗。当矛盾不可调和时，武力抗争便成为南方人宣布自身尊严最直接、最有效的方式。这种现代化是被遗忘的现代化，落后、贫

---

* 关于阿拉伯伊斯兰主义参见刘辉《民族主义视角下的苏丹南北内战》，《世界民族》2005年第6期。

① 关凯：《"民族问题"：必须澄清的几个认识》，《读书》2016年第2期。

穷几乎是这片土地无法抗争的事实。

苏丹南北分立前，南方是其最不发达的地区。正如前文所提到的，早在英国殖民统治时期，南方就是被忽略地区。独立后，中央政府仍然延续了这种重北轻南的发展模式。两次内战又进一步制约了苏丹南方的发展：南方基础设施投资严重不足，经济发展大大落后于全国其他地区。2005 年以前，南方的整体状态就是苏丹现代化的严重不足和民族国家构建严重扭曲的集中体现。

苏丹南方三省总面积为 648000 平方公里，根据苏丹 1956、1973、1983 年人口普查，南方人口分别是 280、300 万人和 530 万人。[①] 苏丹南方地区常年战乱，只是在《亚的斯亚贝巴协议》签订后，经济才有了一定程度的发展。自 1972 年《亚的斯亚贝巴协议》的签订至 1983 年该协议的破产，这 11 年是南方历史上少有的发展时期。但是此时南方刚从第一次南北内战中走出来，自身能力有限。南方的建设和发展仍主要依赖喀土穆政府的拨款和外部援助。

在此期间，政府加大了对南方的投资。纵然如此，南方预算资金与实际接受资金差距仍较大。譬如，始于 1972/1973 财政年的 5 年特别发展预算被批准，预算中提供给南方的总资金分别是 3836、2633 万苏丹镑，但是，实际上到达南方的款项是 770 万苏丹镑，远远低于这一数字。[②] 1977 年 7 月，南方地区政府执行南方经济社会发展 6 年计划，该计划面临着同样的问题，实际投资资金严重不足。南方地区政府的大多数项目只停留在纸面上。

1976 年，国际劳工组织进行了如下观察："南方三省是苏丹最贫穷的地区。人均收入为全国平均水平的一半……他们在公共卫生服务领域被忽略。南方三省人口占全国 20% 还多，但是南方的诊所和绷扎所仅占全国的 10%。邮局和电报局的比例更少，银行支行比

[①] Benaiah Yongo-Bure, *Economic Development of Southern Sudan*, Lanham: University Press of America, 2007, p. 8.

[②] Ibid., p. 31.

例仅为5%。儿童入学率不到全国比例的一半，通讯落后，南方大部分地区跟苏丹其他地区的进步没有什么关系。"①

世界银行1981年做了同样的观察："从20世纪50年代中期到1972年，南方的战争、流血消耗了大量的人力、财力……通信几乎不可能，大部分地区靠效率低下的水运，这种状况直到今天仍然没有改变。苏丹的文盲率是85%，南方的文盲率高于此数据，那里整整一代人由于内战，没有接受教育。"②

80年代中期，苏丹工业生产占其GDP的比例是10%，南方地区的比例可以忽略不计。南方几乎没有什么工业，与其他部门类似，苏丹工业发展主要集中在喀土穆和杰济腊地区。自1972年始，南方出现了一些小型的私人工业。《亚的斯亚贝巴协议》签订后，南方地区政府启动了一系列面向地方、地区的工业化项目，但是由于各种各样的原因，直到1983年《亚的斯亚贝巴协议》破产，还没有一个项目落实。③

1983年第二次内战爆发，南方依然是苏丹最穷的地区。战争期间，朱巴、瓦乌和马拉卡勒一些主要城市是由苏丹政府控制的，农村地区及其他城镇由苏丹人民解放运动控制。④ 战争期间，苏丹人民解放运动对控制区进行了一定的行政管理，如取消路障，统一税收体系，关注社会经济发展等。

从历史视角分析，英国奠定了南北二元的地理格局，北方发展远远快于南方。苏丹独立后，当政者不仅没有改变这种格局，而且还强化了这种格局。由于自然条件的限制，南、北苏丹历史上没什

---

① Benaiah Yongo-Bure, *Economic Development of Southern Sudan*, Lanham: University Press of America, 2007, p. 9.
② World Bank, *Adjustment in Low-Income Africa*, Washington, D. C., 1981, pp. 47 – 48, 转引自 Benaiah Yongo-Bure, *Economic Development of Southern Sudan*, Lanham: University Press of America, 2007, p. 197.
③ Benaiah Yongo-Bure, *Economic Development of Southern Sudan*, Lanham: University Press of America, 2007, p. 53.
④ Ibid., p. 9.

么联系。英国分而治之的政策强化了南、北苏丹的历史文化地域特色。苏丹独立后，南方仍然处于被边缘化的地位。苏丹中央政府没有构建统一的大市场，统一的贸易体系，将南方融入全国国民经济之中，而是断断续续地延续了旧有的重北轻南的政策，最终南方问题由经济问题演变为政治问题。

石油被发现后，南方依然是苏丹最不发达的地区。中央政府凭借行政手段强制切断了南方人同石油的一切联系。这种做法在短时间内保证了中央政府独揽石油收入，却人为地切断了南北方的经济联系。南方一直没有融入全国性的国民经济之中，经济问题与民族问题、宗教问题相互交织，历史因素与现实因素相互作用，再加上美国的干预，最终苏丹南北分立。

（二）南苏丹的民族国家构建

经过与中央政府 22 年的内战，苏丹南方地区终于成为一个独立的国家。宪法是一个国家的根本大法，是一个国家政治制度的基础。它创建了国家的主要机构——立法、司法与行政，并且区分了各自的责任，定义它们之间的关系及这些部门与人民之间的关系。[1] 南方独立前，南方立法会议批准了《过渡宪法》，《过渡宪法》于 2011 年 7 月 9 日独立日由总统签署并生效。《过渡宪法》成为南苏丹的最高法律，并且取代了 2005 年的《临时宪法》。宪法规定南苏丹应实行总统领导的混合总统制：总统既是国家元首，也是政府首脑和武装部队总司令；同时成立国民议会，由两院组成。国家立法议会（national legislative assembly）通过直接选举产生；另一议院由各州代表组成，称为"上议院"（council of states）。[2] 南苏丹独立日当天，萨尔瓦·基尔就任第一任总统。宪法同时规定成立最高司法机关——最高法院。

苏丹人民解放运动是南苏丹的执政党，它成长于第二次内战期

---

[1] Dr. Addis Ababa Othow Akongdit, *Impact of Political Stability on Economic Development: Case of South Sudan*, Bloomington: Authorhouse, 2013, p. 6.

[2] Ibid., p. 83.

间，并且拥有自己的武装组织——苏丹人民解放军。2011年7月9日，南苏丹独立后，像立法、行政、司法等国家机构及大部分政府部门都由苏丹人民解放运动主导。① 苏丹人民解放运动成为南苏丹共和国的实际掌权者。

新国家的独立意味着南苏丹民族国家构建的开始，然而，披上国家主权的外衣并不意味着民族国家构建的一帆风顺。南苏丹共和国的当务之急是建立有效的政府，正如萨尔瓦·基尔所言："苏丹人民解放运动没有继承什么可行的国家机构，更没有什么基础设施，也没有什么可靠的社会服务设施。"② 2011年，政府的基本机构如立法、行政、安全和司法体系创立。毫无疑问，这是南苏丹国家构建的重要开始。此外，南苏丹共和国还建立起了一系列的政府机构，如内务部、武装部、移动通信网络部等。在朱巴及其他城镇，南苏丹已经建立了相对完善的3G服务系统，这对于政府管理能力的提高，政治的发展，商业的进步，维护社会安全和稳定是相当重要的。③ 南苏丹共和国还发行了自己的纸币——南苏丹镑。鉴于苏丹人民解放运动在南苏丹独立中发挥的重大作用，它成为新国家的统治者，其合法性不容置疑。但是，苏丹人民解放运动面临的首要问题是在北方敌人消失以后，将南方各部族通过经济纽带塑造为南苏丹国民，建立统一意义上的"国族"。南苏丹的《过渡宪法》规定各级政府将"发动全面民族和解进程，以推动南苏丹人的民族和解，统一与和平共处"。④ 这样南苏丹民众不会因为部族界线发生冲突，但是，现实却与民族构建的迫切需要大相抵牾。

从民族国家构建的角度来看，2011年苏丹南、北分治是其民族国家构建失败的主要标志。新生的南苏丹共和国仍然面临着民

---

① Dr. Addis Ababa Othow Akongdit, *Impact of Political Stability on Economic Development: Case of South Sudan*, Bloomington: Authorhouse, 2013, p. 83.
② Matthew LeRiche and Matthew Arnold, *South Sudan: From Revolution to Independence*, Oxford: Oxford University Press, 2012, p. 172.
③ Ibid..
④ Ibid., p. 231.

族国家构建的艰巨任务。民族国家构建时常伴随着族体冲突,对南苏丹这样一个贫穷落后、族体(族体是族类共同体的简称,既包括部族,也包括民族。在涉及民族国家构建时,用族体冲突,而不是用部族)众多的国家而言,冲突更加激烈。南苏丹共和国内丁卡人与努维尔人之间的冲突就是民族国家构建中族体冲突的表现。作为民族国家构建的关键力量,丁卡人和努维尔人之间的部族冲突不仅影响了国家发展,破坏了新国家的稳定,而且给普通民众的生活造成了恶劣影响;更加严重的是,它使未来南苏丹共和国的民族国家构建蒙上了一层阴影。可以说,苏丹人民解放运动任重道远,然而,事实上,苏丹人民解放运动在现实中的成绩却乏善可陈。

首先,苏丹人民解放运动的发展模式仍然沿袭了其母国苏丹的发展模式。作为南苏丹民族国家构建的核心领导者,苏丹人民解放运动既未能有效履行民族国家构建重任,也未能承担起现代化的重任。苏丹人民解放运动的主要力量是丁卡人。在国家政治经济社会生活中,丁卡人大权在握,排斥其他族体。南苏丹独立后,所谓的民族和解过程成为一纸空文。毫无疑问,2013年12月爆发的丁卡人与努维尔人之间的冲突加剧了南苏丹国内的危机。如前所述,南苏丹共和国虽然是世界上最年轻的国家,却是世界上最不发达国家,贫穷、落后是这个国家的主要特征。

根据石油业研究者卢克·佩蒂(Luke Patey)的说法,苏丹人民解放运动"正在遵循国家大会党的模式,在中心聚敛财富,忽略边远地区"。2008年,政府将70%的薪水及67%的发展支出投资在朱巴。[①] 广大南苏丹民众既没有从国家独立中受益,也没有分享到石油收入。2012年,世界银行担心南苏丹的贫困率将会上升到83%,因为南苏丹镑暴跌,而从燃料到食品等货物的价格却迅速上

---

① ECOS (European Coalition on Oil in Sudan), *Sudan's Oil Industry on the Eve of the Referendum*, Dec. 2010, p. 27, http://www.ecosonline.org/reports/2011/%5Eindex.html/Oil_conference_report_Dec2010.pdf.html.

涨，因为这些物品都需要进口。①

资本往往被用来实现经济多样化和提高经济的整体生产力，而一个国家能源矿产资源的开发常常能为其资本积累提供捷径。通过资源处理及相关产业的开发，资源禀赋常常能够为以资源为基础的工业化提供捷径。② 毫无疑问，南苏丹的石油为其工业化提供了有利的条件。凭借从母国继承下来的石油资源和石油设施，南苏丹共和国继承了母国过去的一套石油生产体系。石油成为新生的南苏丹共和国经济发展的主要动力，而石油收入则成为国民经济的支柱。然而，受本国内陆型地理环境的影响，南苏丹必须借助母国苏丹的石油管道和码头才能实现石油出口，再加上两国在石油产地上的一些分歧，两国面临着严重的石油纷争。

南苏丹不仅面临着与母国的石油纷争，其国家内部对石油收入的分配也出现严重分歧。团结州州长塔班·登要求南苏丹独立后团结州分得15%的石油收入，而事实上，在此前签订的《全面和平协议》的安排下，团结州的石油收入只有2%。他认为，多余的钱可以用到石油开发引发的环境治理上。③ 然而，塔班·登·盖的愿望可能要落空了，因为《南苏丹石油收入管理草案》规定：产油区分得2%的收入，另外3%用于社区发展。④ 但是，社区民众并不高兴，他们抱怨："我们不高兴，因为我们自己的政府不照顾自己的人民，我们谴责北方，但是现在连我们自己的南方政府都不看顾我们。2%的石油收入划给团结州，将进入州长及政府腰包，社区是

---

① Luke Patey, *The New Kings of Crude, China, India, and the Global Struggle for Oil in Sudan and South Sudan*, London: Hurst & Company, 2014, p. 243.

② Benaiah Yongo-Bure, *Economic Development of Southern Sudan*, Lanham: University Press of America, 2007, p. 75.

③ James Gatdet Dak, "Sudan Unity State Governor Says More Oil Share Post – 2011", *Sudan Tribune*, Aug. 19, 2009, http://www.sudantribune.com/spip.php?page=imprimable&id_article=32177.

④ "Petroleum Revenue Management Bill", 2012, Bill No. 61, Laws of South Sudan, p. 18. http://www.globalwitness.org/sites/default/files/library/Republic%20of%20South%20Sudan,%20draft%20Petroleum%20Revenue%20Management%20Bill,%202012_0.pdf.

第三方，但是社区没有从《全面和平协议》的承诺中获得任何补偿。"① 产油区民众也对政府不满。南方独立后，在大先锋作业公司开发的库噢尔村（Kuor），据报道，绝大部分年轻人（占人口比例的75%），要么放牧，要么到镇里找工作。虽然大先锋作业公司从他们的土地上抽走了大量石油。② 但显然，这些人的生活没有得到改善。这削弱了民众对新国家的认同，也影响了新国家的民族国家构建。南苏丹的独立为苏丹人民解放运动赢得了威望，也成为国家统治的基础，然而，苏丹人民解放运动的治理模式却在一步步削弱其合法性。

苏丹人民解放运动大权在握，但是由于新国家面临的种种困难，如经济落后，反对派存在等，在一定时期内，该组织在南苏丹不会实行多元主义。石油财富集中在一小部分人及其同盟者手中，结果，大部分人处于相当严重的贫困境地。③ 苏丹人民解放运动构建统一的民族认同困难重重。南苏丹的广大地区迫切需要和平红利：长期以来，社会治安恶化，鲜有发展，政府进行的基础设施投资建设将成为培养民众认同的方式之一。以前通过共同的北方敌人来凝聚力量的方式现在已经不再奏效了，何况脱离北方并不意味着消灭北方。在北方敌人"消失"之后，新生的国家立即陷入分裂之中。总而言之，南苏丹共和国社会、政治和经济的稳定取决于一套能够充分发挥作用的制度，从而能够有效地管理公共资源，并平均地分配这些资源。透明有效的治理对于缓和裙带关系引起的冲突大有裨益。这种裙带关系往往会强化部族或社会、经济的集团色彩。④

---

① ECOS (European Coalition on Oil in Sudan), *Sudan's Oil Industry after the Referendum*, Conference Report, Dec. 2010, http：//www.ecosonline.org/reports/2011/%5Eindex.html/Oil_conference_report_Dec2010.pdf.html, p.8.

② Saferworld, *Oil, Security and Community Engagement, a Collection Essays on China's Growing Role in South Sudan*, Aug. 2013, p.27, http：//www.saferworld.org.uk/.../oil-security-and-community-engage.

③ Ibid., p.76.

④ Dr. Addis Ababa Othow Akongdit, *Impact of Political Stability on Economic Development: Case of South Sudan*, Bloomington: Authorhouse, 2013, p.140.

因此，苏丹人民解放运动的治理对南苏丹未来的发展至关重要。

三 石油纷争与民族国家构建及现代化

作为第三世界国家，不论是母国苏丹，还是新生的南苏丹共和国，都面临着民族国家构建和现代化的双重任务。国家的现代化可以为民族国家的构建提供强有力的经济保障，并且为扫除一切旧的符号，如血缘、地缘、部族、宗教提供经济支持，为统一的国族的形成铺平道路；现代民族国家不仅为现代化提供了人力支援，并且为其提供了制度保障。两者是相辅相成的。现代化是一种时代趋势，是世界各国、各地区发展的必由之路。民族解放、国家独立是一个国家自主现代化的前提，同时它本身也是现代化的重要内容。南苏丹共和国的独立意味着其自主现代化的开始。

自1898年英国殖民统治至2005年《全面和平协议》的签订，在这100多年的时间里，苏丹南方一直是被遗忘的地区，也是最不发达的地区。英国殖民者重北轻南的发展模式及喀土穆政府对这种模式的沿袭和继承，辅之以近半个世纪时断时续的内战恶化了南方的状况。南方地区的现代化是滞后的，南方独立后，这就意味着国家主导的现代化对新国家的生存具有至关重要的意义。良好的治理不仅对发展是至关重要的，同时也决定了一个国家能否有效地使用资源以促进经济发展和减少贫困。[①] 实现经济增长对南苏丹共和国来说刻不容缓。

现代化的第一个目标就是"增长经济"，也就是现代社会的发展要以经济发展为中心。[②] 但是，南苏丹与母国的石油纷争却严重偏离了现代化的发展方向。石油是国家可以利用的重要资源。一国的要素禀赋是该国产业、技术选择的最重要的限制，在任何一个给

---

① Dr. Addis Ababa Othow Akongdit, *Impact of Political Stability on Economic Development: Case of South Sudan*, Bloomington: Authorhouse, 2013, p. 77.

② 丁建弘主编：《发达国家的现代化道路——一种历史社会学的研究》，北京大学出版社1999年版，第5页。

定的时点，要素禀赋给定，就决定了该时点社会的总预算。要素禀赋结构决定了一国资本、劳动的相对价格，从而决定了该国在竞争开放的市场中最有效率的产业的技术优势。[①] 对一国的发展而言，按照比较优势发展是最重要的经济原则，唯其如此，才能形成竞争优势，落后国家也才能充分利用比较优势。[②] 因此，石油资源对于南苏丹共和国而言不仅是国家经济发展可以利用的比较优势，也是其迅速开展现代化的自然禀赋。然而，南苏丹共和国和苏丹的石油纷争事实上恶化了本国的财政状况，严重影响了其经济发展。2012年，南苏丹共和国关闭石油生产的做法尽管在一定意义上报复了母国苏丹，但实际上对其自身的损失更大，如食物短缺、通货膨胀、外汇减少等。此外，石油纷争导致苏丹和南苏丹各自支持对方的反对派，这进一步影响了彼此的稳定。利用石油资源发展经济被忽略，石油斗争成为两国的主题。由此严重制约了两国的现代化，受到制约的现代化未能为民族国家构建提供经济保障，民族国家构建几乎成为一纸空文，亦未能为国家现代化提供制度保障。无论是苏丹还是南苏丹，都处于危机之中。

毋庸置疑，2011年南苏丹共和国的诞生是其母国苏丹民族国家构建失败的主要标志，这也使苏丹的现代化遭遇重大挫折：苏丹不仅因此失掉了过去的南方三省，而且丧失了75%的石油资源。丢掉南方的苏丹依然肩负着民族国家构建的任务。苏丹延续多年的战争延误了其现代化进程，更重要的是，它使苏丹的民族国家构建雪上加霜。石油工业的开发纵然促使了经济发展，带来了GDP的增长，国家收入也随之增多，但是，它加深了产油区民众与喀土穆中央政府的矛盾。这与民族国家构建的目标是相悖的。南方独立后，苏丹国内局势不稳，经济形势恶化：喀土穆政府在达尔富尔地区、南科尔多凡州、青尼罗河州的战事加剧了其国内的危机。适时解决与子

[①] 张维迎主编：《改革》，上海人民出版社2013年版，第174页。
[②] 同上。

国南苏丹的石油纷争对苏丹来说意义非凡——这既是国家和平稳定的保证，也是国家发展的契机。

苏丹与南苏丹对阿卜耶伊地区的争夺，在石油运输费、过境费问题上僵持不下不仅是对自身丧失石油收入的一种补偿，也是石油对现代化、对各自民族国家构建重要意义的具体体现。对于母国苏丹而言，南方的独立已经昭示了重新进行民族国家构建的重要性，解决国内达尔富尔等地的冲突因而显得尤为迫切，否则，国家有可能再次面临分裂的危险。苏丹与子国南苏丹的石油纷争削弱了喀土穆政府的力量，苏丹共和国依然面临着民族国家构建的任务。

新生的南苏丹共和国危机重重：民众的不满、经济落后、腐败、动荡、对石油收入的过度依赖、部族纷争、朱巴政府与里克·马查尔领导的叛军之间的战斗等，这些问题都是困扰南苏丹的重大问题。如前所述，南苏丹共和国虽然拥有母国苏丹75%的石油产地，但是其内陆型的地理特征迫使南苏丹必须借助苏丹的石油管道和出口码头才能实现出口。对新生的南苏丹共和国而言，与母国苏丹的石油纷争只能进一步恶化其自身的生存危机。南苏丹共和国面临的民族国家构建和现代化的任务比苏丹要艰巨得多。

2012年南苏丹共和国关闭石油生产对其带来的恶劣影响已经说明了这一点。2013年年底，南苏丹独立两年多，其国内爆发了两个最大部族丁卡人与努维尔人之间的冲突，该冲突导致了严重的人道主义危机。其他部族由于对水源和牧场的争夺、冲突也时有发生。从一定意义上说，新生的南苏丹共和国面临着更加严峻的民族国家构建的任务，即如何在"北方敌人"消失后，缔造统一的国民纽带，为新国家的发展寻找民族基础、制度基础。南苏丹独立后，与其母国苏丹的石油纷争掩盖了国内亟须解决的民族国家构建问题，在某种程度上，也延误了其自身的现代化过程。

一般认为，腐败、管理不善、制度乏力等对经济的增长有实质性的负面影响。计量经济学的大量研究表明，长期的经济成就与合理的治理之间联系紧密，换句话说，管理的质量基本上决定了经济长期发展的结果。① 现代化的一个重要目标是发展，是社会的全面进步，是减少贫困、失业和不平等。从长远的角度来看，经济增长对穷国来说是减少贫困的一个必要条件。② 对南苏丹共和国而言，当前最重要的是通过强有力的管理迅速发展经济，为改善人民生活水平服务。

苏丹和南苏丹必须承认的一个事实是，国家的基本任务是运用石油收入为发展服务，为改善人民的生活水平服务，最终实现国家现代化。发展的最终落脚点是人民，是实现社会的全面进步。根据瑟尔斯（Seers）的观点，发展既不是 GDP 的增长，也不是人均 GDP 的增长，而是减少贫困、失业，消除不平等。如果贫困、失业情况恶化，不平等情况加剧，那么，即使人均 GDP 翻两倍也不能称为发展。③ 经济发展的最终目标是通过提高人的能力实现人的发展。④ 无论是苏丹，还是南苏丹都应当将人的发展放在第一位。

如何处理好石油纷争，使石油收入不仅能够服务于国家的现代化建设，而且有助于各自的民族国家构建，这是对两国领导人的考验。南方的独立已经意味着原苏丹民族国家构建的失败。南方独立后，母国苏丹和南苏丹共和国的民族国家构建刻不容缓，而石油纷争的妥善解决对两国的现代化均大有裨益。只有妥善解决石油纷争，国家局势稳定，才有可能统一。在统一的国内环境中，中央政府才可能顺利进行民族整合以完成民族国家的构建任务，同时为现代化提供保障。唯其如此，才能避免成为失败国家。

---

① Dr. Addis Ababa Othow Akongdit, *Impact of Political Stability on Economic Development: Case of South Sudan*, Bloomington: Authorhouse, 2013, p. 194.

② ［英］杜德利·西尔斯：《发展的含义》，载罗荣渠主编《现代化：理论与历史经验的再探讨》，上海译文出版社1994年版，第53页。

③ Benaiah Yongo-Bure, *Economic Development of Southern Sudan*, Lanham: University Press of America, 2007, p. 2.

④ Ibid., p. 4.

结　　论

　　从1898年苏丹沦为英国殖民地，到1956年1月1日苏丹正式独立，在这长达半个多世纪的时间里，英国在苏丹实行了一套殖民掠夺政策，给苏丹社会带来了深远的影响。英国在政治上保护传统势力，打击新兴力量，这使得苏丹的保守力量一直在国家政治生活中占主导地位。经济上的重北轻南和重农抑工使苏丹形成了以棉花种植业为主的单一经济模式。苏丹工业发展严重滞后，南北差距甚大，南方始终处于被忽略、被边缘化的地位。英国在苏丹实行的南北分而治之的政策与构建统一国家的目标是背离的。英国人撤离苏丹时为其引进的议会民主制无法解决其日益严重的社会问题，致使苏丹多次出现文官政权与军人政权的交替。

　　独立后的苏丹继承的就是英国遗留下来的经济发展模式。凭借语言文化上的优势地位，北方阿拉伯人迅速掌握了国家权力，他们依靠国家的强制力，在全国推行阿拉伯化、伊斯兰化政策，完全忽略南方独特的语言、文化和宗教信仰。南方人由于其在语言、文化及历史上的劣势地位，不仅被排除在权力之外，而且成为阿拉伯化、伊斯兰化的对象。为了争取政治上的权益，经济上的共同发展，文化宗教上的自由，南方人与中央政府开展了两次内战。第一次内战于1955年爆发，1972年结束；第二次内战于1983年爆发，2005年结束。

　　苏丹的石油开发是在内战背景下进行的。1984年，南方叛军苏丹人民解放运动的袭击导致美国雪佛龙公司停止了在苏丹南方的石油开采活动。1996年,中国石油天然气集团公司进驻苏丹。在中国、印度、马来西亚等国石油公司的共同努力下,苏丹石油的开发取得了长足发展。石油的开发、生产不仅满足了国内需求,而且增加了政府收入,改变了苏丹的经济结构,使苏丹实现了贸易平衡和国际收支平衡,苏丹的GDP也实现了快速增长。然而,一个无法回避的事实是,苏丹大部分产油地位于南方,为了保证雪佛龙公司撤出苏丹的故事不再重演,苏丹武装部队联合阿拉伯民兵对油田周围的居民实行清除、驱逐政策。油田周围的居民——丁卡人、努维尔人的权益被严重侵犯。喀土穆政府甚至不惜使用"借力打力"的策略,致使南方人陷入内战中的内战。南方人不仅不同部族之间相互战斗,同一部族内部也互相残杀。战争给南方人带来了深重的灾难。油田周围的居民无家可归,流离失所,成为难民。

苏丹南北内战引起了世界超级大国美国的注意。自小布什总统起,美国由克林顿总统时期对苏丹的孤立遏制政策演变为积极参与政策。2005年1月1日,在美国等国的干预下,喀土穆政府与苏丹人民解放运动达成《全面和平协议》,长达22年的第二次南北内战结束。美国总统奥巴马执政后,积极督促《全面和平协议》的执行。2011年1月9日,苏丹南方公投顺利举行。99%的南方人选择独立,苏丹南北分立。由于南方独立,苏丹丧失了75%的石油产地及大量石油收入。

苏丹南北分立后,原来存在于喀土穆政府与苏丹人民解放运动之间的石油纷争遂由国内问题演变为国际问题。双方对阿卜耶伊地区的争夺,不仅是对该地区石油资源的争夺,而且是对该地区石油运输管道的争夺。南苏丹内陆国家的特点决定了其必须依赖母国苏丹的石油基础设施出口石油。双方在石油运输费、过境费等问题上各执一词,最终南苏丹于2012年1月关闭石油生产。尽管苏丹和南苏丹于2012年9月就石油及相关经济问题达成了协议,但是争议中的阿卜耶伊归属问题仍然没有合适的解决方案。

鉴于两国现代化和民族国家构建的双重任务，双方不宜再起战火。履行《全面和平协议》，相互合作，相互信任，停止代理人战争是解决两国石油纷争的不二选择。苏丹与南苏丹之间的石油纷争从现象上看是两个发展中国家对石油资源的争夺，却蕴含着以下问题需要总结。

一 发展中国家的民族国家构建与现代化相辅相成、相互作用

发展中国家的民族国家构建和现代化是相辅相成、相互作用的。民族国家构建的顺利进行不仅能够为其现代化提供稳定的发展环境，而且能够提供有效的制度保障。国家的现代化不仅能够为民族国家的构建提供经济动力支持，而且还为统一民族国家意识的形成提供合法性来源。一旦一个国家的民族国家构建遭遇重大挫折，其现代化必然受挫。苏丹与南苏丹之间的石油纷争是南方独立衍生出的国际问题。苏丹南方的独立是其民族国家构建失败的主要标志，也是其产物。从现代化的角度来看，则是现代化功能性主体的破裂，现代化严重受挫。

现代苏丹是英国殖民者撤离时催生的一个地理实体。这个新国家虽然是一个独立的主权国家，但是民众国家意识的缺乏却是普遍现象。苏丹刚刚独立时，不少南方人对新国家非常陌生。这样一个新国家不仅存在着阿拉伯人与非洲人的分野，更加严重的是，早在19世纪阿拉伯人在南方进行奴隶贸易的行径就播下了南北仇恨的种子。南方非洲人与北方阿拉伯人过去的历史恩怨与现实的宗教文化差异相互叠加，使这个新国家刚一成立便面临着解体的风险。对于独立后的苏丹而言，民族国家的构建是避免其解体的最有效的途径，也是苏丹最迫切的任务。然而，在去殖民化运动中凭借种种优势掌握国家权力的阿拉伯人在全国推行阿拉伯化、伊斯兰化政策，试图用阿拉伯—伊斯兰主义构建全国统一性的认同，未能塑造出一种超越北方阿拉伯—伊斯兰主义及南方非洲主义的国家主义认同或苏丹主义认同。最终，南方人的抗争分裂了国家，南方独立。苏丹

的民族国家构建遭遇重大失败。

世界历史进入近代以后，现代化成为一种普遍的潮流。苏丹作为去殖民化国家，现代化是摆在其面前的一项刻不容缓的任务。英国殖民统治时期，在苏丹实行重北轻南，重农抑工的发展政策。苏丹独立后，当政策者延续了这种发展模式，南方依然是全苏丹最不发达地区。共同的历史遭遇激发南方联合起来为改变自身命运而抗争，并且它也成为南方非洲主义的源头。从阿尼亚尼亚运动到苏丹人民解放运动无不昭示着南方独特的政治经济文化诉求。

如前所述，苏丹的民族国家构建是失败的：既未能做到尊重南方的不同文化，也未能创造出一种包容全体苏丹人的国家主义认同，只是一厢情愿地使阿拉伯主义认同成为国家整合的基础，这在现实中遭到南方人的激烈反抗。这种做法既破坏了民族国家构建，也严重制约了国家的现代化进程。民族国家是现代化的载体，民族国家的分裂影响了国家现代化，大大制约了苏丹由农业文明向工业文明的过渡，工业文明的滞后导致政治、经济、社会、文化嬗变的滞后，由此带来的是苏丹的普遍落后。本应属于现代化发展要素的石油资源却成为民族国家构建的严重障碍、成为中央政府与南方叛军争夺的焦点。

喀土穆政府在石油开发中实行的清除政策进一步削弱了南方人对国家的认同，南方的非洲主义认同日益强化。发展中国家的现代化有强烈的国家主导的色彩，国家的意志往往决定了地区的命运。苏丹正是这样，南方问题正是国家意志主导的结果。在现代化过程中，苏丹中央政府的失误在于没有将南方纳入全国统一的国民经济体系，并且使南方成为国民经济中不可或缺的一部分；他们只是让南方发挥了其自然禀赋，南方人没有成为全国统一性的工人。南方人对国家充满了仇恨与不满，苏丹国家共同体不断地被削弱。石油问题在南方独立之后成为影响两国关系的重大议题，这严重影响了两国各自民族国家构建和现代化进程。

二 苏丹与南苏丹之间的石油纷争背后是世界上的超级大国——美国与新兴大国——中国对石油资源的争夺与较量

苏丹与南苏丹之间的石油纷争表面上是母国与子国之间的资源争夺，其背后是超级大国——美国与新兴大国——中国对资源的争夺与较量。

对于广大第三世界国家而言，国家独立后，经济发展的一个重要动力源于国家投资，苏丹也不例外。依靠国家的力量迅速实现经济发展几乎是发展中国家普遍的选择。中国与苏丹同是发展中国家，均面临着现代化的重要任务，有着相似的历史遭遇和共同的发展诉求。中国与苏丹的石油合作，不仅是发展中国家相互间合作的优秀典范，而且是发展中国家在既有国际秩序下谋求共同发展的现实抉择。这既是对美国控制世界能源，特别是石油的挑战，也是对美国主导国际秩序的挑战。

"用自由市场改革、私有化和美元民主的信条作为武装，并得到华尔街金融公司的强大支持，克林顿政府开始将美元和美国的影响力逐渐渗入那些以前一直对其封闭的区域。为了帮助华盛顿赢得市场经济的特殊地位，在这场类似宗教运动的战役中，美国的目标不仅仅是东欧的前共产主义经济体和苏联——还包括世界上任何继续尝试开发自身资源，独立于国际货币基金组织和美元之外的地区。这个行动还包括将所有的主要产油地区——从里海到伊拉克，从西非到哥伦比亚或多或少地置于美国的直接控制之下。这是一次野心勃勃的行动。批评家把它定义为帝国主义，而克林顿政府则称它为市场经济和人权的延伸。"[①] 苏丹在中国的帮助下开发本国石油，两个发展中国家建立了一种独立于美国之外的合作模式。尽管克林顿政府对苏丹实行了孤立与遏制政策，但是，随着苏丹石油的大量发现，美国逐渐改变了其对苏丹的政策。这就是小布什任美国总统时期参与苏丹南北和平进程的原因之一。当然，美国干预苏丹

---

① [美] 威廉·恩道尔：《石油战争——石油政治决定世界新秩序》，赵刚、旷野等译，欧阳武校译，知识产权出版社2008年版，第234—235页。

南北和平进程的幌子就是"推进公正的和平与人权",其更深层的居心在于遏制中国。

发展中国家由于其自身所处的地缘政治及自然禀赋,也极易成为大国觊觎的目标。从美国关注苏丹南北内战时开始,苏丹内战已经暗含着中国和美国的角逐。以现在的增长速度,十年之内,中国将轻易地成为世界上最大的石油消费国,但几乎全部需要依赖进口,中国国内找不到足够的石油储备。中国明白,可靠的石油供应就是未来经济发展的保障,[1]继续寻找海外石油是中国刻不容缓的任务。美国力图建立自己的石油地缘政治战略,遏制新兴经济体国家——中国。布什的能源官员警告说:"美国在未来20年里面临着重大的能源危机。如果不适应这一挑战,它将威胁到我们国家的经济繁荣和国家安全,并且将改变我们的生活方式。"[2]

随着21世纪的来临,美国的权势集团痛苦地意识到,以中国为代表的经济巨人正在加速成长,只要这些巨人获得可靠的能源来源,以不断增强其经济实力,就可能给"美国世纪"画上句号。正如华盛顿的战略顾问比格纽·布热津斯基(Zbigniew Brzezinsk)所说的那样,"世界上人口最多的区域性大国——中国和印度——都在欧亚大陆,在政治或经济上,他们完全可能成为美国优势的挑战者……总的来讲,欧亚大陆的潜在力量甚至要超过美国"。[3]美国总统乔治·W.布什的话正好反映了美国的这种心态。

> 由于其他国家发生的政治和内部冲突,我无时无刻不为能源遭到破坏而担忧——因为独裁者们控制着能源的战略要地。[4]
> 乔治·W.布什 2006年2月27日

---

[1] [美]威廉·恩道尔:《石油战争——石油政治决定世界新秩序》,赵刚、旷野等译,欧阳武校译,知识产权出版社2008年版,第269—270页。
[2] 同上书,第278页。
[3] 同上书,第273页。
[4] 同上书,第278页。

小布什总统的讲话将美国干预苏丹南北内战石油利益方面的考虑暴露无遗。美国不仅对苏丹实施经济制裁，而且还干涉中国对进口苏丹原油的冶炼。2010 年，中国石油天然气集团公司被美国告知不允许在其新炼油厂加工苏丹原油。中国石油天然气集团公司钦州炼油厂是该公司位于华南的首家大型下游炼油厂，主要计划加工低硫含酸原油，如苏丹达尔混合原油和尼罗河混合原油。[①]

在美国的干预下，2005 年 1 月，苏丹内战南北双方签署结束内战的《全面和平协议》。2011 年 1 月，苏丹南方公投顺利进行，99% 的南方人选择独立。7 月 9 日，南苏丹共和国正式成立，苏丹南北分治。中国在苏丹的石油利益被迫被分割在两个国家。由于大部分油田位于南苏丹共和国，南苏丹共和国成为关系到中国石油利益的重要区域。一方面，苏丹与南苏丹始于 2012 年的石油纷争严重影响到中国石油公司的利益。苏丹、南苏丹都试图使中国石油公司服从于自己的利益，中国被裹挟在中间，处境极为尴尬。另一方面，新生的南苏丹共和国部族，武装冲突不断。中国石油公司在南苏丹的石油生产安全形势恶化，公司生产陷入极其窘迫的境地；此外，由于苏丹在南科尔多凡州、青尼罗河州的战事，中国与苏丹的石油合作具有很大的不确定性、不稳定性。因此，中国石油公司现今在苏丹、南苏丹的石油生产陷入困境。正是因为苏丹南北分治，中国在苏丹的石油利益才遭遇如此巨大的损失。

除此之外，中国石油公司在南苏丹还面临着美国石油公司的挑战。南苏丹独立后，美国鼓励本国石油公司投资南苏丹石油业。2011 年 12 月，美国主持在华盛顿召开"南苏丹国际支持会议"。参与的国家除了美国、英国等西方国家外，还有联合国、非盟、世界银行等国际机构。南苏丹总统基尔率团入会。会议第一天聚焦南苏丹未来发展战略，与会者就石油、教育、医疗、政府建议等议题

[①] 白云、汪洋：《中石油被美国政府告知勿在其新炼厂加工苏丹原油》，《中外企业家》2010 年 Z2 期。

进行了讨论。第二天会议议题集中在私营部门与投资机遇，石油与新能源、农业、通信技术等成为主要被关注的领域。[①] 中国虽然是南苏丹石油的重要投资者，但却未被邀请参加会议。

美国允许本国石油公司进入南苏丹石油行业，这无疑是对中国在该地区石油利益的一种挑战。因此，美国积极干预苏丹南北内战、支持南苏丹共和国独立的行为，既是国内政策演变的自然结果，又是遏制中国海外利益扩张的险恶居心的具体体现。苏丹南北分立暗含超级大国美国与新兴大国中国的较量。苏丹南北分立后，中国在苏丹的利益遭受重创。苏丹南北分立的事实也说明当今世界超级大国的霸权主义仍然是地区动荡的主要因素。

三 减少对石油资源的依赖、实现经济多元化是国家发展的长久之计

苏丹与南苏丹之间的石油纷争之所以会演变为一场激烈的国际事件，除了因为石油本身是战略性资源外，还因为石油对两国的重要意义。如前所述，石油无论对苏丹而言，还是对南苏丹而言，几乎都是经济命脉。自1999年，苏丹实现石油出口以来，苏丹的GDP不仅实现快速增长，其经济结构也发生了重大变化。南方的独立，不仅意味着苏丹丧失了75%的石油产地，而且意味着大量石油收入的丧失，苏丹因此面临着巨大的财政压力。苏丹与新生国家南苏丹在边界的军事冲突，在阿卜耶伊地区的争端加剧了苏丹的财政困境。对南苏丹来说也同样如此，对于石油收入占政府收入98%的南苏丹共和国而言，石油就是生命线，一旦没有了石油收入，南苏丹将陷入瘫痪，石油对这两个国家来说是不可或缺的。

两国之间的石油纷争也是当今全球化时代国与国之间对非再生资源或战略资源的争夺的体现。因为南苏丹脱胎于苏丹，从而使两国的石油纷争增添了许多特殊的因素。

---

① 温宪：《美国举行南苏丹国际支持会议》，《人民日报》2011年12月15日第021版。

苏丹与南苏丹之间的石油纷争是两国在现代化过程中资源争夺的表现形式。对于两个同样落后的国家来说，石油不仅能够为国家现代化提供强有力的动力支援，而且可以为社会经济发展提供强大后盾，也是两国民族国家构建的保障。

然而，南苏丹面临的巨大威胁则是如果南苏丹不能实现经济多样化，国际油价波动不仅会影响政府主要收入，而且会威胁到政局的稳定。另外，苏丹扣留南苏丹石油或者关闭石油管道以影响南苏丹经济生命线的这一威胁仍然存在。再则，如果不能发现新的石油，最不幸的事是未来10年内，南苏丹石油储量将大大减少。因此，石油对南苏丹的发展不具有长远的战略意义。南苏丹政府的收入由两部分组成：一部分是石油收入，主要用来支付薪水；另一部分是非政府组织和联合国相关机构的援助，主要用于社会服务如医疗、教育和卫生等。由于目前南苏丹的油田已经过了半衰期，自2020年起，南苏丹的石油收入将急剧下降，即使是采用新技术也只能延长老油田数年的寿命。除非有未曾被开采的大型油田。但是，石油收入的锐减将给政府带来极大的压力。对于主要依赖石油收入的南苏丹来说，减少对石油的依赖，实现经济的多样化尤为重要。

因此，严重依赖石油收入的南苏丹必须发展非石油经济以保证其经济增长，以便为迅速增长的劳动力大军提供就业机会及广泛发展服务业。另外，由于石油是非再生资源，不论是苏丹还是南苏丹，对石油业的过分依赖容易导致本国经济中"荷兰病"*的出现。尤其是南苏丹共和国，其石油收入占共和国总收入的98%，南苏丹共和国所面临的"荷兰病"的威胁要远远大于苏丹。因此，对于严重依赖某一非再生资源的国家而言，在资源濒临枯竭之前，实

---

* 20世纪50至70年代，荷兰北海一带发现了大量天然气资源。随着天然气的大量开采和出口，劳动力和资本逐渐转向资源出口部门，非资源出口部门竞争力下降，传统制造业迅速萎缩，造成经济回落和非工业化后果。由于这一典型案例引发了人们对该类问题的探索，学术上便把这种不健康的发展途径定义为"荷兰病"。关于"荷兰病"的详细情况参见冯宗宪、姜昕、赵驰：《资源诅咒传导机制之"荷兰病"——理论模型与实证研究》，《当代经济科学》2010年第4期。

施多元化战略，减少对非再生资源的依赖，这才是国家稳定发展的长久之计。

四 苏丹与南苏丹之间石油纷争的解决需要合作，这说明以合作求发展是资源争夺的唯一解决办法

苏丹与南苏丹之间石油纷争的解决给世界其他地区的资源争夺的解决提供了案例。众所周知，不仅苏丹和南苏丹两国之间存在着石油纷争，世界其他地区国家之间的资源争端也屡见不鲜。对于资源争端的解决，苏丹和南苏丹两国已经给出了答案：2012年9月27日，两国在埃塞俄比亚首都亚的斯亚贝巴达成《关于石油及相关经济问题的协定》*。该协定承认两国各自对石油资源及相关石油设施的主权。苏丹同意南苏丹借助本国石油运输设施出口石油，双方就石油处理费用达成一致意见：针对运输关税这一问题，根据其所借助管道的不同，费用也不尽相同。南苏丹共和国借助苏丹大尼罗河石油作业公司石油生产管道出口的石油每桶征收8美元40美分的运输关税，借助Petrodar石油生产管道生产的石油则征收每桶6美元50美分的运输关税。苏丹和南苏丹还就过渡财政安排、支付程度、跨境业务、石油监督等达成了一致意见。

该协定签订后，苏丹和南苏丹在石油运输费、过境费上的争端暂时告一段落。苏丹和南苏丹通过谈判解决运输费、过境费争端，以期通过共同合作求发展，这说明以合作求发展是解决资源纠纷的正确选择。一般而言，两国之间的纠纷会引起冲突，但是战争不仅不能解决冲突，而且还会恶化冲突，反而会带来更多的矛盾。因此，以合作求共赢是国家间处理资源纠纷的权宜之计。无论是苏丹还是南苏丹，都面临着民族国家构建和现代化的双重任务。完成这两大任务的前提是稳定的国际国内环境。然而，遗憾的是，苏丹和南苏丹签订的《关于石油及相关经济问题的协定》对阿卜耶伊地区

---

* 《南苏丹共和国政府和苏丹共和国政府关于石油及相关经济问题的协定》参见附录。

的最终地位及解决方案却没有提及，阿卜耶伊问题仍旧可能是点燃两国纷争的不定时炸弹。为两国长久发展考虑，两国领导人需要从国家和民族利益出发以战略眼光和政治智慧和平解决该地区的争端。

参考文献

一 英文文献
(一) 著作

Alier, Abel, *Southern Sudan, Too Many Agreements Dishonored*, Exeter: Ithaca Press, 1990.

Akongdit, Addis Ababa Othow, *Impact of Political Stability on Economic Development: Case of South Sudan*, Bloomington: Authorhouse, 2013.

Beshir, Mohamed Omer edited, *Southern Sudan: Regionalism & Religion*, Khartoum: University of Khartoum, 1984.

Collions, Robert O. and Deng, Francis M., *The British in the Sudan, 1898-1956, the Sweetness and the Sorrow*, New Haven and London: The Macmillan Press Ltd., 1984.

Collins, Robert O., *Africans, Arabs, and Islamists, From the Conference Tables to the Battlefields in the Sudan*. Cambridge: Cambridge University Press, 1999.

Copnall, James, *A Poisonous Thorn in Our Hearts, Sudan and South Sudan's Bitter and Incomplete Divorce*, London: Hurst & Company, 2014.

Deng, Francis M, *War of Visions: Conflict of Identities in the Sudan*, Washington, D.C.: The Brookings Institute, 1995.

Fabunmi, L. A., *the Sudan in Anglo-Egyptian Relations a Case

Study in Power Politics 1800 – 1956, London: Longmans, 1964.

Garang, John, *Edited and Introduced by Masour Khalid*, *The Call for Democracy in Sudan*, London: Kegan Paul International, 1992.

Grawert, Elke edited, *After the Comprehensive Peace Agreement in Sudan*, Suffolk: James Currey, 2010.

Hill, Richard, *Egypt in the Sudan 1820 – 1881*, Oxford: Oxford University Press, 1959.

Huntingtun, Samul P., *Political Order in Changing Societies*, New Haven: Yale University Press, 1971.

Human Rights Watch, *Sudan, Oil, and Human Rights*, Brussels, London, New York, Washington, D.C., 2003.

Kavanaugh, Dorothy, *Sudan and Southern Sudan*, Broomall: Mason Crest, 2013.

Khalid, Mansour, *War and Peace in the Sudan, A Tale of Two Countries*, London: Kegan Paul Limited, 2003.

Kuol, Akol Miyen, *Sudan: Understanding the Oil-Rich Region of Abyei*, Made in the USA, San Bernardino, CA, 2014.

Lees, Francis A. and Brooks, Hugh C, the *Economic and Political Development of the Sudan*, London: The Macmillan Press Ltd., 1977.

LeRiche, Mathew and Arnold, Matthew, *South Sudan: From Revolution to Independence*, Oxford: Oxford University Press, 2012.

Lesch, Ann Mosely, *The Sudan Contested National Identities*, Bloomington: Indiana University Press, 1998.

Mohamed, Issam AW, *Oil and War, Cooperation and Development in the Two Sudanese Nations Crisis of a Nation*, Made in the USA, San Bernardino, CA, 2014.

Niblock, Tim, *Class and Power in the Sudan: The Dynamics of Sudanese Politics, 1898 – 1985*, London: Macmillan Press Ltd., 1987.

Patey, Luke, *the New Kings of Crude, China, India, and the*

Global Struggle for Oil in Sudan and South Sudan, London: Hurst & Company, 2014.

Samia Mohamed Nour, *Technological Changes and Skill Development in Sudan*, Berlin, Heidelberg: Springer, 2013.

Sid-Ahmed, Abdel Salam & Sidahmed Alsir, *Sudan*, Oxon: Routledge Curzon, 2005.

Sophie & Max Lovell-Hoare, *South Sudan*, Bradt Travel Guides Ltd, UK, the Globe Pequot Press Inc, USA, 2013.

Sorbo, Gunnar M. & Ahmed, Abdel Ghaffar M., *Sudan Divided Continuing Conflict in a Contested State*, London: Palgrave Macmillan, 2013.

African Development Bank Group, *South Sudan: An Infrastructure Action Plan, a Program for Sustained Economic Growth*, Tunis: 2013.

Thomas, Edward, *Against the Gathering Storm: Securing Sudan's Comprehensive Peace Agreement*, London: Catham House, 2009.

Tilly, Charls edited, *The Formation of National States in Western Europe*, Princeton: Princeton University Press, 1975.

Warburg, Gabriel, *Islam, Sectarianism and Politics in Sudan since the Mahadiyya*, London: Hurst & Company, 1988.

Warburg, Gabriel, *Egypt and the Sudan, Studies in the History and Politics*, London: F. Cass, 1985.

Wai, Dunstan M., *The African-Arab conflict in the Sudan*, London: Africa Publishing Company, 1981.

Yongo-Bure, Benaiah, *Economic Development of Southern Sudan*, Lanham: University Press of America, 2007.

(二) 期刊

Arnold, Matthew B., "The South Sudan Defense Force: Patriots, Collaborators or Spoils?" *The Journal of Modern African Studies*, Vol. 45, No. 4, 2007.

Bradbury, Rose, "Sudan, *the Hollow State*: What Challenges to Chinese Policy?" *Journal of Politics & International Studies*, Vol. 8, Winter 2012/13.

Cleophas, Lado, "Political Economy of the Oil Industry in the Sudan Problem or Resource in Development", *Erdkunde*, Bd. 56, H. 2, Apr. -Jun. 2002.

Fluehr-Lobban, Carolina and Lobban, Richard, "The Sudan Since 1989: National Islamic Front Rule," *Arab Studies Quarterly*, Vol. 23, No. 2, 2001.

Garang Joseph, "The Roots of the Southern Problem", *Review of African Political Economy*, No. 26, Jul. 1983.

Hutchinson Sharo E., "A Curse from God, Religious and Political Dimensions of the Post 1991 Rise of Ethic Violence in South Sudan", *The Journal of Modern African Studies*, Vol. 39, No. 2, 2001.

Johnson Douglas H., "Why Abyei Matters, The Breaking Point of Sudan's Comprehensive Peace Agreement?" *African Affairs*, Vol. 107, No. 426, Jan. 2008.

Kisero Jaindi, "Lamu Abuzz with Construction as South Sudan Seeks New Pipeline", *The East African*, 11 Feb. 2012.

Large, Daniel, "China's Sudan Engagement: Changing Northern and Southern Political Trajectories in Peace and War", *The China Quarterly*, Vol. 199, Sept. 2009.

Lesch, Ann Mosely, "Confrontation in the Southern Sudan", *The Middle East Journal*, Vol. 40, No. 3, 1986.

Madut Jok Jok & Hutchinson, S. E., "Sudan's Prolonged Civil War and the Militarization of Nuer and Dinka Ethnic Identities", *African Studies Review*, Vol. 42, No. 2, 1999.

Metelts, Claire, "Reformed Rebels? Democratization, Global Norms, and the Sudan People's Liberation Army?", *African Today*,

Vol. 51, No. 1, 2004.

Nmoma, Veronica, "The Shift in the United States-Sudan Relations: A Troubled Relationship and the Need for Mutual Cooperation", *The Journal of Conflict Studies*, Vol. 26, No. 2, 2006.

Nour, Samia Satti Osman Mohamed, "Assessment of the Impact of Oil: Opportunities and Challenges for Economic Development in Sudan", *African Review of Economics and Finance*, Vol. 2, No. 2, Jun. 2011.

Ronen, Yehudit, "Sudan and the United States: Is a Decade of Tension Winding Down?" *Middle East Policy*, Vol. 9, No. 1, Mar. 2002.

Rone, Jemera, "Oil & War", *Review of African Political Economy*, Vol. 30, No. 97, 2003.

Toensing, Chris and Ufheil-Somers, "Amanda: Scenarios of Southern Sudanese Secession", *Middle East Report*, No. 256, Fall 2010.

Versi, Anver, "Sudan, Birth of a New Nation", *African Business*, No. 307, Mar. 2005.

Young, John, "Sudan: A Flawed Peace Process Leading to a Flawed Peace", *Review of African Political Economy*, Vol. 32, No. 103, 2005.

(三) 报纸新闻

Collins, Toby, "South Sudanese Rebels Threaten Proposed Oil Pipeline", *Sudan Tribune*, 27 Jan. 2012.

"China Trains Petroleum-Related Workers in South Sudan", *People's Daily* online, 12 Jul. 2011, http://english.peopledaily.com.cn/90001/90778/90861/7437164.html.

Dak, James Gatdet, "Sudan Unity State Governor Says More Oil Share Post – 2011", *Sudan Tribune*, 19 Aug. 2009, http://www.sudantribune.com/spip.php?page=imprimable&id_article=32177.

Dziadosz, Alex, "Analysis: North Sudan Flex Military Might Before Split", *Reuters*, 22 Jun. 2011, http://af.reuters.com/article/sudanNews/idAFLDE75K0KI20110 622? sp = true.

Francis, Caroline, Pratheepan Madasamy, Sharif Sokkary and Sokunpanha You, "China and the Sudan-South Sudan Oil Fee Impasse", *Implications of Chinese Foreign Aid, Diplomacy, and Military Relations*, sites.fordschool.umich.edu/china.../China-and-the-Sudan_ Sout.

"Federalism in South Sudan: Why Dinkacrats aren't in Approval", *South Sudan News Agency: SSNA*, Saturday, 12 Apr. 2014.

Goodman, Peter S., "China Invests Heavily in Sudan's Oil Industry", *Washington Post*, 23 Dec. 2004.

Garany, John, "Oil Firms are Targets", *BBC News*, 17 June 2001, http://news.bbc.co.uk/2/hi/africa/1393481.stm.

Heavens, Andrew, "Darfur Rebels Reject New Chinese Peacekeepers", *Reuters*, 25 Nov. 2007, http://www.reuters.com/article/2007/11/25/idUSL24686432#.

Landler, Mark, "U.S. Revises Offer to Take Sudan Off Terror List", *The New York Times*, 8 Nov. 2010.

Lucano, Augustino, "A History of South Sudan Militarization", *South Sudan News Agency: SSNA*, Saturday, 18 Mar. 2014.

Manson, Karina, "South Sudan Faces Finance Crunch", *Financial Times*, 15 May 2012.

Neil, Macfarauhar, "Obama Presses for peace in Sudan's Likely Partition", *New York Times*, 25 Sept. 2010.

Ottaway, David B., "Wielding Aids, U.S. Targets Sudan, $20 Millions to be Sent to Neighbors Who are Backing Rebel Forces", *The Washington Post*, 10 Nov. 1996.

Onyiego, Michael and Mohamed Saeed, "South Sudan Troops Move into Disputed Oil Town", 11 Apr. 2012, http://news.yahoo.

com/south-sudan- troops-move-disputed-oil-town.

Perlez, Jane, "Suddenly in Sudan, A Moment to Care", *New York Times*, 17 Jun. 2001.

Pierino, Oyet Mathaniel, "Why President Salva Kiir Must Leave Power: The Inside Story of the Melt Down of President Salva Kiir's Regime and Collapsed", *South Sudan News Agency: SSNA*, Tuesday, 25 Mar. 2014.

Sen, Ashish Kumar, "U. S. Wants to Mend Ties with Sudan", *The Washington Times*, Wednesday, 1 Aug. 2012.

Smith-Spark, Laura, "South Sudan Fighting Fuels Surge in Numbers Fleeing Homes", Wednesday, 15 Jan. 2014, http://www.cnn.com/2014/01/15/world/africa/ south- sudan-conflict/.

"South Sudan Needs Peace and Dialogue without President Kirr to Move forward", *South Sudan News Agency: SSNA*, Friday, 11 Apr. 2014.

"South Sudan Officials Have Stolen $4 Billions: President", *Reuters*, 4 Jun. 2012.

"Sudan Troops' Advance on Heglig Oil Field", *BBC News*, 13 Apr. 2012, http://www.bbc.com/news/world-africa-17707977.

"The Last Chance to End Violence in South Sudan is Slipping Away", *South Sudan News Agency: SSNA*, Wednesday, 22 Jan. 2014.

"The U. S. Role in Setting up South Sudan", *National Public Radio, Washington D. C. News*, 27 Apr. 2011.

The Small Arms Survey: "Militarization in Abyei", HSBA, Oct. 2010.

（四）报告

Blanchard, Lauren Ploch, *Sudan and South Sudan: Current Issues for Congress and U. S. Policy*, CRS Report for Congress, Oct. 2012.

BP (British Petroteam), *Statistical Review of World Energy*,

Jun. 2011.

Deng, Francis M. & Morrison, J. Stephen, *U. S. Policy to End Sudan's War*, Report of the CSIS Task Force on U. S. -Sudan Policy, Feb. 2001.

ECOS (European Coalition on Oil in Sudan), *Documentation on the Impact of Oil on Sudan*, 29 May 2001, http://www. ecosonline. org/.../documentationimpactoilsudan. pdf. html.

ECOS (European Coalition on Oil in Sudan), *Oil Development in Northern Upper Nile, Sudan, A Preliminary Investigation by the European Coalition on Oil in Sudan*, May 2006, http://www. ecosonline. org/.../ECOS%20melut%20Report%20final%2.

ECOS (European Coalition on Oil in Sudan), *Fact Sheet Ⅱ The Economy of Sudan's Oil Industry*, Oct. 2007, http://www. ecosonline. org/reports/.../ECOSfactsheetIIOctober2007. pdf.

ECOS (European Coalition on Oil in Sudan), *Sudan's Oil Industry on the Eve of the Referendum*, Dec. 2010, http://www. ecosonline. org/reports/2010/Sudans_ oil_ industry_ on_ the_ eve_ of_ the_ referendum. pdf.

ECOS (European Coalition on Oil in Sudan), *Post-Referendum Arrangements for Sudan's Oil Industry, How to Separate Siamese Twins*, Dec. 2010, http://www. Ecosonline. org/.../Post_ Referendum_ Arrangements_ for_ S.

Fatal Transaction and ECOS (European Coalition on Oil in Sudan), *Sudan, Whose Oil? Sudan's Oil Industry Facts and Analysis*, Apr. 2008, http://www. paxvoorvrede. nl/media/files/sudans-whose-oil. pdf.

International Crisis Group, *Sudan's Southern Kordofan Problem: The Next Darfur*, Africa Report, No. 145, 2008, http://www. crisisgroup. org/~/media/Files/africa/horn-of-africa/sudan/Sudans%20Southern%20Kordofan%20Problem%20The%20Next%20Darfur. pdf.

ICG (International Crisis Group), *China's New Courtship in South Sudan*, *Africa Report*, No. 186, 4 Apr. 2012, http://www.crisisgroup.org/en/regions/africa/horn-of-africa/south-sudan/186 - chinas-new-courtship-in-south-sudan.aspx.

ICG (International Crisis Group), *South Sudan: Compounding Instability in Unity State*, Africa Report, No. 179, 2011.

Kaistner, Walter, *The Administration's Commitment to Sudan*, Fall 2002/Winter 2003.

Large, Daniel, *Between the CPA and Southern Independence: China's Post-Conflict Engagement in Sudan*, Occasional Paper, No. 115, South Frican Institute of International Affairs, Apr. 2012. http://www.saiia.org.za/occasional-papers/between-the-cpa-and-southern-independence-chinas-post-conflict-engagement-in-sudan.

Mayardit, H. E. Salva Kiir, *President of the Republic of South Sudan to the National Legislature on the Current Oil Crises*, Government of the Republic of South Sudan, 23 Jan. 2012, http://www.sudantribune.com/spip.php?iframe&page = imprimable&id_ article = 41381.

Office of the Spokesman, *Sudan, A Critical Moment, A Comprehensive Approach*, Washington, D. C., U. S. Department of State, 19 Oct. 2009.

President Clinton's Statement, The White House, Office of the Press Secretary, 20 Aug. 1998.

Remarks by the President to the American Jewish Committee, National Building Museum, Washington, D. C., 3 May 2001.

Rebel Chief Kony in Sudan-S. Sudan Border Areas, 30 Apr. 2012.

Shankleman, Jill, *Oil and State Building in South Sudan, New Country, Old Industry*, Special Report 282, United States Institute of Peace, Jul. 2011. http://www.usip.org/sites/default/files/Oil_ and_ State_ Building_ South_ Sudan.pdf.

Saferworld, *Oil Security and Community Unity Engagement, a Collection Essays on China's Growing Role in South Sudan*, Aug. 2013, http://www.saferworld.org.uk/.../oil-security-and-community-engage.

Sudanese Kidnappers Want Chinese Oil Firms Out: Report, 24 Oct. 2008. http://www.chinapost.com.tw/international/middle-east/2008/10/25/180280/Sudanese-kidnappers.htm.

U.S. Energy Information Administration, *Sudan and South Sudan*, 5 Sept. 2013.

U.S. Department of State, *Patterns of Terrorism*, Washington, D.C., 2000.

World Bank, *The Road Towards Sustainable and Broad-Based Growth*, 2009, https://openknowledge.worldbank.org/bitstream/handle/10986/3183/547180ESW0P07610public0distribution.pdf?sequence=1.

（五）学位论文

Brown, Raymond L, Ph. D., "American Foreign Policy Toward the Sudan, From Isolation to Engagement, Why the Bush Administration Turned Around U.S. Policy", January 2001 – December 2002, National Defense University, Apr. 2003.

（六）其他

"A Comprehensive Assessment of U.S. Policy Toward Sudan", Hearing Before the Subcommittee on Africa, Global Health, and Human Rights of the Committee of Foreign Affairs House of Representatives, One Hundred Twelfth Congress, 4 Oct. 2011.

"Agreement Between the Government of the Republic of South Sudan and the Government of the Republic of the Sudan on Oil and Related Economic Matters", http://www.sudantribune.com/IMG/pdf/oil_agreement_between_sudan_south_sudan0001.pdf.

"The Comprehensive Peace Agreement between the Government of The Republic of The Sudan and The Sudan People's Liberation Movement/Sudan People's Liberation Army", http：//www. unmis. unmissions. org/Portals/UNMIS/Documents/. . . / cpa-en. pdf.

Laws of South Sudan, "Petroleum Revenue Management Bill", Bill No. 61, 2012, http：//www. globalwitness. org/sites/default/files/library/Republic%20of%20South%20Sudan,%20draft%20Petroleum%20Revenue%20Management%20Bill,%202012_ 0. pdf.

U. S. Department of State, " Sudan Peace Act ", Washington, D. C. Public Law 107 – 245, 21 Oct. 2002.

二 中文和中译文文献

（一）著作

［英］埃里克·霍布斯鲍姆：《民族与民族主义》，李金梅译，上海世纪出版集团2006年版。

［美］查尔斯·蒂利：《强制、资本和欧洲国家》，魏洪钟译，上海世纪出版集团2012年版。

丁建弘主编：《发达国家的现代化道路——一种历史社会学的研究》，北京大学出版社1999年版。

［德］恩格斯、［俄］列宁、［俄］斯大林：《马克思恩格斯选集》，第1卷，中共中央翻译局译，人民出版社1995年版。

李毅夫、王恩庆等编：《世界民族译名手册》，商务印书馆1982年版。

刘鸿武、姜恒昆编：《苏丹》，社会科学文献出版社2008年版。

刘辉：《民族国家构建视角下的苏丹内战研究》，中国社会科学出版社2011年版。

罗荣渠主编：《现代化新论——中国的现代化之路》，华东师范大学出版社2012年版。

罗荣渠主编：《现代化：理论与历史经验的再探讨》，上海译文出版社1994年版。

［美］罗伯特·柯林斯：《苏丹史》，徐宏峰译，中国大百科全

书出版社 2010 年版。

［英］马尔科姆·N. 肖：《国际法》，白桂梅、高健军、朱利江、李永胜、梁晓晖译，北京大学出版社 2011 年版。

［德］马克斯·韦伯：《经济与社会》，林荣远译，商务印书馆 1997 年版。

［以］S. N. 艾森斯塔德：《现代化：抗拒与变迁》，张旅平译，中国人民大学出版社 1988 年版。

［美］威廉·恩道尔：《石油战争——石油政治决定世界新秩序》，赵刚、旷野等译，欧阳武校译，知识产权出版社 2008 年版。

谢立忱：《当代中东国家边界与领土争端研究》，中国社会科学出版社 2015 年版。

谢立中、孙立平主编：《二十世纪西方现代化理论文选》，上海三联书店 2002 年版。

中共中央马克思恩格斯列宁斯大林著作编译局：《马克思恩格斯全集》，人民出版社 2006 年版。

张敦安：《国家在民族形成中的作用探究》，《民族学研究》第 8 辑，民族出版社 1987 年版。

张维迎主编：《改革》，上海人民出版社 2013 年版。

周定国主编：《世界地名翻译大词典》，中国对外翻译出版公司 2008 年版。

(二) 期刊

邓向辉：《中国与苏丹石油合作的战略问题研究》，《石家庄经济学院学报》2010 年第 2 期。

邓向辉：《中国与苏丹石油合作面临的挑战及对策》，《中国石油大学学报》（社会科学版）2010 年第 2 期。

贺文萍：《南苏丹局势走向及其影响》，《当代世界》2014 年第 3 期。

韩树举、王洪涛、张军、贺经旭：《中国石油天然气集团公司海外项目防恐安全管理探索与实践》，《中国安全生产科学技术》

2009 年增刊。

金丹妮:《中国石油公司在苏丹的发展历史研究》,《西安石油大学学报》(社会科学版) 2012 年第 4 期。

金振宇:《南苏丹独立与国际法下的国家继承——以南苏丹石油区块合同谈判为视角》,《经济与社会发展》2014 年第 1 期。

姜恒昆、周军:《苏丹南北关系中的阿卜耶伊问题》,《西亚非洲》2011 年第 7 期。

姜恒昆、付海娜:《苏丹石油:从内政焦点到外交难题》,《西亚非洲》2012 年第 6 期。

李捷:《南苏丹现状研究:现代民族国家构建的视角》,《亚非纵横》2013 年第 4 期。

李昕:《原苏丹分裂对中国石油利益的影响》,《现代国际关系》2011 年第 10 期。

李昕:《中国与原苏丹石油合作的现状与困局》,《国际石油经济》2012 年第 1—2 期。

刘辰、张宏:《中国在南北苏丹的海外利益维护》,《北华大学学报》(社会科学版) 2012 年第 5 期。

刘鸿武:《撒哈拉以南非洲民族国家统一构建进程》,《西亚非洲》2002 年第 2 期。

刘辉:《苏丹民族国家构建初探》,《世界民族》2010 年第 3 期。

马燕坤:《南北苏丹分裂的国际因素》,《河北北方学院学报》(社会科学版) 2012 年第 3 期。

唐世平、张卫华、王凯:《中国海外投资与南苏丹族群政治》,《文化纵横》2014 年第 5 期。

王晋:《阿卜耶伊归属问题探微》,《国际研究参考》2013 年第 2 期。

王猛:《苏丹民族国家构建失败的原因解析》,《西亚非洲》2012 年第 1 期。

王波：《现代化与民族国家》，《科学·经济·社会》2015年第1期。

肖宪：《美国为何要把苏丹列为支持恐怖主义的国家》，《国际展望》1993年第19期。

严凯：《中石油南苏丹困局》，《中国企业家》2016年第10期。

杨勉、翟亚菲：《苏丹分裂的原因与南苏丹独立面临的问题》，《亚非纵横》2011年第4期。

杨勉：《南苏丹独立的背景与前景》，《学术探索》2011年第10期。

杨勉：《南苏丹公投背后的石油因素及对中国在苏丹石油投资的影响》，《中外能源》2011年第5期。

杨振发：《中国与南苏丹石油合作的机遇与挑战》，《西亚非洲》2012年第3期。

杨雪冬：《中国国家构建简论：侧重于过程的考察》，《上海社会科学院学术季刊》2002年第2期。

于红：《南苏丹荆棘丛生的独立之路》，《中国民族》2012年第5期。

云宗国：《苏丹石油开发项目前景广阔》，《世界经济合作》1999年第5期。

曾爱平：《南苏丹冲突的内部根源》，《亚非纵横》2014年第4期。

臧纯刚：《南北苏丹关系现状分析》，《亚非纵横》2012年第6期。

张安平、李文、于秋波：《中国与苏丹石油合作模式的实证分析》，《西亚非洲》2011年第3期。

周丕启：《民族主义与国家建构》，《欧洲》1999年第4期。

周吉平：《中国石油天然气集团"走出去"的实践和经验》，《世界经济研究》2004年第3期。

关凯：《"民族问题"：必须澄清的几个认识》，《读书》2016

年第 2 期。

（三）报纸

马海兵、李志强：《中国带给我们石油与和平》，《光明日报》2007 年 2 月 2 日。http：//www.paxvoorvrede.nl/media/files/sudans-whose-oil.pdf.

温宪：《美国投资瞄准南苏丹石油业》，《人民日报》2011 年 12 月 16 日。

李东超：《苏丹总统访问南苏丹——中国公司迎来新机遇》，《第一财经日报》2013 年 4 月 15 日第 A07 版。

李光敏：《中石油苏丹困局》，《凤凰周刊》2012 年 5 月 16 日。http：//news.ifeng.com/shendu/fhzk/detail_2012_05/16/14567828_0.shtml。

李占彬：《战火中紧急撤离——南苏丹 37 区油田现场非关键岗位中方人员撤离纪实》，《中国石油报》2015 年 6 月 29 日。

吴文斌：《苏丹推迟两周关闭南苏丹石油管道》，《人民日报》2013 年 7 月 28 日。

（四）论文

邢昀：《苏丹阿卜耶伊归属问题研究》，硕士学位论文，外交学院，2011 年。

黄乌日娜：《阿富汗经济现代化与民族国家构建》，硕士学位论文，内蒙古民族大学，2015 年。

（五）其他

邵杰、钱彤：《加强互利合作促进自主发展——记胡锦涛主席考察苏丹喀土穆炼油有限公司》，2007 年 2 月 3 日，http：//news.163.com/07/0203/23/36EMKCDM000120GU.html

李克强会见南苏丹总统基尔，《中国同苏丹的关系》，2012 年 4 月 25 日，见中华人民共和国外交部网站：http：//www.chinanews.com/gn/2012/04-25/3846284.shtml。

附 录

南苏丹共和国政府和苏丹共和国政府关于石油及相关经济问题的协定[①]

序文:

确认两国义务以推动两国未来稳定及经济发展。

根据国际法,在相互尊重对方主权、领土完整、共同追求可持续发展及互利互惠基础上,督促两国彼此合作,同邻国合作,以共同受益。

根据国际惯例及石油收入在两国发挥的关键性作用,承认努力、高效开采石油的重要性。

承认两国在石油业相互依赖的现实及共同利益。

确认两国根据以上现实达成的决议,推动两国经济发展和两国人民的福祉。

双方同意遵循以下决议:

1. 定义

1.1 "协定"指本协定,即有关石油及经济问题的协定。

1.2 "GoRSS"指南苏丹共和国政府。

1.3 "GoS"指苏丹共和国政府。

1.4 "原油份额产量"指根据石油生产开采协议,一方有权

---

① Agreement between The Government of the Republic of South Sudan and The Government of the Republic of the Sudan on Oil and Related Economic Matters, http://www.sudantribune.com/IMG/pdf/oil_agreement_between_ sudan_south_ sudan0001. pdf.

接收的石油量。

1.5 "双方"指南苏丹共和国政府和苏丹共和国政府。

1.6 "石油监督委员会"指根据第10条成立的委员会及小组委员会。

1.7 "处理和运输设备"指大尼罗河石油作业公司（GNPOC）中央处理设备，大尼罗河石油作业公司（GNPOC）运输系统，Petrodar公司中央处理系统，Petrodar公司运输系统。

1.8 "RoS"指苏丹共和国。

1.9 "RSS"指南苏丹共和国。

1.10 "TFA"指第4条第4款提到的过度财政安排。

2. 主权

2.1 每一个国家对本国自然资源（无论是地上，还是地下），均拥有永久主权（石油资源包括在内）。

2.2 每一个国家对于其境内修建的所有石油设备及为开采石油安装的所有石油设备均拥有主权。

2.3 双方同意的领土原则适用于两国的石油部门。

3. 权限、交付及返还

3.1 a. 根据本协议及以下第3条第3款规定，苏丹共和国政府同意南苏丹共和国政府有权使用石油处理设备和运输设备。

b. 5A区生产的原油受制于石油处理设备、运输设备和喀土穆炼油有限公司的生产能力及质量限制。

3.2 在大尼罗河石油作业公司处理系统入口交付的南苏丹共和国原油应当在大尼罗河石油作业公司运输系统出口处再次交还南苏丹共和国。在Petrodar公司处理系统入口交付的南苏丹共和国原油应当在Petrodar公司运输系统出口再次交还。再次交还受制于适用质量数量调整，燃油消耗，处理和运输过程中的损失。

3.3 a. 双方应当就使用大尼罗河石油作业公司和Petrodar石油公司石油处理设备处理南苏丹共和国石油的相关流程和细节达成处理协议；就使用大尼罗河石油作业公司和Petrodar石油公司石油

运输系统运输南苏丹共和国石油的相关流程和细节达成运输协议。这些协议应当与现存的处理、运输程序、惯例一致，也应当与本协定一致。除非达成其他协定，双方应该在本协定签订后一个月议定协议。

b. 第15条提到的石油生产的恢复、处理及运输不能由以上提到的第3条第3款决定。除非本协议中已经说明，一旦达成石油处理及运输协定，正如在相关《原油运输协定》所包含的那样，基于相关技术条款执行。

3.4 双方应当同相关开采公司一道采取所有必需的步骤履行本条款及本协定中其他相关条款。

3.5 南苏丹共和国政府应当为大尼罗河石油作业公司和Petrodar石油公司提供成比例的管线。本协议终止时，这部分管线应重新还给南苏丹共和国政府。

3.6 一旦南苏丹共和国政府的石油生产由于技术原因、经济原因无法持续时，南苏丹共和国政府至少应该在估计中断前60天书面通知苏丹共和国政府。同苏丹共和国政府磋商以后，南苏丹共和国政府可以中断本协议规定下油田原油的交付。

3.7 一旦石油处理和运输设备由于技术、经济原因无法进行，苏丹共和国政府至少应当在估计停产前60天书面通知南苏丹共和国政府。在同南苏丹共和国政府磋商后，苏丹共和国政府可以中断石油的处理、运输。

4. 财政安排

4.1 处理费

4.1.1 若通过大尼罗河石油作业公司处理石油，那么南苏丹共和国政府应当付给苏丹共和国政府每桶石油1美元60美分的处理费，因为南苏丹共和国的原油使用了大尼罗河石油作业公司（GNPOC）的处理设备。

4.1.2 若通过Petrodar石油公司处理石油，那么南苏丹共和国政府应当付给苏丹共和国政府每桶石油1美元60美分的处理费，因为南苏丹共和国的原油使用了 Petrodar 石油公司的处理设备。

4.2 运输费

4.2.1 若通过大尼罗河石油作业公司处理石油,那么南苏丹共和国政府应当付给苏丹共和国政府每桶石油 8 美元 40 美分的运输关税,因为南苏丹共和国的原油享受了大尼罗河石油作业公司(GNPOC)的石油运输服务。

4.2.2 若通过 Petrodar 石油公司处理石油,那么南苏丹共和国政府应当付给苏丹共和国政府每桶石油 6 美元 50 美分的运输关税,因为南苏丹共和国政府原油享受了 Petrodar 石油公司的石油运输服务。

4.3 过境费

4.3.1 鉴于谈判中,苏丹共和国政府已经表明外国石油经过本国领土时,石油过境费是每桶 6 美元,现在是每桶 4 美元;而南苏丹共和国政府最初认为每桶费用 63 美分或 69 美分,这是合理的。2012 年 8 月谈判结束时,考虑到苏丹共和国政府允许南苏丹共和国生产的所有石油免费过境是合理的,没有一方同意或者被认为同意另一方收取的任何费用和仓位。

但是,考虑到苏丹共和国和南苏丹共和国的特殊关系,双方同意南苏丹共和国的原油过境费是 1 美元,此项特殊费用不应当作为任何一方和任何第三方国家任何安排的先例,同时它们之间的安排也没有任何含义或倾向。相应地,本段中任何文字与本协定中其他任何部分不能被理解为南苏丹共和国政府同意或者暗示苏丹政府基于前者原油价值而征收的过境费,它是任何原油的过境费,是苏丹政府同外国运输者就合适的过境费商量的结果。

4.4 过渡财政安排

4.4.1 南苏丹共和国政府应当为苏丹政府支付总额为 30.28 亿美元的经费,这笔费用将按照以下第 5 条支付程序,基于每桶 15 美元的价格支付。

4.4.2　诚如以上第 4 款第 1 条提到的过渡财政安排费用将按照第 5 条提到的费用支付。如果在本协议期满之前仍未完成支付的话，剩余部分应当在协议终止前 30 天支付。

5. 支付程序

5.1　南苏丹共和国政府支付给苏丹政府所有的费用，如处理费、交通费、过境费和过渡财政安排费用应当基于返还给南苏丹共和国政府的原油份额及在苏丹港海上码头装船的原油量，正如在各自提单中已经详细说明的那样。

5.2　每当南苏丹共和国的原油被再次交还，码头被运送，提单一经签发，苏丹共和国政府就应当出具两份发票。一份是处理费、运输费和过境费发票，另一份是过渡财政安排发票。自提单日起 40 天内，南苏丹共和国政府应当做出支付。

5.3　南苏丹共和国应当通过南苏丹中央银行实现对苏丹共和国政府的支付，苏丹共和国政府应当对此出具书面说明，所有的支付必须是电汇。一旦支付完成，南苏丹共和国政府应当通过传真或其他电子传输手段通知苏丹共和国政府。

5.4　发票应以美元形式开具，但是苏丹共和国政府有权要求以等价的欧元、英镑或其他可兑换的货币进行支付。支付日当天，将美元兑换成相应的支付货币的汇率应当是路透社公布的即期汇率或英格兰银行在格林威治标准时间 12 点或 12 点左右发布的等效汇率。苏丹共和国政府应当承担转移支付和货币兑换的费用。

5.5　处理费、运输关税、过境费和过渡财政安排费用应当由南苏丹共和国政府以现金方式支付。

5.6　苏丹共和国政府在提前征得南苏丹共和国政府的同意后，可以按照自己要求的一种形式接收处理费、运输关税、过境费和过渡财政安排费用。

6. 规定的权利和任务

6.1　苏丹共和国政府规定的权利和义务

6.1.1　如果南苏丹共和国政府未能支付发票上所写的处理费、

运输关税、过境费、过渡财政安排费用。当这些费用到期时，苏丹共和国政府应当在收到违约通知 15 个工作日内采取补救措施。如果南苏丹共和国政府在上述的 15 个工作日之内没有采取措施进行补救，补救期结束后，自违约通知之日起到实际支付日，未支付部分逾期违约金的 2% 每年在伦敦银行同业拆借利率的基础上实现利息自然增长。

6.1.2　如果南苏丹共和国政府未能补交违约金及 6.1.1 中提到的赔偿金，苏丹共和国政府有权在苏丹港出售南苏丹共和国与拖欠款数额相等的原油。

6.1.3　如果苏丹共和国政府出售南苏丹共和国原油所得到的收入高出此协定下南苏丹共和国的债务和赔偿金，苏丹共和国政府应当将多余部分返还给南苏丹共和国政府，南苏丹共和国政府有权从下次支付给苏丹共和国政府的款项中扣掉这笔钱。

6.1.4　苏丹共和国政府除了第 6 条第 1 款第 2 节提到的扣押权外，它还有权中断南苏丹共和国政府原油的处理、运输直到后者付清债务。南苏丹共和国政府原油的处理，运输和中断应当直到南苏丹共和国政府赔偿了所有的违约金、或者在此协定下，南苏丹共和国的债务完全偿还为止一直有效。

6.1.5　一旦石油运输处理系统关闭之后，南苏丹共和国政府仍未能支付款项，60 天后，苏丹共和国政府有权关闭石油处理运输设备，直到书面通知前 7 个工作日内，债务被还清。

6.1.6　基于以下任何一个原因，在书面通知前 7 个工作日内，苏丹共和国政府有权终止该协定：

　　a. 如果石油处理和运输设备持续关闭超过 60 天以上并且南苏丹共和国政府未能支付违约金。

　　b. 如果南苏丹共和国政府违反了该协定，并且在苏丹共和国政府给出南苏丹共和国政府书面通知 60 天内，南苏丹共和国政府没有采取补救措施。

6.1.7　苏丹共和国政府同意牵涉到南苏丹共和国原油的处理

和运输时，南苏丹共和国政府可以和相关开采公司就任何财务协议达成协定。

6.1.8 苏丹共和国政府兹保证没有任何第三方将因本协定中规定的石油处理和运输费用向南苏丹共和国政府收取任何费用。

6.1.9 由于南苏丹共和国政府违反该协定或没有支付该协定下应付的款项，苏丹共和国政府命令关闭石油处理和运输设备导致的设备破坏或财政损失，所有的需求、索赔、诉讼及任何个人所导致的诉讼，不论是直接的，还是间接的，南苏丹共和国政府应当保证苏丹共和国政府不负赔偿责任，免受包括诉讼费用、律师费用在内的各种损失、损害。

6.1.10 苏丹共和国政府同意除非在本协定中已经明确说明苏丹共和国政府不会因为南苏丹共和国政府提供石油处理运输服务而征收其他的费用、关税、进口税或附加其他责任。

6.1.11 苏丹共和国确认本协定位于《苏丹共和国石油法》之上，也就是《2011年石油过境和服务费法修正案》之上；同时也不能将本协议条款强加给南苏丹共和国政府。

6.2 南苏丹共和国政府规定的权利和作为

6.2.1 由于苏丹共和国政府的重大违约，南苏丹共和国原油的处理、运输和出口被中断或削减，当第4条提到的已经到期的过渡财政安排费用正好与重大违约时间一致时，这笔过渡财政安排费用应该暂停，直到违约被纠正。

6.2.2 根据第6条第2款第1节的规定，一旦中断连续达60天以上，而苏丹共和国政府在此期间又没有采取补救措施，南苏丹共和国政府则有权在书面通知前7天终止本协定。

6.2.3 由于苏丹共和国政府违反该协定导致石油处理、运输的关闭，或者在使用苏丹共和国境内石油处理和运输设备时，由于苏丹共和国政府没有代表南苏丹共和国政府向开采公司支付财政费用导致的财政损失，所有的需求、索赔、诉讼及任何个人所导致的诉讼，不论是直接的，还是间接的，苏丹共和国政府都应当保证南苏丹共和国政府不负赔偿责任，免受包括诉讼费用、律师费用在内的各种损失、损害。

6.3 持续责任

中断或停止该协定并不意味着违约方可以减少此协定下的财政支付，财政支付利息将自然增长至终止日期，包括任何索赔或损害。

7. 计量

7.1 双方同开采公司共同检查确保履行支付义务及该协定其他条款的计量设备有效。这些计量设备安装在南苏丹共和国和苏丹共和国境内，在南苏丹共和国石油生产恢复前应确保运行。

7.2 为了确保同国际标准一致，双方应同开采公司一起检查是否应该安装新的或者额外的计量设备。为了达到这一效果，在一定程度上，额外的计量设备是必需的。相关一方应该指导相关开采公司安装这些设备。除非达成一致，这些额外或新的计量设备的投资成本应该由请求方支付，设备也应归请求方所有。双方应该对以上技术执行细节达成一致。

7.3 石油监督委员会应该确保由独立的第三方对所有的计量设备进行常规检查和校准，同时进行合理保养和必要维修。

8. 质量调整程序

8.1 双方和作业公司在签订本协定后 45 天内，根据国际标准检查和调整质量调整程序，以确保应用的适当值和份额调整切实反映了原油质量差异。这些原油在使用大尼罗河石油作业公司的中央处理设备和运输系统时，混入了其他成分。

8.2 如果在第 8 条第 1 款提到的时限内没有采取质量调整程序，石油监督委员会应该指派国际专家在双方同意的时间限制内进行协助。已经被制定出来的程序对双方都有约束力。

8.3 在新的质量调整程序被采用之前，现在程序始终有效。

8.4 各方均有权知道交付给大尼罗河石油作业公司中央处理设备和运输系统的原油质量检测结果。

8.5 石油监督委员会应该监督执行本条提到的质量监督程序。

9. 跨境业务

9.1 人员、设备的跨境流动

9.1.1 为了保证各方石油生产的顺利进行，双方应该同生产公司达成协议，确保人员、设备、服务在南苏丹共和国和苏丹共和国边境流动，同时为人员提供安全。

9.1.2 签订本协议后 21 天，双方应该同生产公司成立跨境联合合作委员会，代表应来自两国和生产公司方面。

9.1.3 联合合作委员会应该保证第 9 条第 1 款第 1 节的顺利执行。

9.2 未来跨界石油储藏

9.2.1 任意一方一旦在两国边境地区发现油藏，在确定石油发现地后，应该立即以书面形式通知另一方。

9.2.2 收到通知后，双方应该真诚地就石油发现地进行评估、讨论。若商业价值可观，双方应该就石油开发达成一致。

10. 监督

10.1 石油监督委员会应该在本协定签订后 21 天成立。石油监督委员会应该监督本协定的执行，为双方提供常规报告，包括可行的建议，以提高双方在石油领域的合作，确保双方达成其他附加的协议；另外，该委员会也可以作为一个论坛，寻求本协议中有争议之处的解决方案。

10.2 石油监督委员会应该由双方指定的两个代表和一个主席组成。主席应该在非洲联盟委员会同两国磋商之后指派，主席不能是以前同任何一方工作过或为他们工作过的个人。

10.3 石油监督委员会应该达成一致意见，一旦委员会不能达成一致意见，有争议的部分应该提交给两国石油部长。

10.4 石油监督委员会应该由两个小组组成。

    a. 技术委员会监督相关国家的石油生产的方方面面，因为它影响另外一个国家。

b. 财政委员会检查双方之间的财务问题，包括两国政府、生产公司对这些问题所做的月度报告、年度报告。

10.5 石油监督委员会在执行命令时可以成立其他小组。

10.6 除了各自代表的开销外，双方共同承担石油监督委员会工作开销。

10.7 石油监督委员会应该在每个季度或必要时随时进行检查，核实来自作业公司的南苏丹共和国原油出口的准确性，同时检查、核实南苏丹共和国提供的相应发票的正确性。一旦发票出现问题，应该即刻开具发票进行纠正。

11. 代表

11.1 苏丹共和国政府计量站中的南苏丹共和国政府代表

11.1.1 南苏丹共和国政府有权在大尼罗河石油作业公司和Petrodar石油公司的中央处理设备处各安排两名代表，以监督其对南苏丹共和国原油的处理。代表们可以充分接触这些设备及与南苏丹共和国原油处理和出口相关的所有文件。

11.1.2 南苏丹共和国政府有权在苏丹港的海上码头安排两名代表，以监督其对南苏丹共和国原油的处理。代表们可以充分接触这些设备及与南苏丹共和国原油库存、装货相关的所有文件。

11.1.3 南苏丹共和国政府有权在苏丹共和国大尼罗河石油作业公司和Petrodar公司的泵站安排两名代表，以监督其对南苏丹共和国原油的处理，代表们可以充分接触这些设备及与南苏丹共和国原油运输相关的所有文件。

11.1.4 南苏丹共和国政府有权在苏丹共和国境内与南苏丹共和国石油的处理、运输相关的任何一个计量站安排两名代表。代表们可以充分接触这些设备及与南苏丹共和国原油运输相关的所有文件。

11.2 南苏丹共和国计量站和设备中的苏丹共和国代表

11.2.1 苏丹共和国有权在其境内与处理、运输南苏丹共和国石油的任何一个计量站和设备安排两名代表。当牵涉Petrodar设备时，代表们可以充分接触帕鲁吉的油田处理设备及相关计量站；在大尼罗河石油作业公司方面，代表们也可以充分接触南苏丹共和国境内的油田处理设备和计量站。代表们可以充分接触这些设备及与南苏丹共和国原油运输相关的所有文件。

11.2.2 本条款中提到的代表的任命需得到南苏丹共和国政府的同意。

12 石油相关欠款索赔及其他索赔的相互谅解

12.1 双方同意无条件地取消免除直至本协定签订之日与石油欠款相关的索赔及另一方未曾偿付的其他与石油相关的索赔，包括非盟苏丹问题高级行动小组在2012年2月备案的各种索赔。这种谅解不包括 Ratna Shradha 配送的石油收益，这部分石油目前由伦敦高级法庭持有，也不包括 ETC ISIS 船上的石油。

12.2 最后，每一方承认在石油欠款及其他财政索赔上，任何一方对另外一方不存在进一步的责任。

12.3 双方同意第12条第1款不得作为任何私人索赔人的障碍。双方同意保护私人索赔人的权利，确保他们有权在法庭、行政法庭及第一个政府部门实现权利保护。

12.4 双方同意必要时采取某些步骤，其中包括成立联合委员会和其他工作机制，以推进公民索赔及任何一个国家其他法人的索赔，当然这受制于每个国家的可行法律。

13. 油轮上的石油及款项扣除

13.1 苏丹共和国政府应该即刻卖掉 ETC ISIS 船上的原油，然后将所有收入交给南苏丹共和国政府。

13.2 苏丹共和国政府应当将寄存在伦敦高级法院的资金直接交给南苏丹共和国政府。这是出售南苏丹共和国 Ratna Shradha 的原油所得。

13.3 南苏丹共和国政府对本国以前被没收转移的原油不能要求任何其他索赔，包括以前转移到苏丹共和国炼油厂的原油，苏丹共和国储备的原油及其他出售的原油。

14. 苏丹国家石油公司

14.1 签订本协定时，双方对南苏丹共和国独立的后果意见不一致，应各自持保留态度。双方应当在本协定签订两个月内对南苏丹共和国境内签约区苏丹国家石油公司在勘探、生产分配协议中的股份进行讨论，以达成协议。

15. 石油生产、处理及运输的恢复

15.1 南苏丹共和国政府应当采取所有必须的步骤恢复其境内所有油田的石油生产，并且应该在签订本协定14天内对其境内1/2/4区，5A区，3/7区的所有生产公司发出指令，重启石油生产和对Petrodar和大尼罗河石油作业公司的运输。在技术允许的情况下，石油的生产应该尽可能早地恢复。

15.2 当南苏丹共和国的石油生产恢复时，苏丹共和国应该采取所有必需的步骤恢复其境内石油的处理和运输。在本协定签订14天内，苏丹共和国应该对其境内的石油生产公司发布指令，重启大尼罗河石油作业公司和Petrodar公司的处理设备和运输系统以接收、处理和运输石油。在技术允许的情况下，石油的处理和运输应该尽可能早地恢复。

16. 不可抗力

16.1 由于不可抗力，任何一方无法执行本协定规定的义务时，不应该被认为是在蓄意破坏本协定。由于不可抗力，一方无法履行其自身义务时，应当通知另一方，并且告知不可抗力的细节。

16.2 不可抗力期间，本条款下双方的义务应当终止。由于不可抗力导致的损失必须有一段时间进行弥补。

16.3 双方应当对不可抗力事件内容达成一致，同时与本协定中第3条第3款一致。

17. 数据

17.1 除非另有约定，南苏丹共和国境内与签约区相关及有关石油开采的所有数据、文件和信息，苏丹共和国掌握的所有数据、文件和信息（包括但是不仅限于地质岩心样品）应该转交南苏丹共和国政府，在本协定签订后 6 个月内应当成为南苏丹共和国政府的财产。

17.2 双方承认南苏丹共和国独立时，苏丹共和国政府同石油公司签署的有关合约区及石油生产的保密承诺不再有效。

18. 透明

18.1 双方坚持一国境内与石油活动有关的所有信息完全透明，因其不仅与另外一个国家的石油生产活动有关，而且影响其石油生产。

19. 审计

19.1 双方在第 3 条第 3 款中达成的石油处理和运输协议与本条款一致，并且提供审计权利。

19.2 第 19 条第 1 款提到的协议内容应该包括以下条款：（1）南苏丹共和国政府有权任命一名独立的审计官对书籍、账目和生产公司的记录进行审计；（2）审计过程保密；（3）审计导致差异的解决程序；（4）审计中所有的支出由南苏丹共和国政府承担。

20. 详细协定与程序

20.1 为了以一种有效的方式执行本协定，双方应相互合作，指定必要的技术和法律人才开发额外的程序和协议。

21. 其他协议

21.1 双方同意苏丹共和国政府按照拟定条款购买南苏丹共和国原油。

21.2 双方同意南苏丹共和国政府按照拟定条款购买苏丹共和国政府冶炼的产品。

21.3 双方同意南苏丹共和国政府原油冶炼按照拟定条款在苏丹共和国炼油厂进行。

22. 期限

22.1 本协议将在 3 年 6 个月的时间里有效，自南苏丹共和国政府的原油被交还，在海上码头被运送及提单被交付之日起算。

23. 终止

23.1 本协议的终止不能解除终止之日前任何一方累积的未清债务。

亚的斯亚贝巴　2012年9月27日

苏丹共和国代表：　　　　　　南苏丹共和国代表：

伊德里斯·阿卜德尔·嘎迪尔　　帕根·阿姆·欧科伊奇

（Idris Abdel Gadir）　　　　　（Pagan Amum Okiech）

见证人：

非盟高级执行小组主席：塔博·姆武耶卢瓦·姆贝基（Thabo Mvuyelwa Mbeki）

后　　记

　　2012年6月，笔者申请的国家社科基金项目"苏丹与南苏丹石油纷争研究"获批西部项目，项目号为"12XSS001"。自此，笔者开始着手于该课题的研究。其间数易其稿，反复修改、校对。其中的酸甜苦辣，相信只有学术人能够体会。2017年，本课题顺利结项。在本书稿付梓之际，首先特别感谢工作单位西安石油大学。正是在西安石油大学的大力支持下，笔者于2014年1月至2015年1月在美国得克萨斯大学奥斯汀分校中东研究中心访学一年。留美期间，在德克萨斯大学奥斯汀分校图书馆及中东研究中心图书馆查阅了关于"苏丹与南苏丹石油纷争研究"的大量资料，为课题的顺利完成打下了坚实基础。其次，要特别感谢我的博士生导师黄民兴先生。博士毕业已多年，黄老师依然关心着我的学业，并对书稿提出自己宝贵的意见。最后，特别感谢中国社会科学院拉丁美洲研究所研究员刘维广老师及中国社会科学出版社张林老师，他们为本书稿的顺利出版做了大量工作。

　　然而，由于本人水平有限，书中难免有不足之处，恳请各位学者、读者不吝指正。

刘辉
2018年4月